이 책을
참여민주시민께 바친다.

왕따의 정치학

왕따의 정치학

왜 진보언론조차 노무현·문재인을 공격하는가?

조기숙 지음

위즈덤하우스

내가 정치 논평을 하는 이유

어렸을 때 이솝우화와 안데르센 동화를 아주 좋아했다. 그중에서도 〈벌거숭이 임금님〉이 무척 인상 깊었다. 왜 어른들은 자신이 본 대로 아는 대로 말하지 않는지 이해가 되지 않았다. 아무리 나이가 들어도 동화 속 어린아이처럼 본 것을 본 대로 말하는 사람이 되자고 다짐했었다.

2000년경 세계리더십학회의 사전행사인 워크숍에 참여한 적이 있다. 참석자들이 1분 정도 자기소개를 하고 나면, 테드 바트먼Ted Baartman이라는 네덜란드의 잘나가는 연설 코치가 그걸 보며 그 사람의 성품과 특징에 대해 말해주었다. 모임에 지각한 나는 30초 만에 내 소개를 했는데, 바트먼은 나를 아주 오래 본 사람처럼 이렇게 말했다.

"당신은 내일 8시에 이 자리에서 만나겠다고 약속하면 세상이 무너져도, 어떤 일이 있어도 나타납니다. 당신은 누가 목에 칼을 갖다 대고 거짓말을 하라고 해도 진실만을 말하는 사람입니다."

정직하고 책임감이 있다는 말이다. 스스로도 미련할 정도로 책임감의 굴레에 갇혀 사는 나를 발견하곤 한다. 꾸미는 것도, 돌려 말하는 것도 모르는 나는 정직하다 못해 돌직구다. 머리가 나쁘고 눈치가 없어 빙빙 돌리면 무슨 소리인지 이해하지 못하기 때문에 다른 사람도 빙빙 돌리지 않고 직설적으로 말해주는 걸 좋아하리라고 생각해 그런 습관이 생긴 것 같다. 몇 년 후 테드를 우리나라에 초청해 강연회를 하면서 그와 한국에서 더 많은 시간을 보낼 수 있었다. 그는 자신이 처음 만난 날 내게 했던 말을 그대로 기억하고 있었다. 어떻게 그걸 기억하냐니까 내 얼굴에 쓰여 있다는 것이다. 자신은 그걸 읽을 뿐이라는데 아마도 서양 관상학 정도 되는 것 같다.

"너는 사람이나 사건의 본질을 꿰뚫어 보는 통찰력이 있는데 그건 네가 어린아이처럼 순수한 마음을 지니고 있기 때문이야. 어린아이는 본능적으로 누가 좋은 사람이고 누가 나쁜 사람인지 알지. 그래야 위험으로부터 자신을 보호하고 살아남을 수 있거든. 인간은 애초에 누구나 그런 능력을 가지고 태어나. 그런데 사람이 욕심이 생기면, 손익 계산을 하고 목적으로 사람을 대하게 되면서 그 능력이 점점 무뎌지지. 너는 기본적으로 욕심이 없고 순수하기 때문에 아직까지는 그런 통찰 능력이 남아 있어. 그걸 잘 지키도록 노력해봐."

성격이 운명을 좌우한다고 했던가. 동화책 영향인지 타고난 성격 때문인지 어느새 나는 본 대로 곧이곧대로 말하는 어른이 되어 있었다. 어린 시절의 꿈을 이룬 셈이다.

대학생이 되면서 내 꿈은 보다 구체화되었다. 나는 〈모래시계〉의 작가 송지나와 같은 학번이다. 운동권 친구들이 수업에 전혀 들어오지 않는 모습을 보며 걱정이 되었다. 민주화가 이뤄져 저들이 사회의 주역이 된다면, 그때 나라를 어떻게 이끌려고 저렇게 학업을 등한시하는 걸까? 나 역시 학창 시절 동아리 활동과 영어 회화, 아르바이트, 학생회 등 많은 일을 했다. 그렇지만 학업을 등한시하면 죽도 밥도 안 된다는 생각에 수업엔 거의 빠지지 않았고 유학을 갈 만큼의 학점 관리는 했다. 아버지가 준공무원이라 학생운동에 적극적으로 참여할 수 없는 처지였기에, 운동권 친구들은 학문 쪽이 부족하니 나는 공부를 함으로써 역할 분담을 하면 좋겠다고 생각했다. 그래서 좋아하지도 않고 잘하지도 못하는 공부의 길을 택하게 되었다.

1980년 5월 17일 서울역 시위에 참여한 우리는 모두 철수했다. 이튿날인 5월 18일, 광주의 한 친구로부터 다급한 전화를 받았다. 며칠 후에는 '김대중은 빨갱이'라는 뉴스가 나왔다. 비통함을 넘어 참혹한 일을 당한 광주에 대해 우리는 책임이 없을까? 학생들의 시위대를 보호하기 위해 서울역까지 함께 행진했던 한 교수님이 우리의 시위가 군부에 개입할 빌미를 줬다고 꾸중했다. 뭐가 잘한 거고 뭐가 잘못한 건지 도무지 알 수가 없었다. 정치외교학과 소속이었지만 수업시간에 현실 정치를 논하는 교수는 단 한 명도 없었다. 그때 결심했다. 충분히 내공을 쌓아서 불혹이 되면, 내가 배운 지식에 기초해 정치 현상에 대해 명확히 시시비비를 가리겠노라고. 나처럼 헷갈리는 젊은이들을 위해 내 생각을 있는 그대로 밝히겠다고. 비록 나중에 내가 틀렸다는 것이 밝혀지면 사과하고 논평을 그만두더라도 꼭 그렇게 하겠다고 마음먹었다.

여성 정치학자가 별로 없다 보니 교수가 되자마자 언론의 요청이 빗발쳤다. 대인관계에서 거절이란 걸 거의 해보지 못했을 만큼 남에게 끌려다니는 성격이지만, 공적 관계에서만큼은 철저한 원칙주의자가 되고자 노력했기에 모든 요청을 거절했다. 마흔에 접어들면서 젊은 시절 스스로 약속한 대로 중앙일보 칼럼을 시작으로 언론계에 데뷔했다. 그때 세운 원칙이 있다.

논평가로서 나의 원칙과 규칙

첫째 원칙: 어느 쪽에도 치우치지 않고 시시비비를 가리는 공정한 논평을 하겠다.

기계적인 중립은 젊은이들 판단에 도움이 되지도 않고 기회주의적이기에 처음부터 중립을 지킬 생각은 없었다. 나에게 공정한 논평이란 국민 입상에서 이익이 되는 대안을 정치인에게 제시하는 것이었다. 나는 정치에 대해 도덕적으로 공자 왈 맹자 왈 하는 걸 가장 싫어한다. 개인의 야심을 위해 정치를 하는 사람에게 그런 도덕적 훈계가 무슨 도움이 되겠는가. 그래서 현실적으로 국민에게 이익이 되고 정치인도 성공할 수 있는 구체적인 전략이나 대안을 제시하는 걸 나의 사명으로 생각했다. 정치인이나 정당이 내 조언을 따랐을 때 현실 정치에서 그들에게도 이익이 되고, 궁극적으로 국민에게도 이익이 되는 대안을 찾으려고 노력했다. 그러나 공정한 논평을 위해 정치인을 사적인 자리에서는 일절 만나지 않는다는 나만의 규칙을 만들었다. 이 때문에 학계 선배들이 초청하는 정치인과의 모임 등에 일절 응하지 않으면서 곤란한 일을 많이 겪었다. 혹시라도 내가 건방지다고 오해했던 분이 있다면 너그러운 마음으로 이해해주시길 빈다.

둘째 원칙 : 여론이 한쪽으로 쏠릴 때는 인기에 편승하기보다 소수의 편에 서서 대안의 해석을 제시함으로써 여론의 균형을 맞추겠다.

내가 언론 활동을 하는 건 개인적인 영향력이나 인기를 얻는 게 목적이 아니므로, 편하게 다수의 편에 설 필요가 없다고 생각했다. 어차피 다수가 원하는 입장은 많은 논객이 함께할 것이기 때문이다. 나는 욕을 먹더라도 우리가 놓치고 있는 생각이나 대중의 동의를 얻기 어려울 만큼 시기적으로 앞서는 생각 등, 논리적 설득만 가능하다면 억압당하는 소수의 편에 서기로 했다. 무엇보다 판단이 어려울 땐 약자의 편을 들어주는 게 정의라고 생각했다.

셋째 원칙 : 날개가 있는 것은 추락한다는 진리를 알았기에 거품 인기를 만들어내지 않으려고 노력하겠다.

제일 중요한 게 언론 노출 횟수를 줄이는 것이었다. 신뢰받는 논평가가 되기 위해서는 콘텐츠가 중요하기에 연구와 강의를 언론 활동보다 우선시했다. 그렇게 해서 스스로에게 허용한 횟수가 신문 칼럼은 최대 1개월에 한 번, 방송 출연은 1년에 두 번이었다. 더 중요한 것은 같은 주제로 겹치기 출연이나 여러 신문에 중복 칼럼을 쓰지 않는 것이었다. 정치 토론이나 대담 외에 유명세를 이용하는 프로그램, 예를 들면 옛 스승을 추억하거나 뭔가를 소개하는 자리 등에 출연하지 않는다는 규칙도 만들었다.

논평가로 데뷔하자마자 섭외가 빗발쳐 자기관리에 애를 많이 썼다. 한 방송인의 주장에 따르면 내가 어느 날 혜성처럼 나타나서 방송가를 휩쓸었다고 했는데, 실제 내가 연 2회 이상 TV 출연을 하지 않았다는 사실을 나중에 발견하고는 좀 황당하다는 반응을 보였다.

넷째 원칙 : 논평으로 정치적 영향력을 얻게 되면 절대 사적인 목적을 위해 사용하지 않겠다.

우선 언론에서의 유명세를 이용해 정치권에 들어가지 않겠다고 결심했다. 그건 나를 공정한 논평가로 믿었던 독자나 청취자를 배반하는 행위라고 생각했다. 많은 이들이 정치로 가는 징검다리로 논평가 자리를 이용했기에 나만큼은 변하지 않고 믿을 만한 논평가로 그 자리를 지키고 싶었다.

다섯째 원칙 : 선거나 정치에 대한 나의 예측이 틀리면 논평가를 은퇴한다는 자세로 내 발언에 책임을 지겠다.

나는 교수나 논객들의 '아니면 말고' 식의 무책임한 발언에 넌더리를 냈다. 전문가라며 아무 소리나 하고 그것이 다 틀린 것으로 드러났는데도 아무런 책임을 지지 않는 사람들이 무슨 오피니언 리더라고 활동을 하는지 그들의 염치와 양심이 이해되지 않았다. 나는 자신 있게 시시비비를 가리되 내가 틀린 것이 밝혀지면 그에 대한 책임을 질 것이며, 그중 가장 큰 책임은 논평가를 은퇴하는 것이라고 생각했다.

약자 편에 서면서 신뢰 잃은 논평가가 되다

예외적으로 2012년 대선 때 MBN 매일방송에 6~8회 출연한 걸 제외하면 논객으로 활동했던 1999년부터 2004년까지 앞의 다섯 가지 원칙을 거의 지켰다. 정치권에는 정말로 발을 들여놓을 생각이 없었다. 하지만 노무현을 만난 걸 운명이라고 해야 하나. 고집스럽게 지키던 내 원칙 하나를 깨뜨리게 되었다.

처음부터 노무현 후보를 지지하겠다고 생각한 건 아니었다. 내가 기고하던 고정 칼럼이 노무현에게 유리하면 수정되거나 삭제되거나 이상한 제목이 붙는 일을 겪으면서 언론의 부당함에 대해 눈을 뜨게 되었다. 이런 일을 겪기 전에는 정치를 우리 언론의 시각으로 보면 안 된다는 교훈을 강준만 교수의 《김대중 죽이기》를 통해 처음으로 배웠다.

《김대중 죽이기》를 접한 건 김 대통령이 당선된 한참 후였다. 언론에 대한 개념이 없다 보니 1995년 DJP연대를 처음으로 주장하며 힘을 실어줬던 사람으로서 옷 로비 사건 등을 보며 실망감이 컸다. 그래서 김대중 정부에서 김 대통령을 처음으로 때리기 시작한 사람이 나였다. 처음엔 금융위기 속에서 눈치를 보던 보수언론이 〈대통령의 리더십이 문제다〉라는 내 칼럼을 시작으로 김 대통령을 마음껏 조롱하기 시작했다. 그러나 우리 언론의 왜곡되고 일그러진 모습을 깨달은 후에는 정치가 완전히 다르게 보이기 시작했다. 그래서 나는 강준만 교수에게 내 마음속으로 평생 '까방권 (까임 방지권)'을 드렸다. 내가 쓴 칼럼과 참여했던 토론 중에 부끄러운 것은 없는지 되돌아보기도 했다.

한 기업의 경영자가 내 논평은 늘 뚜렷한 일관성과 체계가 보인다고 말했을 만큼 나는 수많은 내 발언을 모두 기억한다. 상황에 따라, 사익을 위해, 혹은 특정인을 위해 입장을 정하기보다는 항상 이론과 연구 결과에 기초했기에 내 주장인지 아닌지를 순간적으로 감별할 만큼 일관성이 있었다. 그러나 〈대통령의 리더십이 문제다〉라는 칼럼은 두고두고 부끄러움으로 남아 있다. 보수 언론의 렌즈로 김대중 정부를 바라봤던 내가 참으로 한심했다.

김대중 정부 시절 대통령 자문 정책기획위원회 한상진 위원장으로부터 위원회에 참여해달라는 제안이 들어왔다. 한 위원장이 자정이 넘어서까지 전화해 함께하자고 통사정을 하는데 정말로 난감했다. 그러나 끝내 거절하면서 나는 마음속으로 이렇게 말했다.

'김대중 정부가 싫어서 동참을 거절하는 게 아닙니다. 제가 밖에 있어야 언젠가 우리 사회 민주주의를 위해 더 크게 도움이 되리라 믿기 때문입니다.'

선거 전날 정몽준 후보와의 단일화가 깨지면서 노무현 후보가 위기에 처했을 때, 내가 쌓아온 영향력을 쓸 때라는 판단을 내렸다. 나는 노무현 지지를 호소하는 기고문을 오마이뉴스에 올렸다. 논평으로 얻은 힘을 반드시 나 개인이 아닌 우리 사회의 정의를 위해 쓰겠다고 생각했기에 그 결정은 비교적 쉽게 내려졌다. 그것이 공정한 논평이라 믿었고, 내가 노무현 정부에 들어가는 일은 없을 것이기에 나의 원칙을 훼손하는 건 아니라고 생각했다.

이 책 뒷부분에서도 이야기하겠지만, 나는 우여곡절 끝에 2005년 참여정부에 동참하게 되었다. 노 대통령은 내게 "당선시켜놓았으니 책임지라"고 했다. 노 대통령 캠프에 있었던 것도 아닌 내게 그런 말씀을 한 이유는 내가 논평가로서 했던 칼럼이나 토론을 즐겨 보면서 그대로 실천해 당선됐다고 생각하셨던 것 같다.

하지만 청와대 들어간 지 한 달도 못 돼서 후회하기 시작했다. 논평가와 정부 인사의 입장이 그렇게 다른지 처음 알았다. 신뢰받는 논평가일 때 나는 모든 사안의 시시비비를 객관적으로 가렸고, 실제로 그런 논평이 문제를 해결하는 데 일면 도움이 되는 것처럼 보였다. 그런데 정부의 일원이 되자 내가 어떤 발언을 해도 왜곡되었고, 비난받았고, 신뢰를 잃었다. 물론 그 실마리를 제공한 건 내 쪽이었다. 대통령이 보수언론과 싸우는 모습이 국민에게 부정적으로 보일 듯해서 내가 싸움을 도맡아 했기 때문이다. 나를 논평가로 키워줬던 보수언론으로서는 용납하기 어려웠을 것이다. 무엇보다 내가 밖에서 도왔다면 도움이 되었을 텐데 안에 있으니 노 대통령에게 누를 끼치는 것 같아 미안했다.

청와대를 떠난 많은 교수가 참여정부에 돌을 던지고 연락을 두절하고 섭섭함을 노골적으로 표현했지만, 나는 청와대를 떠난 후에도 임기 말까지 TV 토론이나 인터넷 칼럼으로 참여정부를 지원하며 힘을 보탰다. 나라고 노 대통령과 오랜 기간 함께해온 박힌 돌들에게 굴러온 돌로서 받은 섭섭함이 없었겠는가만은, 한국 민주주의 발전을 위해 참여정부의 성공이 절실했기에 사적 감정이나 이해관계가 개입돼선 곤란하다고 생각했다. 다만 나의 언론 활동이 참여정부에 더는 큰 도움이 되지 않는다는 점이 가슴 아팠다. 나는 이미 편파적인 '노빠'로 채색되었고 영향력도 발언권도 잃어버렸다.

노 대통령이 퇴임해서 봉하로 돌아간 날 우리는 마을 장터에서 대통령의 귀향 연설 "야~, 기분 좋다"를 들으며 공익봉사에서 해방되는 행복감을 만끽했다. 숨만 쉬어도 언론으로부터 비판받는 이 지긋지긋한 참여정부 시절이 끝나는구나 하면서 술잔을 부딪쳤다.

"우리도 이제 정부 여당 비판 좀 하며 삽시다!"

학창 시절 운동권 학우에게 진 빚은 이 정도면 갚은 게 아닐까 생각했다. 이제 정치 관련 활동은 모두 그만둘 생각이었다. 어차피 '말빨'도 안 먹히는 언론 활동도 그만두고 학문에 힘쓰며 가족과 시간을 보내기로 결심했다.

노 대통령은 내가 청와대에 들어온 지 얼마 안 돼서 이런 말을 했다.

"대통령이 된 지 한 달도 안 돼서 대통령이 혼자 할 수 있는 일이 별로 없다는 것을 깨달았습니다. 민주주의는 시민사회가 성숙해야 합니다. 그런데 우리 시민사회는 그걸 뒷받침해줄 역량이 아직 없습니다."

그래서 당신이 대통령으로서 실패하더라도 시민학습을 목표로 끊임없이 언론과 싸우면서 시민에게 하고 싶은 메시지를 전달하려고 노력했다. 퇴임 후에는 진보의 싱크탱크를 만들어 진보 생태계를 육성하려고 퇴임 직전부터 준비했다.

퇴임 후 봉하에 계신 대통령을 찾아가면 대통령과 산책하고, 밥 먹고, 온종일 토론하는 특혜를 누렸다. 대통령과 함께 책을 쓰고 전국의 강연을 따라다닐 상상을 하며 너무나 행복했다. 그러나 그 행복은 오래가지 못했다. 2008년 광우병 촛불집회에서 "초를 누구 돈으로 샀느냐"는 이명박 대통령의 말을 계기로 노 대통령에 대한 전방위 수사가 시작되었기 때문이다.

사생활은 사치, 공익봉사자로 복귀하다

노 대통령의 장례식을 치르면서 공익봉사를 졸업하겠다는 나의 작은 소망이 얼마나 사치스러운 것인지 깨달았다. 그 후 3년간 책을 읽을 수도 글을 쓸 수도 없는 고통 속에서 노무현재단 일에 미친 듯이 파묻혀 살았다. 노무현시민학교 교장, 노무현재단 상임 운영위원, 기념관 건립위원으로 재단에서 회의, 강의, 회의로 시간을 보냈다. 2011년부터는 2012년 총선에서 야권 통합을 이루기 위한 '국민의 명령' 정책위원장을 맡아 문성근 씨와 함께했다. 처음에 문성근 씨는 유시민 장관이 이 운동의 수혜자가 될 가능성이 크다고 생각했지만 나는 문재인 실장이 될 가능성이 크다고 말했다.

내 예측대로 문성근은 당대표 선거에 출마했고 문재인은 국회의원 선거에 출마했다. 2012년 대선 기간에 나의 언론 활동이 다시 시작되었다. 칼럼은 오마이뉴스에, 방송 출연은 주로 MBN 매일방송에 집중됐다.

문재인 후보를 정치권으로 끌어내기 위해 많은 이들이 애를 썼다. 친노들이 집권 연장 욕심에서가 아니라 수구부패 세력에게 민주주의와 민생을 침탈당할 수 없어 대선 후보를 억지로 만들어낸 것이다. 결정적으로는 이해찬 총리의 설득이 주효했다고 들었다. 나도 양산에 있는 문 후보 집을 찾아가 만일 정치권에 입문해 대통령에 당선된다면 절대로 혼자 외롭게 두지 않겠다고 말했다. 내가 참여정부에 참여한 건 큰 실수였다며 다시는 정부에 들어가지 않고 5년간 밖에서 지켜주겠다고 약속했다.

만일 안철수가 조금만 더 일찍 나왔다면 나는 결코 문재인을 설득하지 않았을 것이다. 안철수가 민주당에 입당만 했어도 나는 안철수를 지지했을 것이다. 내가 안철수 지지자들로부터 안철수의 후보직 사퇴 공적 1호로 지목받게 된 계기는 한 TV 토론에서의 발언이었다. "이렇게 명분 없는 단일화를 해서는 박근혜 후보를 이길 수 없다. 이런 단일화는 민주당마저도 파괴해 2007년 때처럼 다음번 선거에서 일어설 기반도 무너뜨리게 될 것이다. 차라리 각자의 정체성을 지키며 다음 대선을 준비하는 게 낫다."

나는 안철수를 위해서 오마이뉴스에 연작 칼럼을 썼다. 정치를 잘 모르는 안철수가 친노를 배척하고 기득권과 손잡으면 지지도가 가라앉을 것이라고 봤기 때문이다. 친노 정치인들이 권력 욕심으로 문재인을 끌어냈다면 국민이 지지하지도 않았을 것이다. 적어도 시민들은 공익 마인드를 가진 정치인이 누구인지 알기 때문에 친노를 지지하는 것이다. 안철수가 친노와 손을 잡았다면 2012년에도 대통령이 될 수 있었고, 그때 문재인에게 양보했더라도 지금은 대통령 후보 1위일 것이다.

2012년 나는 두 권의 책을 썼는데 하나는 교사, 교수, 변호사 등과 함께 지난 2년간 준비한 《아이를 살리는 교육》이란 책이었다. 2012년의 시대정신은 교육 대통령이라며 문재인을 위해 만든 선물이었다. 하지만 문재인 캠프에서는 이 책을 읽어보지도 않았던 것 같다. 한 교육시민단체 토론회에서 문재인 후보의 교육 정책이 3등으로 평가받은 걸 보면 말이다. 문재인 후보가 이기기 위해서는 진보적 정체성은 분명하게, 정책은 실용적으로 가야 했다. 그런데 문 후보의 정체성은 출마 선언을 하자마자 조선일보 인터뷰로 흔들렸고, 정책은 구좌파였다. 구좌파 정책이란 시민사회나 시장보다는 국가의 역할이 강화되는 것을 말한다.

문재인 캠프가 조언을 듣지 않으니 여론 조성을 통해 문 후보의 선거 전략에 영향을 미치기 위해 《문재인이 이긴다》라는 책을 썼다. 문재인이 경선에서 안철수를 이길 것이며, 안철수보다 대선에 이길 가능성이 크다는 내용이었다. 다만, 지금 문재인 후보의 선거 전략으로는 본선에서 이기기 어려우니 교육 대통령으로 전략을 전환해야 한다는 제언이었다. 모두가 승리한다고 들떠 있던 대선 3일 전, 김용민·서영석의 팟캐스트에 출연한 나는 투표율이 75%가 안 되면 문재인이 이기기 어렵다고 말했다. 아무리 계산해도 75%는 넘어야 했다. 나는 책의 재판 서문에 "과학적으로 볼 때 문재인이 이번 대선에 이기는 건 불가능하다. 만일에 이긴다면 운명"이라고 썼다. 새누리당이 수단과 방법을 가리지 않고 이기려 할 것이므로 적어도 여론조사에서 5%는 앞서야 부정선거 시도를 막을 텐데 여론조사에서 박빙이면 실제로는 이기기 어렵다는 의미였다.

선거 날 투표율이 75.8%로 나와 혹시나 하는 기대를 잠시 했었다. 그러나 출구조사 결과가 패배한 것으로 나오자 마음이 차분해졌다. 5년간 참여정부에서 겪었던 고통을 다시 겪지 않아도 된다고 생각하니, 어이없게도 개인적으로는 다행스럽다는 마음까지

들었다. '아, 이게 운명이구나' 하는 생각이 스쳤다. '노 대통령이 진보진영이 아직 집권할 준비가 덜 되었다고 생각하시는구나' 하는 마음이었다.

나는 2012년 대선 직후 당선자 박근혜가 2016년 총선에 공천 개입을 할 것이고, 그 결과 수도권에서 참패하면서 민주당이 과반 정당이 될 것이라고 문성근 씨에게 말했다. 그러기 위해서는 민주당의 거버넌스를 개혁해야 한다며 친노들의 2선 후퇴를 촉구하는 칼럼을 오마이뉴스에 기고했다. 이때 민주당은 친노를 퇴진시키고 거버넌스를 개혁했으며, 김한길을 당대표로 추대해 안철수와의 합당에 들어갔다.

박근혜는 대통령으로서 정치적으로는 성공하지만(재보궐·지방선거에서의 승리) 정책적으로는 실패할 것이므로 아버지의 성공신화까지 모두 무너뜨릴 가능성이 있다고 내다봤다. 그래서 2017년 진보진영의 집권 가능성이 매우 크니 진보진영이 정신 차릴 때까지 5년간 더 당해봐야 한다는 생각이었다.

2012년 문재인은 왜 패배했나

진보진영이 정신을 덜 차렸다고 생각한 이유는 문재인 패인에 대한 진보언론의 아전인수식 해석 때문이었다. 문재인이 구좌파 정책을 들고나온 이유는 본인의 신념도 있겠지만 진보언론의 참여정부 실패론이 가장 큰 이유라고 본다. 진보언론은 참여정부가 양극화 해소에 실패했다며 최장집 교수를 내세워 몹시도 혹독하게 비판했다. 그래서 그들이 바랐던 대로 문재인은 구좌파 정책을 들고나와 대선에 패했는데, 이번에는 40대에 참여정부 실패를 경험한 50대 유권자들이 문재인을 찍지 않아서 패했다는 안드로메다에서 온 주장을 하기도 했다. 우리 진보언론이 역대 선거 결과의 해석이나 전략 조언에서 얼마나 무지하고 황당한지 낱낱이 밝히는 책을 내년 지방선거 전에 펴낼 생각이다.

문재인이 구좌파 정책으로 선거에 임하도록 하는 데 가장 큰 영향을 미친 건 조국과 오연호의 《진보집권플랜》이었다. 이들은 민주진영 밥 먹여주는 데에도 실패했다며 구좌파 프레임으로 대선이 치러지도록 유도한 일등공신이다. 이 책의 시작도 참여정부 실패론에 기초해 있다. 이러한 주장은 나의 전문적 선거분석 결과와 조금도 일치하지 않는다. 나는 《진보집권플랜》 독후감을 오마이뉴스에 기고하여 진보진영이 '밥 프레임'으로 가면 대선에 실패할 것이라고 강조했지만 별로 주목받지 못했다.

선거에 패할 것이 뻔히 보이는데도 누구도 내 말에 귀를 기울여주지 않았다. 논평가로서의 신뢰를 잃은 친노 인사의 비애를 절실히 느꼈다. 오죽 답답했으면 《문재인이 이긴다》 서문에서 2002년, 2004년의 승리에 내 전략이 일조했음을 자랑하는 부끄러움까지 감수했겠는가. 그럼에도 일부에선 비웃음만 돌아왔다. 이때 신뢰받는 논평가로서 나의 위치를 너무 값싸게 내다 버린 것은 아닌지 많이 성찰했다. "벌거숭이 임금님"이라고 외치겠다던 나의 어릴 적 꿈을 너무 쉽게 걷어찬 건 아닌가 하는 반성이다.

그렇지만 아무리 생각해도 그런 상황이 다시 벌어진다면 나는 같은 선택을 할 것 같다. 김대중, 노무현 정부를 거치는 동안 우리나라 정치 상황에서 공정한 논평가가 중립을 유지하는 건 불가능하다는 걸 체험했기 때문이다. 처음엔 그토록 피하려고 했지만, 노 대통령 옆에서 보냈던 청와대에서의 1년과 봉하에서 함께 책 쓰며 보냈던 몇 개월의 시간이 내 인생에서 가장 보람되고 소중한 순간이었기에 후회할 수 없었다.

하지만 논평가를 은퇴할 때가 됐다는 생각은 했다. 문재인 후보의 전략이 잘못되었다는 점을 방송에서 공개적으로 비판했다면 캠프에 영향을 미칠 수 있었을지 모른다. 내 논평이 2002년 노무현의 당선에 조금이라도 보탬이 되었다면 그건 내가 객관적으로 시시비비를 가렸기 때문일 것이다. 하지만 내가 공개적으로 문재인을 비판하면 그에겐 치명상을 준다. 국민은 우리를 같은 편으로 보고 있으며, 나를 객관적인 논평가로 인정하지 않기 때문이다. 캠프에는 아무리 얘기해도 소용이 없었다. 그때 이미 캠프는 제정신이 아니었을 것이다.

이런 상황에서 논평가로서의 공익봉사는 무의미하다고 생각했다. 그래서 나는 책 제목을 《문재인이 이긴다》로 정했다. 문재인이 패할 것을 예상했기에 내 예측이 틀리면 논객의 자리를 스스로 그만두기 위해서였다. 안철수 지지자들에게 SNS에서 하도 혹독하게 당하다 보니 정치에 신물이 났다. 전략 개념 없는 문재인 캠프도 야속했다. 대선이 끝난 후, 내가 대선 예측을 실패한 건 아니지만 책 제목 때문에 독자를 헷갈리게 한 잘못에 책임을 지고 논평가를 은퇴한다고 밝혔다. 공중파에선 어차피 섭외도 없었지만 종편이나 뉴스 채널 등에서 연락이 오면 은퇴했다고 말했다. SNS도 접었다.

2012년부터 학교의 연구소장으로서 여야 의원, 언론인, 정부 인사, 연구원, 기업인, 교수 등 고위급 오피니언 리더의 공공외교 행사인 한·독포럼을 맡게 되면서 정치적인 발언은 삼가야 했다. 이 역시 논평가를 은퇴하는 데 좋은 명분이 되어주었다. 이때 남경필 지사와 홍일표 의원을 비롯한 새누리당 의원, 도지사, 시장과 함께 호흡 맞춰 일하면서 새누리당에도 점잖고 실력 있으며 협력이 잘되는 분이 많다는 사실을 새삼 깨달았다. 정치와 거리를 두고 초당적인 외교 문제에만 집중하니 싸울 일도 없고 살 것 같았다. 정치는 정말로 스트레스를 많이 주는 것 같다.

깨어 있는 시민의 조직된 힘이 필요하다

그렇게 몇 년간 평온한 생활을 보내다 2016년 총선을 앞두고 SNS의 사용을 재개했다. 총선 전, 여당이 압승할 것이라는 많은 논객이나 언론의 예측과 달리 나는 민주당이 과반 의석도 가능하다고 봤다가 김종인의 영입으로 블랙홀이 생긴 셈이라 예측이 불가능해졌다고 말했다. 하지만 민주당이 비례대표에선 어려워도 수도권은 압승할 것이고 영남에서도 최소 5~6석이 가능하다고 예측했다. SNS를 통해 내 주장이 퍼져나갔고 선거 후에 많은 사람이 예측의 정확성에 놀라면서 내가 그렇게 전망한 배경에 관심을 갖게 되었다. 4년 만에 팟캐스트에 다시 출연했다.

우리나라 선거 예측이 엉터리인 이유는 보수언론과 진보언론이 서로 다른 정치적 목적으로 하나가 되기 때문이다. 보수언론에서 시작된 노무현에 대한 왜곡 담론이 진보언론을 통해 강화됨으로써 진실이 된다는 것을 이미 2007년 《마법에 걸린 나라》에서 처음 밝힌 바 있다. 그래서 정동영 의장에게 언론에 속지 말고 참여정부의 공을 알리고 '비전2030'에 담긴 복지 정책으로 대선을 치르라고 조언했었다. 그러나 그는 내 제안과는 정반대로 가다가 실패했다. 2012년 《문재인이 이긴다》에는 안철수와 문재인 두 사람에게 이기는 전략을 제안했지만 아무런 반응이 없었다.

노 대통령이 내가 대통령 당선에 기여했다고 한 말은 사실이 아니다. 나는 늘 일관된 평론을 했을 뿐, 내 제안을 받아들여 현실적으로 구현한 사람은 그 자신이었다. 바람직한 전략은 국민의 목소리에 귀를 기울이면 누구나 찾을 수 있다. 그걸 실천하는 건 정치인이 얼마나 절실하게 자신을 버리고 국민의 명령에 따르는 선택을 하느냐의 문제다. 나는 지난 15년간의 논평 생활을 통해 노무현 대통령의 훌륭함을 더 깊이 깨달을 수 있었다.

노 대통령은 나를 여러 번 설득해서 청와대에 데려갔는데, 노대통령이 돌아가신 후에야 내가 청와대에 가게 된 이유를 깨달았다. 노 대통령의 시대를 증언하라는 소명을 내게 준 것 같다. 대통령 서거 후에 그의 사상과 업적을 연구하다 보니 우리 사회 언론에 대한 문제의식을 빼놓고는 정치를 말하기 어렵다는 사실을 깨닫게 되었다.

2016년부터 〈정봉주의 전국구〉를 통해 보수와 진보언론이 같은 프레임으로 하나 되는 이유를 주장하기 시작한 이유는 이대로 가면 이번 대선에서 민주당이 또다시 패할지도 모른다는 우려 때문이었다. 지금 문재인이 부동의 1위를 달리는 이유는 보수진영이 박근혜 탄핵으로 괴멸된 데다 안철수도 탄핵 과정에서 중도보수층 민심이 아니라 호남 민심을 대변하는 전략적 실패로 스스로 무너졌기 때문이다. 만일 박근혜 탄핵이 없었다면 나는 문재인후보가 올 대선에서도 그렇게 쉬운 선거를 치르지 못했으리라 예상한다.

나는 〈전국구〉에서 두 가지 주장을 했다. 첫째, 문재인 후보의 훌륭한 인품이나 능력, 자질에 비해 그가 압도적인 과반수 지지를 받지 못하는 이유는 좌우 언론의 공격이 그에게 집중되기 때문이다. 이는 문재인이 노무현의 왕따 유산을 상속했기 때문이다. 둘째, 좌우 언론의 왜곡과 공격이 끊임없이 이어지는데도 문재인이 오랫동안 지지도 1위를 유지하는 이유는 열렬한 지지자들이 받쳐주기 때문이다. 노무현은 몇만 명에서 몇십만 명으로 확대된 노사모의 도움으로 대통령이 되었지만, 문재인의 열성적 지지자는 수백만 명에 이른다. 노무현이 뿌린 씨가 열매를 맺고 다시 홀씨가 되어 전국으로 퍼진 것이다.

　　문재인 옆에는 친노 정치인이 별로 남아 있지 않다. 2016년 총선을 계기로 문재인은 작으나마 친문을 만들어내는 데 성공했다. 하지만 문재인은 노무현으로부터 가장 중요한 유산을 물려받았다. 바로 지지자들이다. 똑같은 사람이 문재인의 지지자가 되었다는 의미가 아니라 특별한 성격을 갖는, 즉 깨어 있는 시민을 문재인이 지지자로 갖게 되었다는 의미다. 서양에서는 이들을 '비판적 시민critical citizen'이라고 부른다. 나는 그들을 이 책에서 신좌파로 명명했다. 20세기 경제적 진보였던 구좌파와 달리 탈권위주의 문화, 탈물질주의 문화를 추구하는 신좌파는 21세기 문화적 진보를 상징한다.

　　7회에 걸쳐 송출된 〈전국구〉는 매회 300만 정도의 다운로드수를 기록하며 뜨거운 반응을 얻었다. SNS에서는 나에 대한 사랑과 감사함, 고백의 글들이 이어졌다. 자신의 정체성을 찾아줘서 고맙다며 눈물을 흘리는 사람도 많았다. 내가 강준만 교수에게 했던 것처럼 내게도 '평생 까방권'을 주겠다는 사람들도 있었다. 지난 10년간 일관되게 해온 주장을 이제나마 공감해주는 다수의 시민을 만나 나도 너무나 행복하고 보람을 느낀다.

팟캐스트를 마치면서 가장 걱정됐던 건 구좌파 유권자들이 상처를 받았다는 말이었다. 일부에서는 왜 진보진영을 분열시키느냐고 항의하기도 했다. 그러나 진보진영에 분열은 이미 존재했었다. 나는 이 분열의 성격을 학문적 용어를 사용해 분류했을 뿐이다. 우리는 갈등을 내보이는 것조차 분열이라며 회피하지만, 갈등은 드러내야만 해결할 수 있다. 그리고 구좌파, 신좌파, 우파, 보수, 진보는 상대적 개념일 뿐 어느 하나가 절대적으로 좋거나 나쁘다고 말하기 어렵다. 사람이 각각 다른 성격 유형을 가지고 태어나는 것처럼 각각의 집단은 서로 다른 특성을 가질 뿐이다.

이렇게 서로의 특성을 이해하고 나면 서로를 깊이 이해할 수 있고, 따라서 대화와 타협의 정치에 매우 유용하다. 나는 대선이 끝나고 나면 협상의 정치를 위한 팟캐스트를 해서 진보진영 내의 다름과 차이를 극복하는 합리적인 방법을 제안할 생각이다. 혹시 이 책 내용 중 불편함이 있었다면 진보의 연대와 협력을 위한 다음 책을 기다려주면 좋겠다.

앞으로 민주주의가 발전하려면 신좌파 집단의 크기가 매우 중요하다. 그들이 민주주의와 정치에 가장 많은 관심을 갖고 적극적으로 참여하기 때문이다. 만약 다른 집단의 유권자로서 신좌파가 부럽다면, 신좌파의 특성을 닮기 위해 노력하면 된다. 민주주의는 깨어 있는 시민의 참여 없이는 불가능하다.

내 주장을 오래 간직하고 싶다는 요청이 많아 위즈덤하우스 배민수 씨의 도움으로 책을 내게 되었다. 이 과정에서 정봉주 전 의원과 조은나래 아나운서의 발언이 편집되고 사라졌는데 두 분께 미안함과 깊은 감사의 인사를 드린다. 특히 정 전 의원이 아니었다면 이렇게 짧은 시간에 그토록 높은 호응을 끌어내지 못했으리라 생각한다. 정 전 의원이 나와 호흡이 잘 맞는다고 많은 이들이 좋아했는데 그 이유는 정 전 의원이 유머러스하고 부드럽고 순발력이 뛰어난 사회자였기 때문이라고 생각한다. 드라마도 현실인 줄 알고 분석하면서 심각하게 본다는 남편의 놀림처럼 진지하기만 한 내게는 더없이 좋은 파트너였다. 조은나래 아나운서는 정치 문외한으로서 중요한 질문을 던져 우리 팟캐스트가 '정알못(정치를 알지 못하는 사람)'의 수준에 맞추는 데 도움을 주었다.

이 책의 일부 내용은 팟캐스트 〈새가 날아든다〉에서 녹음한 것을 가져왔다. 같이 녹음했던 패널들께도 깊이 감사드린다.

보수와 진보언론이 하나 되어 노무현과 문재인에게 가혹하게 구는 현상을 나는 '왕따'라고 불렀고 학교에서 사용하는 왕따 이론을 통해 정치 현상을 설명했다. 이 이론을 내게 강의해준 권재원 박사께도 감사의 인사를 드린다. 무엇보다 우리 팟캐스트를 발굴하고 짧은 시간에 훌륭한 책을 만들어주신 위즈덤하우스의 연준혁 대표께 깊은 감사를 드린다.

이 책은 나 혼자만의 생각이 아니라 오래전부터 인터넷과 SNS에서 소통하며 비슷한 생각을 공유해온 깨어 있는 시민들과의 공동 작품이다. 따라서 이 책을 노무현 대통령을 좋아하는 수많은 깨어 있는 시민께 바친다. 이 책의 인세는 노무현재단에 노무현연구소를 만들기 위한 종잣돈으로 기증할 예정이다.

차례

Part 1

노무현과
문재인
죽이기

나는 정말 궁금했다. 언론은 왜 유독 문재인에게만 가혹한 걸까? 또, 그렇게 두드려 맞는데도 왜 그의 지지도는 계속 올라가는 걸까? 이 두 가지 질문에 대한 답을 찾기 위해 이 책을 쓰게 되었다.

1장
왜 문재인은
왕따가 되었나?

기승전-문재인

　　해가 바뀌고 2017년에 접어들어서도 탄핵 정국의 급물살은 이어졌지만, 대선 후보 지지도의 최고봉은 끄떡없이 자리를 지켰다. 긴박한 정세, 새 인물의 등장과 퇴장, 무슨무슨 파문 등으로 지지율 순위를 놓고 엎치락뒤치락하는 모습이 연출됐으나 1위를 갈아치우는 일은 일어나지 않았다. 예컨대 연초인 1월 12일 자 여론조사 결과에서는 더불어민주당 지지도가 40% 전후, 문재인 지지도가 30% 전후를 기록했다. 그로부터 2개월이 지난 3월 16일 리얼미터는 더불어민주당 지지도가 51.1%, 문재인의 지지도가 37.1%로 나타났다고 발표했다. 조사기관에 따라서 편차가 있긴 하지만 모든 조사에서 더불어민주당이 당 지지도 1위, 문재인이 대선 후보 지지도 1위를 고수하고 있다.

그런데 언론의 보도 행태를 보면 고개가 갸웃거려진다. 우리 사회에서 보수언론으로 여겨지는 매체는 차치하고, 소위 진보언론이라 불리는 한겨레나 경향에서도 기사만 썼다 하면 문재인을 때린다. 정말로 잘못한 걸 가지고 비판하는 게 아니라 허수아비를 만들어놓고 팬다. 나는 정말 궁금했다. 언론은 왜 유독 문재인에게만 가혹한 걸까? 또, 그렇게 두드려 맞는데도 왜 그의 지지도는 계속 올라가는 걸까? 이 두 가지 질문에 대한 답을 찾기 위해 이 책을 쓰게 되었다.

문재인 때리기 현상에 대해 유시민 작가는 "1등의 운명 아니겠는가. 1등 하면 여기저기서 견제가 들어오는 법"이라고 했다. 나는 유시민이 마음에도 없는 덕담을 한 거라고 생각한다. 이명박 전 대통령이 후보 시절 1등 주자였을 때, 누가 감히 개헌 이야기를 꺼냈나. 그보다 앞서, 노무현 전 대통령이 임기 말에 원 포인트 개헌을 제안한 일이 있다. 노 대통령 자신에겐 전혀 해당되지 않지만 국가의 미래를 위해 내놓은 안이었다. 하지만 그때 각계 반응은 어땠던가. 좌우 언론, 새누리당, 심지어 열린우리당마저도 아예 개헌의 '개' 자도 꺼내지 못하게 완전히 차단해버리지 않았던가. 그래서 이후로 개헌 담론이 전혀 살아나지 못했다. 하지만 지금은? 대선을 코앞에 둔 이 시점에 너도나도 입만 열면 개헌을 말한다. 심지어는 문재인이 영입한 김종인 전 의원조차 아예 당을 나와 세력을 모으고 있다. 문재인만 빼고 제3지대에서 개헌을 지지하는 사람들끼리 연대하겠다며 부지런히 사람들을 만나고 다닌다. 게다가 대통령의 임기를 3년으로 줄이겠단다. 정당정치에 대한 상식으로는 도저히 이해할 수 없는 일이다.

박근혜 전 대통령이 후보 시절 여론조사에서 앞서나갈 때는 '형광등 100개의 아우라'가 비친다고 찬사를 보낸 언론도 있었다. 안철수 의원이 등장해 1등을 했을 때는 진보언론까지 '지구상에 유례가 없는 안철수 현상'이라며 열광했다. 그런데 문재인은 박근혜, 안철수에 이어 3등을 할 때도 얻어맞았다. 임순미 교수의 연구에 따르면 조선일보와 동아일보는 안철수의 인기영합자 이미지와 자질 유무 보도를 주로 했으며, 한겨레신문과 경향신문은 처음에는 잠시 관망하다가 미덕가 이미지와 지도자 이미지를 강조했다.[1] 안철수에 대한 어떤 기사는 캠프에서 쓴 홍보성 기사 같아서 낯 뜨거워 읽기가 어려울 정도였다. 반면, 문재인에 대해서는 끊임없이 친노/반노 갈등 프레임을 사용했고, '참여정부 공과'라는 프레임을 덧씌웠다.

2012년 대선 당시 문재인과 안철수의 공약을 비교해보면 문

---

1) 임순미, 〈정치인의 이미지 프레이밍: 안철수에 대한 보도 양태 분석〉,《현대정치연구》 5집 2호, 2012, 5~44쪽.

재인이 훨씬 진보적이었다. 재벌개혁 공약만 봐도 안철수는 참여정부 때의 공약보다도 후퇴해, 박근혜 후보와 참여정부 중간 정도에 자리했다. 문재인은 참여정부 때 부족한 점까지 보완해 훨씬 개혁적으로 제시했다. 나는 소위 진보언론들이 왜 더 진보적인 문재인보다 안철수 편을 드는지 의문이 들었다. 국민이야 비정치권에서 성공신화를 가진 새로운 사람이 정치권에 진입하는 데 열광할 수 있다. 하지만 언론과 지식인이라면 의당 그 현상의 실체가 무엇이고, 앞으로 어떻게 발전할 것인지를 냉철하게 분석해야 하지 않겠는가. 나는 안철수의 인기는 포퓰리스트가 누리는 거품이며 곧 꺼질 것이므로 그가 문재인을 누르고 후보가 될 가능성이 없다고 시종일관 주장했었다. 하지만 소위 진보언론은 최소한의 균형도 잡지 않고 여론만 좇아갔다. 그들도 속으론, 이럴 거면 뭐하러 언론인이 됐나 자괴감이 들지 않았을까.

소위 진보언론의 문재인에 대한 편파 보도는 2017년 대선을 앞둔 지금도 계속되고 있다. 일례로 사드 배치 문제를 보자. 문재인은 사드 배치에 대해 한 번도 말을 바꾼 적이 없다. 그는 지독한 원칙주의자라서 말을 바꿀 줄 모를 뿐 아니라 머리가 엄청 좋아서 별걸 다 기억하는 남자다. 맨 처음 박근혜 정부가 사드를 배치하겠다고 결정했을 때, 문재인은 페이스북에 장문의 글을 올렸고 현재까지 그 입장에서 조금도 변함이 없다. 처음부터 끝까지 똑같다.

문재인은 박근혜 정부가 국민과 전혀 의논 없이 일방적으로 사드 배치를 결정했기 때문에 이를 받아들일 수 없다는 입장이다. 따라서 국회 공론화 과정을 거쳐 찬성이든 반대든 결론을 내고, 그 결론에 따라 주변 국가들을 설득하겠다는 것이다. 이 얼마나 합리적이고 주도적인 외교 방향이며 우리 국력에 맞는 해결책인가. 문재인의 발언은 증거가 남아 있어서 기자들이 얼마든지 팩트 체크를 할 수 있다. 그런데 소위 진보언론도 계속 '말 바꾸기 한다'며 다른 경선 주자들의 비난을 그대로 받아쓰고 있다. 사실이 아닌 남의 비방을 제목으로 받아써도 언론 윤리에 문제가 없는 걸까? 최소한의 수고도 하지 않고 기사 참 편하게 쓴다는 생각은 나만 하는 것일까. 덧붙이자면, 대통령이 임기 중 탄핵을 당했으니 그 정부에서 내린 사드 배치 결정이 합리적이라고 보기도 어렵다. 사드 문제에는 최순실이 개입됐다는 소문이 지속적으로 흘러나오고 있고, 주진우 기자는 린다김 관련 의혹을 제기하기도 했다.

　또 하나 예를 들면, 2016년 12월 경향과 한겨레는 광주 촛불 집회에서 '문재인이 발언권을 요청했는데 주최측으로부터 거절당했다'고 보도했다. 주최한 단체에서 "정치인들에게는 발언권을 주지 않는다"며 거절한 건 맞는 말이다. 하지만 시민들이 "문재인! 문재인!" 하며 연호하는 바람에 그에게 마이크를 줄 수밖에 없었다. 사회자가 무대에서 내려와 문재인이 앉아 있는 곳으로 가 마이크를 건넸고, 문재인은 그 자리에서 일어나 발언하고 손 흔들고 환호까지 받았다. 경향과 한겨레는 오보를 한 것이다. 이에 대해 각사에는 밤늦게까지 항의가 빗발쳤지만 두 신문사는 반응하지 않았다. 경향신문만 다음 날 기사의 일부를 살짝 수정했을 뿐, 사과는 없었다.[2]

얼마 전에는 미장원에 갔는데, 미용사와 손님들의 이야기 중 한 대목이 내 귀에 들렸다.

"나는 정치인들을 워낙 싫어하지만, 그중에서도 문재인이 제일 싫어요. 무조건 싫어요."

동네 미장원에서 만나게 되는 흔한 이웃들만 이렇게 말하는 게 아니다. 인텔리라고 생각되는 사람들조차 비슷한 얘기를 하기도 한다. 이런 분들은 주로 TV를 통해 정보를 얻는다. 기득권이 아님에도 기득권의 관점으로 세상을 보는 것이다. 좌우 언론에 의해 특정인에 대한 부정적인 기사를 계속 접하다 보면 자신도 모르게 그가 싫어진다. 그래서 주는 것 없이 문재인이 미운 것이다. 그런데 이 현상이 낯선 것만은 아니다.

비슷한 일이 참여정부 때도 있었다. 사실 수구언론이 이전 정부 때 김대중 죽이기를 하지 않은 건 아니지만, 김대중 전 대통령은 노무현처럼 좌우 언론으로부터 왕따를 당하지는 않았다. 그때는 한경대, 즉 한겨레, 경향, 대한매일(지금의 서울신문)이 수호자

---

2) 강현석, 〈"탄핵지연 정치인들 무대 발언 안 돼" 광주 촛불 문재인 등 '자유 발언' 불허〉, 《경향신문》, 2016. 12. 3.

역할을 해주었다. 노무현 대통령은 한겨레신문이 자신을 호의적으로 발견해준 덕분에 당선되었다며 늘 감사하게 생각했다. 그래서 당선 후 가장 먼저 방문한 언론사가 한겨레신문사였다(그 일로 보수언론으로부터 얼마나 많은 질타를 받았던가). 그는 또 오마이뉴스에도 애정이 많아서 취임 후 첫 인터뷰와 마지막 인터뷰를 이곳과 했다. 오마이뉴스 역시 조중동을 이기고 노무현을 당선시켰다고 스스로 자랑할 만큼 호의적이었다. 물론 일부 호의적인 방송 프로그램도 있었을 만큼, 방송사들 역시 처음부터 편파적인 건 아니었다. 노무현 왕따는 그의 대통령 임기가 시작되면서 본격화되었다. 국민들은 비만 와도, 돌부리에 걸려 넘어지기만 해도 노무현 때문이라고 했다. 노무현 때리기는 이른바 국민 스포츠가 되었다.

그렇게 된 데에는 좌우 양쪽의 언론이 노무현을 물어뜯은(품위 없는 표현이라 다른 단어를 골라봤지만 하이에나를 연상시키는 이 단어가 가장 적합한 것 같아 그대로 쓰기로 했다) 것이 가장 큰 이유라고 생각한다. 나에게 불행이 닥쳤을 때 나보다 약한 누군가를 희생양으로 삼을 수 있으면 위안이 된다. 모든 사람이 그렇게 할 때는 나 하나 편승한다고 그 고통이 더해진다는 죄책감도 없다. 그게 바로 왕따 만들기다. 노무현은 왕따를 당했던 것이다.

나는 노무현의 그 유산을 문재인이 물려받았다고 생각한다. 그래서 문재인은 무슨 말을 해도, 이래도 욕먹고 저래도 욕먹게 되어 있는 것 같다. 노무현처럼 왕따를 당하기 때문이다. 어떤 사안에 대해서든 문재인 때리기로 귀결되는 정치인들의 연설이나 발언, 일부 언론 기사를 보며 사람들은 '기승전-문재인'이라고 말한다. 정치에서의 왕따도 학교에서 일어나는 아이들 왕따 현상과 똑같다. 그래서 교육 현장에서의 왕따 이론을 이 책에 적용하고자 한다. 이는 한마디로 기득권의 문재인 구박 현상이다. 2012년 대선 때는 친노 왕따 현상이 있었는데, 문재인이 왕따당하지 않으려고 친노를 모두 해체하니 그다음에는 친문 왕따 현상이 생겼다.

호남 왕따에서
친노·친문 왕따로

왕따당하는 사람은 집단의 나머지 구성원과 뭔가 조금은 다르다. 체구가 유난히 작다든지, 시골에서 서울로 전학 온 학생이라든지, 말수가 적다든지, 신체가 불편하다든지, 너무 예쁘거나 잘생겼다든지…. 반드시 남들보다 열등해서 왕따를 당하는 건 아니다. 가령 반에서 공부를 제일 잘하는 학생이 왕따를 당하기도 한다. 1등을 하는 학생은 공부하느라 혼자 있는 때가 많다. 그래서 다른 친구들은 공부 문제에서 생기는 시기나 질투심을 그를 따돌리는 것으로 풀려고 한다. 카톡이나 교실에서 아예 말을 걸지 않거나 그에 대한 나쁜 말을 퍼뜨리는 식이다.

왕따는 서양 선진국의 학교에서도 발견되지만 우리나라나 일본에 서처럼 심한 예는 드물다. 우리와 일본이 심한 이유는 경쟁이 심하고 스트레스가 많은 나라이기 때문이라고 생각한다. 한국 정치 또한 경쟁이 치열한 분야라서 왕따 현상이 발생한다고 본다.

　마르크스가 말하는 원시 공산사회를 빼고, 정도의 차이만 있을 뿐 인류는 지속적으로 차별을 제도화하려고 했다. 한정된 재화(돈, 권력, 상품)를 나누려면 다수를 배제하고 소수끼리 분배해야 더 큰 몫을 얻기 때문이다. 특정한 인종과 계층을 노비로 만드는 노예제도, 인도의 카스트제도, 서유럽의 귀족제도, 우리의 양반제도가 모두 차별을 제도화한 것이다. 예컨대 노비는 어머니와 아버지 중 한쪽이 노비면 자식도 노비가 된다. 가능한 한 좀더 많은 사람을 차별하려는 메커니즘 때문이다. 근대에 들어서는 노동자, 여성, 지역 등에 대한 차별이 문제가 됐는데 오랫동안 제도화된 차별의 피해자들이 자신의 권리를 찾기 위해 저항하면서 갈등이 수면 위로 드러났기 때문이다. 역사의 진보란 억압받고 차별받던 사람들이 점점 평등한 세상으로 만들어가는 것을 의미한다. 역사의 발전과 함께 제도적인 차별과 억압은 점점 줄어들고 있다.

　과거엔 소수 기득권이 다수를 합법적으로 지배하는 계급사회의 형태가 일반적이었다. 현대로 올수록 표면적인 평등이 보장되었고, 이에 따라 은밀한 왕따 현상이 나타나게 되었다. 즉, 명시적인 차별은 법적으로 불가능하니 합법의 테두리에서 다수가 은밀하게 담합하여 소수를 차별하는 것이다. 인류 역사상 가장 대표적인 소수자 탄압은 독일에서 히틀러가 유대인을 희생시킨 나치즘이라고 할 수 있다. 나치즘은 포퓰리즘의 원형이라고 불린다. 빨갱이를 소탕하려고 했던 1950년대 미국의 매카시즘도 대표적인 포퓰리즘이다. 그리고 현재는 뉴포퓰리즘의 광풍이 지구촌을 휩쓸고 있다. 2000년도 이후 이민, 자유무역, 테러리즘 등에 반대하는 뉴포퓰리즘이 유럽에서 득세하다가 급기야는 2016년 미국 땅에도 상륙했다. 뉴포퓰리즘은 소수자, 이민자가 평등한 권리를 누리는 것이 백인이나 기득권에는 역차별이라고 생각한다. 다시 말해 그들의 능력이나 국가에 대한 기여에 비해 과분하다는 것이다. 그래서 소수자를 암묵적으로 차별하는 것인데 이 역시 일종의 왕따 현상이라고 할 수 있다. 트럼프가 소수자·여성·이민자를 비하하는 발언을 하자, 그동안 유색인종의 부상에 두려움을 느꼈던 백인 남성, 심지어는 백인 여성까지 포함한 기득권이 힘을 모아 트럼프를 밀었다.[3]

우리나라 현대 정치에서 소수자 박해의 시초도 빨갱이 사냥이었다. 좌파 정치인들은 대다수가 북으로 갔는데, 남쪽에 남아 있던 사람들은 가족까지 불이익을 당하는 연좌제를 겪었다. 이들은 워낙 소수였고, 집단적 저항도 없었다. 그럼에도 합법을 가장

3)   조기숙, 《포퓰리즘의 정치학》, 인간사랑, 2016.

한 무자비한 숙청이 자행되었다. 좌파 정치인과 연루자 숙청은 은밀한 왕따라기보다는 공권력 오남용이었다.

한국의 현대 정치사에서 다수가 암묵적으로 소수에게 가한 최초의 왕따 현상은 호남 차별이다. 호남 왕따의 진원지는 박정희 전 대통령이었는데 그의 정치적 라이벌이자 야당의 리더였던 김대중이 호남 출신이었기 때문이라고 생각한다. 정권 차원에서는 지역발전이나 인재 등용에서 호남을 차별했고, 다른 한편으로는 결혼·취업·승진 등에서 호남인에 대한 은밀한 차별이 전국 곳곳에서 가해졌다. 김대중 대통령의 당선으로 호남 차별이 완화되리라 기대했지만, 이후 이명박·박근혜 정부를 거치면서 호남에 대한 차별이 다시 다시 고개를 들었다.

호남 차별에 반드시 등장하는 게 빨갱이다. 미국에서 매카시즘이 포퓰리즘이듯 우리나라의 빨갱이 낙인이야말로 전형적인 포퓰리즘이다. 포퓰리즘은 특정 집단을 국민으로부터 배제하는 비이성적인 선동이다. 김대중 대통령은 외국에서는 대다수의 지식인이 한국의 만델라로 알고 있지만 우리나라에선 여전히 저평가된 분이다. 호남에 대한 편견과 빨갱이라는 낙인 때문이다. 노무현 대통령은 퇴임 후 봉하에서 딱 한 사람만 인터뷰한다면 김대중 대통령을 인터뷰하고 싶다고 말한 적이 있다.

"어떻게 그렇게 좋은 정책을 준비하셨는지 직접 만나서 물어보고 싶어요. 뭐라도 새로운 정책을 해보려 하면 김대중 대통령이다 해놓아서 새롭게 할 게 없었어요. 김대중 대통령을 꼭 만나서 직접 듣고 싶어요."

호남 왕따가 노무현 정부 때 친노 왕따로 이어졌다. 친노에게도 '종북좌빨'이라는 얼토당토않은 수식어가 붙는다. 노무현은 실용주의자였다. 그러한 점 때문에 좌파들에게는 신자유주의자라고 미움을 받았다. 왼쪽 깜빡이 켜고 우회전했다는 것이다. 노 대통령이 "그렇다면 참여정부가 좌파 신자유주의란 말이냐"고 한탄을 했더니, 언론은 스스로 그렇게 불렀다면서 참여정부를 아예 그렇게 명명해버렸다. 형용모순이다. 그리고 이제는, 특전사 출신 문재인을 향해 안보관이 걱정된다고 빨갱이 누명을 씌운다. 호남 왕따가 노무현 왕따, 문재인 왕따로 변화했다는 것을 쉽게 알 수 있다. 호남 왕따와 친노·친문 왕따는 떼려야 뗄 수 없는 밀접한 관계임을 뒤에서 더 자세히 밝히겠다.

개헌보고서 파동으로 본
친문 왕따의 시작과 끝

문재인 왕따 현상의 대표적인 사례가 2017년 1월 3일에 불거진 '개헌보고서 파동'이라고 생각한다. 새해 벽두부터 더불어민주당에는 작은 소동이 있었다. 나는 이를

'개헌보고서 파동'이라 하지만 언론은 지속적으로 '개헌문건 파동'이라고 하는데, 어쨌든 이 사건의 전개 과정을 살펴보자. 백 마디 말보다 하나의 사례가 왕따 현상을 쉽게 설명해주기 때문이다. 이 사건은 여론이 흔들릴 만큼 큰일도 아니고 일상사의 작은 사건에 해당하지만, 친문 왕따 현상이 어떻게 시작되고 완성되는지를 관찰할 수 있는 좋은 사례다.

2017년 1월 4일, 트위터 친구들로부터 '개헌문건 파동이 났고, 민주당 일부 의원이 당을 흔들고 해당 행위를 한다'는 소식을 들었다. 사건의 발단은 1월 3일 새벽 3시 인터넷에 게시된 〈[단독]민주 개헌저지 문건 작성 파문〉이라는 동아일보 기사였다.[4]

이 기사의 원래 제목은 〈특정인을 위한 개헌저지 문건… 친문끼리 돌려봐〉였는데 나는 하루 뒤에 이 소식을 접했기 때문에 원제목을 직접 확인하지는 못했다. 원제목은 밤 11시 58분에 위의 제목으로 수정되었다. 민주연구원은 2일 동아일보가 이 기사를 쓰고 있다는 제보를 받았다고 한다. 그래서 그날 저녁 담당 기자에게 전화해 "특정인을 위한 개헌저지 문건이 절대 아니고 오히려 개헌을 좀 적극적으로 받아들여서 당이 개헌 의제를 주도하는 모습을 보이라는 보고서"라고 해명했다고 한다. 그런 해명이 있었음에도 3일 동아일보의 의도적 오보가 나온 것이다. 3일 민

---

4) 길진균 · 문병기, 〈[단독]민주 개헌저지 문건 작성 파문〉, 《동아일보》, 2017. 1. 3.

주연구원은 모든 언론사에 이 보고서를 배포했다. 그런데 원래 이 보고서에는 빨간색으로 '대외주의對外注意'라는 표식이 있었다. 즉, 언론에 유출돼서는 안 되는 문건이었다. 원래 단독 기사는 언론의 취재보다는 내부자의 제보에 의해 생산될 가능성이 크다.

이 보고서는 민주연구원의 박사급 선임연구원이 작성한 것으로 33쪽에 달하는 적지 않은 분량이다. 따라서 언론이 어디를 부각하느냐에 따라 왜곡될 여지가 있는 게 사실이다. 그러나 전체적인 맥락을 보면 이 글을 쓴 연구원 자체가 친문 성향도 아니고, 매우 객관적이고 합리적인 '개헌추진 전략 보고서'라고 할 수 있다. 개헌에 대한 민주당 대선 후보들의 다양한 의견이 반영되어 있다. 개헌에 소극적으로 보이는 추미애와 문재인에 대해서는 약간 비판적으로 보일 수 있는 내용이 들어 있기도 하다. 두 사람이 호헌으로 보여 수세에 몰리면 개헌을 고리로 제3지대 비문(비문재인) 연대가 만들어질 수 있으니, 촛불 민심을 반영하는 개헌 의제를 주도적으로 끌고 나가라는 제안을 하고 있기 때문이다.

개헌을 적극적 전략으로 채택하라고 민주당에 제안한다는 점에서 문재인을 제외한 다른 대선 주자들의 입맛에 더 맞는 보고서라고 할 수 있다. 물론 다른 주자들도 그 보고서 일부 내용에는 동의하지 않을 수 있을 것이다. 특히 '제3지대 비문 연대' 같은 용어에는 불편함을 느낄 수도 있을 것이다. 하지만 이는 엄연히 존재하는 사실이고 언론에서도 늘 사용하는 용어다. 따라서 연구원이 언론의 보도와 도표를 인용했다고 해서 해당 행위라고 주장하는 건 억지스러워 보인다. 보고서 내용은 내가 생각하는 전략과도 좀 다른 면이 있긴 했지만 그것은 화낼 일이 아니다. 당의 공식 보고서가 아니라 한 연구자의 보고서라서 연구자의 주관이 들어갈 수밖에 없기 때문이다. 보고서가 팩트를 왜곡하거나 틀린 내용을 담았다면 몰라도, 민주주의 국가에서 의견의 자유는 보장되어야 한다.

2016년 12월 30일 개헌특위가 발족했으며, 이 보고서도 같은 날 대선 주자들과 당 지도부에 전달되었다. 모두 이메일로 보냈는데 대선 주자들은 대부분 열어보지도 않았다고 한다. 개헌특위가 국회에서 30일에 이미 발족했기 때문에 만일 이 보고서가 개헌저지 보고서였다면 지도부나 대선 주자들에게 전해질 이유가 없다. 공교롭게도, 30일 문재인은 자신이 대통령에 당선되면 2018년 지방선거 때 개헌을 묻는 국민투표를 함께 치르겠다는 공약을 발표한다. 그러니 만일 이게 정말로 문재인을 위한 개헌저지 문건이라면 앞뒤가 전혀 맞지 않는다.

문제의 시작은 3일 새벽 동아일보 기사가 뜨고 몇 시간 만인 5시 57분, 모 의원이 최초로 민주연구원을 비판하며 진상조사를 요구하는 항의 글을 자신의 페이스북에 올린 데에서 비롯된다. 팟캐스트에서 필자가 이 이야기를 할 때 한 패널이 "참고로 모 의원이 모 비대위원장의 비서실장이었다"는 말을 했다. 나는 이 발언에 대해 이렇게 반응했다.

"나는 관심법 진짜로 싫어한다. 나는 정치 논평을 할 때 팩트에만 기초해 말할 뿐이지 누가 누구와 가까우니 이랬을 것이라는 추정은 하지 않는다. 나도 청와대에서 문재인과 함께 근무했으니까 친문 아니냐 하는 억측을 당하는 게 싫기 때문이다. 내가 싫은 건 남에게도 하지 않는 게 내 원칙이다."

기사가 나오고 몇 시간이 지난 3일 당일, 두 집단이 성명을 냈다. 중진 등 30여 명의 의원이 참여한 '경제민주화와 제왕적 대통령제 극복을 위한 국회의원 모임'은 "당 기구가 특정인을 편드는 사조직의 역할을 했다"고 성명을 발표했다. 초선 의원 20명도 "공식 기구에서 비문 연대, 비문 전선, 비문 결집 등의 표현을 쓴 것은 분열을 자초하는 행위"라고 입장문을 발표했다. 이날 입장을 낸 민주당 의원은 두 집단에 일부 겹치는 의원이 있어 총 40여 명으로 보도됐다. 민주당의 모 대선 주자도 이날 11시 50분에 페이스북을 통해 "벌써 대선 후보가 확정된 것처럼 편향된 전략 보고서를 작성한 것은 당의 통합을 해치는 행위"라고 썼다. 다른 의원도 "문재인 전 대표 진영이 공조직을 사적 목적에 이용한 것"이라며 "이들이 국가 운영을 책임지면 제2의 최순실 게이트가 발생할 것"이라고 비판했다.[5]

아는 의원들에게 물어봤다. 이런 집단 성명서가 기사 나온 지

---

5) 문병기, 〈민주 의원 40명 '개헌저지 문건' 집단반발〉, 《동아일보》, 2017. 1. 4.

몇 시간 만에 나오는 게 현실적으로 가능한지. 성명서 쓰는 시간도 있고 서로 의견을 모으는 시간도 있고 절대적인 시간이 필요하기에 가능한 일 같지가 않아서다. "이견을 조율하는 데 최소한 하루 이상 걸리기 때문에 이렇게 당일에 성명서 나오는 것은 매우 이례적"이라는 답변을 들었다. 성명서 내는 것만으로는 분이 안 풀렸는지 이들은 오후 4시에 추미애 대표를 항의 방문했다. 세월호 사건이 났을 때나 박근혜-최순실 국정농단 사건이 났을 때 혹은 김한길·안철수 대표 시절 당명 변경을 포함해 공천 등 당대표들이 전권을 행사할 때를 한번 떠올려보라. 민주당에서 이렇게 빨리 뭔가 제동을 거는 성명서가 나온 적이 있었던가? 이런 움직임은 미리 조율되고 준비된 게 아니면 어려울 것이라는 합리적 의심이 든다.

추 대표는 이날 "(보고서에는) 허위 사실과 해당 행위로 간주될 수 있는 내용이 다수 포함돼 있다"며 "진상조사위원회를 구성해 당의 단합과 신뢰를 저해한 행위가 발견될 경우 관련자를 엄중히 문책하도록 할 것"이라고 밝혔다.[6] 추 대표가 화를 낸 근거는 자신이 호헌론자로 분류되어 있었기 때문이다. 보고서는 보통 작성하기까지 2~3개월이 걸리기 때문에 나중에 바뀐 추 대표의 발

---

6) 황지혜, 〈추미애 '민주연구원 개헌 보고서 부적절한 내용 다수 포함, 하지만…'〉, 동아닷컴, 2017. 1. 3.

언이 반영되지 못했던 것으로 추정된다. 촛불집회 직후 처음 개헌 논의가 나왔을 때 추 대표는 "촛불 정국에 개헌을 이야기하는 사람은 남의 집 불난 데서 군밤 구워 먹으려는 거 아니냐"라는 발언을 했었다. 그러나 30일 개헌특위 발족을 앞두고 추 대표의 입장도 개헌을 적극 주도하는 쪽으로 전환되었다.

정확하게 반문 프레임

언론은 문재인을 흔드는 계파를 늘 친절하게 비문이라고 부른다. 이들이 40명 정도의 소수니까 나머지는 모두 친문이고, 친문이 다수파라는 느낌을 주기 위한 악의적 프레임이라고 생각된다. 그러나 내가 볼 때 친문은 아무리 많아도 60명을 넘지 않는다. 이들 서명자 40명 외에도 반문(반문재인) 계파 행동을 하는 사람은 더 있다. 한 시민이 만든 자료에 따르면 51%의 민주당 의원이 최소한 1회 이상 반문 계파 활동을 했다고 한다.[7] 친문에다 비문까지 합쳐야 60명 정도 되는 셈이다. 대표적으로 추미애, 우상호 대표가 비노라고 할 수 있다. 문재인은 지난

7) 오늘의 유머 시사게시판. http://www.todayhumor.co.kr/board/view. php?table=sisa&no=854761&s_no=854761&page=1

대선 때 친노인 이해찬이 당대표를 함으로써 불필요한 당내 분란과 갈등이 있었다고 생각한 것 같다. 그래서 이번에는 친노나 친문이 직접 나서기보다는 비노 후보에게 친문의 표를 몰아줌으로써 비노 당대표, 원내대표를 만드는 데 기여했다고 생각한다. 당지도부가 친문에게 가혹하고 반문에게 관대한 이중 잣대를 사용하는 이유는 친문은 항의하지 않지만 반문은 조직적으로 지도부를 흔들기 때문일 것이다.

보고서의 내용에 대한 반발이 공감을 얻지 못하자, 그들은 보고서를 친문끼리만 돌려봤다고 공격하기 시작했다. 그러나 그 보고서는 최고위원 등 당 지도부는 물론 모든 대선 주자에게 보내진 것으로 드러났다. 그러자 이번에는 보고서를 보내는 형식의 문제로 프레임을 바꿨다. 다른 주자들에게는 다 이메일로 성의 없이 보내 이메일 체크를 안 하면 보고서를 보지도 못하게 해놓고, 문재인에게만 직접 전달했다는 것이다. 알고 보니 이 역시 김용익 원장의 착오로 잘못 알려진 일이라는 사실이 밝혀졌다. 민주연구원에서 각 후보에게 보고서를 어떻게 보내줄까 물어봤더니 문재인은 와서 가져가겠다고 했고, 다른 사람들은 이메일로 보내라고 해서 그렇게 했다고 연구원에게 보고를 받았다는 것이다. 보고서의 내용에 문제가 없는 것으로 드러나자 대선 주자 차별대우 프레임으로 공격이 전환된 것이다. 이 사안이 궁금했던 나는 문재인 측에 전화를 해서 어떻게 받았는지 물어보았다. "이메일로 받았다. 근데 문 대표가 바빠서 아직 읽어보지도 않았다"는 답이 돌아왔다. 성명서 낸 의원들의 주장은 어떤 것도 사실이 아닌 것으로 밝혀졌다.

징계받지 않는
반문의 해당 행위

민주당 진상조사위원회는 언론의 보도가 사실과 다른 것으로 결론 내리고, 그 결과를 추미애 당대표에게 보고했다. 추 대표는 "나에 대한 사실이 틀려 화를 냈었는데 개헌을 잘 해보자는 보고서이지 저지하자는 보고서가 아니다. 따라서 김용익 원장도 인사 조치할 생각이 없다"는 뜻을 밝혔다. 만일 문건에서 '저지'라는 용어를 찾는 사람에게는 현상금을 주겠다는 말도 했다.

당대표가 당 진상조사위원회에 철저한 진상조사를 명했음에도, 당내 서명 의원들은 진상조사 결과를 기다리기보다는 다음 날부터 언론에 나가 문재인과 민주연구원을 성토하며 김용익 원장의 해임을 주장했다. 4일 아침 의원들은 BBS 라디오 〈전영신의 아침저널〉과 YTN 라디오 〈신율의 출발 새아침〉에 나가서 확인되지도 않은 '개헌저지 문건' 운운하며 친문 패권주의를 신랄하게 공격했다. 이들은 종편에 출연해 이 문제를 지속적으로 이슈화했다. 특히 위의 두 방송 프로그램은 개헌보고서 외에도 친노·친문 왕따 발언들을 찾다 보니 계속해서 등장했다. 신문이 편향성을 보이는 건 그나마 어쩔 수 없다고 생각한다. 하지만 방송이나 라디오는 공적인 주파수를 사용하기 때문에 '공정성 원칙fairness doctrine'을 지켜야 할 의무가 있다. 그렇게 하지 않으면 방송위원회 등으로부터 경고나 징계를 받게 되어 있다. 과연 그 방송들이 이명박 정부나 박근혜 정부를 비판하는 데에도 그만큼의 주파수를 사용했는지 묻고 싶다.

친노·친문에게 편파적인 방송을 하는 사람들은 겁을 먹지 않는다. 문재인이 집권 가능성이 가장 큰 유력 주자인데, 만일 민주당이 정말로 문재인 사당이라면 이들이 겁 없이 이렇게 편파방송을 할 수 있겠는가? 사당 문제까지 갈 것도 없이, 당대표가 조사를 하라는 조치를 취했으면 기다리는 게 마땅할 것이다. 그럼에도 초선 의원이 다음 날 아침 방송에 나가서 이런 행동을 하는 게 적절할까? 우리나라에는 보수와 진보 사이에 기울어진 운동장이 있지만, 민주당 내에는 친문재인과 반문재인 사이에도 기울어진 운동장이 있다. 친문이 여전히 당내에서 불공정한 대접을 받고 있다는 두 가지 예를 들 수 있다.

첫째, 민주당은 끝내 개헌보고서 유출자를 수사하지 않고 해당 행위자를 징계하지도 않은 채 덮고 넘어갔다. 당 조사위가 개헌

저지 내용이 담긴 보고서가 아니라는 결론을 내림에 따라 그야말로 아니 땐 굴뚝에 연기 난 사건이 되었음에도, 작은 소동으로 치부하며 넘어간 것이다.

둘째, 사건 직전과 직후 두 건의 문자가 논란이 됐다. 하나는 바로 직전 김진표 의원이 받은 문자다. '(다른 사람들의 이름을 거명하면서, 이들은 다 부적절하고) 문재인 캠프의 경제팀장을 맡을 사람은 당신밖에 없으니 나서달라'는 문자를 받은 것이다. 조사해보니 정세균 국회의장의 보좌관이 보낸 것으로 드러났다. 이런 내용은 당원들 간에 주고받을 수 있는 내용이고, 비록 부적절한 내용이 있다 하더라도 사적인 문자이므로 출처까지 밝혀낼 일은 아니라고 생각된다. 정 의장 보좌관이 징계를 받았는지까지는 모르지만, 민주당은 끝까지 수사해 출처를 밝혀냈다.

또 다른 문자는 주승용 국민의당 원내대표가 민주당 의원으로부터 받은 문자다. "이번 문건을 계기로 민주당의 전체 최고위원과 주요 당직자 시도당 위원장 중 친문이 아닌 사람이 한 명도 없는 민주당의 민낯이 드러났다"며 민주당이 문재인 사당이고 추미애가 문재인의 아바타라는 내용이다. 그런데 민주당은 이 문자를 누가 보냈는지에 대해서는 관심도 보이지 않았다.

'문재인의 아바타'라는 당 지도부가 일 처리를 하는 걸 보면 친문에겐 가혹하게, 반문에겐 호의적으로 이중 잣대를 사용하고 있음을 알 수 있다. 도리어 반문 의원은 문재인 지지자로부터 문자

폭탄을 받았다. 언어 테러를 당했다며 문자를 방송 화면에 보여주기도 했다. 문자를 보낸 사람들이 문재인 지지자인지, 당원인지, 아니면 외부 개입 세력인지는 알 수 없다. 사실 박근혜 탄핵을 가능하게 한 건 시민들의 문자를 통한 압력 행사였다. 시민들이 새누리당 의원들에게 문자로 항의도 하고 읍소도 해서 이루어진 일이다. 박사모 역시 문자를 활용했다. 탄핵 의원 명단을 발표한 표창원 의원에게 온갖 협박과 욕설 문자를 보낸 것이 그 예다. 그들은 심지어 정유라를 체포한 덴마크 경찰관에게 정유라를 본국으로 보내지 말라는 문자까지 보냈다고 한다. 그런데 왜 똑같은 문자가 문재인 지지자의 것은 폭탄이 되고 테러가 되는지 알 수 없다.

친문 지지자와
박사모의 차이

해당 행위를 했던 의원들은 종편에 나가서 당원들로부터 받은 항의 문자를 보여주며 피해자 코스프레를 했다. 그 문자를 한 사람이 보냈다면, 그건 폭탄이고 스토킹이라고 하소연할 수 있을 것이다. 만일 한 사람이 지속적으로 문자를 보낸다면 스팸으로 쉽게 차단할 수도 있고 말이다. 하지만 만일 1,000명이 1,000개의 문자를 보냈다면? 그게 바로 여론이다.

정치인들 자신도 선거 때나 명절 때면 유권자들에게 문자 폭탄을 돌리지 않는가. 비록 자신이 받은 문자에 욕이 섞여 있다고 해도 시민들의 그 질책을 겸허히 받아들이는 게 옳다고 생각한다. 그게 바로 공인의 무거움이다. 그게 싫으면 공직을 그만두라고 조언하고 싶다. 언론과 반문 의원은 항의 문자를 빌미로 일제히 문재인 지지자를 비난하고 나섰다. 그리고 그 화살은 최종적으로는 문재인을 향하고 있다. 심지어 김종인 전 의원은 문재인에게 지지자 관리도 못 하냐며 지지자들에게 하지 말라고 하면 되지 않느냐고 말했다. 이분들은 친박이 그러하듯이 지시하면 행동하는 탑다운 방식이 어디서나 통한다고 믿는 것 같다. 뼈에 박힌 권위주의의 일면이다.

그 시기에 조선일보가 이런 기사를 썼다. 조국, 문성근, 조기숙이 SNS로 지령을 내리면 문재인 지지자들이 문자 테러를 한다는 것이다.[8] 그런데 실상은 시민들이 먼저 움직이고 나는 뒤늦게 트친(트위터 친구)들에게 소식을 듣는 편이다. 나처럼 SNS를 가끔 하는 사람은 소식이 늦을 수밖에 없다. 어쨌거나 과연 내가 한 트윗 때문에 지지자들이 이런 활동을 했는지 조사하기 위해 개헌보고서 파동을 일으킨 의원들의 페이스북을 조사해봤다. 그랬더니

8) 김아진 · 박국희, 〈문재인 비판하는 여야 의원에 '욕설' 문자에 '18원 후원금' 쏟아져〉, 《조선일보》, 2017. 1. 7.

내가 트위터에서 이분들의 해당 행위를 비판하기 전에 이미 항의를 받고 해명하는 글이 올라와 있음을 발견했다. 트친들이 내 지시를 받고 움직이는 게 아니라 뒤늦게 들어온 나에게 무슨 일이 벌어졌는지를 가르쳐준 것이다. 그래서 나는 늘 트친들의 가르침을 받고 있다고 생각한다. 시간이 부족해 뉴스도 안 보는 나에게 중요한 뉴스를 갖다 주는 쪽도 트위터리안들이다. 이들은 서로 만나고 의논해서 조직하지 않는다. 그냥 SNS에서 의사소통을 통해 각자 움직인다.

그로부터 얼마 안 가 민주당의 모 의원이 자신의 페이스북에서 조선일보와 똑같은 방법으로 나를 배후로 지목했다. 내가 모 의원의 해당 행위를 비판했기 때문에 당원들이 그 의원에게 문자를 보내고 18원 후원금을 보내며 항의했다는 것이다. 같은 당 의원에게 그럴 수가 있느냐고 성토한 후, 동료 의원들에게는 18원 후원금에 대해선 영수증을 줄 의무가 없다는 법률가다운 친절한 설명도 덧붙였다. 해당 행위를 한 의원에 대한 공감은 표현이 되었지만, 그 의원 때문에 고통받은 당원에 대한 배려는 어디서도 찾을 수 없었다. 가재는 게 편이라는 말이 실감 났다. 나는 당원들이 자기 당만이 아니라 다른 당 의원들에게도 인격모독 행위를 해서는 안 된다고 생각한다. 시민으로서 의원에게 항의를 할 수는 있지만, 여기에는 상호 존중이 바탕이 되어야 한다. 그리고 정치인은 시민의 항의를 인격모독으로 몰고 갈 게 아니라 귀담아들어야 할 충고로 받아들여야 한다고 생각한다.

　모 의원의 글을 보면 그 역시 조선일보의 프레임에 갇혀 있음을 알 수 있다. 나는 민주당 의원들이 정말로 언론 프레임에서 벗어나 주도적으로 사고하는 법을 배워야 한다고 생각한다. 팟캐스트의 한 패널이 정말 세상이 놀랄 만한 말실수만 하지 않는다면 민주당이 이번 대선에 이길 것이라고 했는데, 나는 세상이 놀랄 만한 말실수는 언론이 어느 때고 만들어낼 수 있다고 생각한다. 왜? 민주당은 행동에서 잘못한 게 없기 때문에 말로 문제를 삼는 것이다. 하지만 말의 의도는 그 말을 한 사람이 가장 잘 안다. 우리 사회는 고맥락high context 사회로 분류된다. 말의 의미가 간접적이라 직접 보고 들으며 제스처와 눈짓 등 신체언어를 확인해야 한다. 그러지 않으면 같은 말도 정반대로 해석할 수 있다. 그래서 이메일이나 글은 늘 오해를 부르며, 현장에서 듣지 않은 말은 언론이 해석하는 대로 쉽게 왜곡될 수 있다.

　내가 볼 때 반문 의원들은 의정 활동도 잘하고 진짜 능력 있는 분들이 많다. 그랬기에 다선 의원으로 살아남았을 것이다. 그분들 한 분 한 분이 민주당의 소중한 자산이고 훌륭한 분들이다. 그런데 왜 정당한 절차를 거쳐 선출된 당 지도부를 음해하고 흔들며 선거 결과에 승복하지 않는지 궁금하다. 그 사람들도 사실은 언론에 속는 게 아닐까 하는 생각이 든다. 좌우 언론이 '기승전-문재인' 하니까 감정적으로 싫을 수 있고 또 자신들의 문재인 흔들기가 정의라고 생각할 수도 있을 것 같다.

결국 반문 의원과 언론은 문재인을 끌어들이려다 실패하자 '기승전-문재인 지지자'로 끝을 냈다. 문재인은 문재인 지지자에 의해 세상을 바꿀 수단으로 선택되었을 뿐, 문재인 지지자는 문재인을 보스로 모시지는 않는다. 그게 박사모와의 가장 큰 차이점이다. 문재인이 지지자를 움직일 수 없는 것처럼, 나도 문재인 지지자에게 영향력을 행사하지 못한다. 그들은 내 말 중에서 동의하는 것에 한해 공감을 표할 뿐이다. 내 생각에 동의하지 않으면 가차 없는 비판이 쏟아지고 때로는 욕설도 한다. 내게 욕설과 인신공격을 한 극소수의 문재인 지지자에 대해서는 나도 SNS에서 차단으로 대응한다. 박사모라는 조직은 박근혜가 대통령직에서 탄핵당할 만큼 잘못을 저질렀음에도 여전히 태극기를 흔들고 계엄령을 외친다. 돈에 의해 움직이는지 의지에 의해 움직이는지 알 수는 없지만, 그 조직에 민주주의 상식이 결여된 것만은 분명하다. 문재인에게 문재인 지지자를 통제하라고 말하는 사람에게 나는 이렇게 말하고 싶다.

"세상이 그렇게 박사모 같은 조직으로만 이루어진 게 아니다."

'깨어 있는 시민의 조직된 힘'이
두려운 그들

반문들이 이렇게 대놓고 해당 행위를 하는 이유는 민주당이 문재인 사당이 아닐 뿐만 아니라 문재인이 대통령이 되어도 불이익을 받을 일은 없으리라고 안심하기 때문인 것 같다. 만일 해당 행위로 징계를 받더라도 또 다른 길을 찾을 수 있다는 자신감도 있는 듯하다. 징계가 친문 패권의 증거라고 비난하며 제3지대에서 국민의당, 보수정당과 개헌 연대를 할 수 있기 때문이다. 인터넷에선 혼자 자전거를 타고 가다 넘어진 한 남자가 "아오, 친문 패권주의"라며 화를 내는 짧은 웹툰이 인기다. 친문 패권을 주장하는 국민의당, 이들과 보조를 맞추는 민주당 일부 의원을 조롱하는 것이다.

앞에서 이야기한 일련의 사건은 민주당이 문재인 사당은커녕 오히려 친문이 아무 저항도 못 하고 불이익을 당하고 있음을 보여준다. 하지만 종편에서, 라디오에서 지속적으로 친문 패권이라고 노래를 부르면 국민은 그것이 사실인 것처럼 착각할 수 있다.

반문 계파가 이렇게 '합리적 개헌 전략 보고서'를 '문재인을 위한 개헌저지 문건'이라고 트집 잡는 배경에는 그들 나름의 다급함이 있다고 생각된다. 초선도 있지만 이들 대다수가 다선 의원이다. 이대로 가다가는 민주당이 집권해도 의원 노릇 계속하기 어렵겠다는 불안감 때문이 아닐까. 그들은 문재인을 지지하는 소위 '깨어 있는 시민의 힘'이 커지는 것과 상향식 공천에 두려움을 느끼고 있을지 모른다. 그들은 2016년 총선 때 문재인이 시스템화한 상향식 공천의 무서움을 이미 경험했다.

총선 후 반문 계파 활동으로 민주당 지지자들에게 찍힌 이들은 되돌아갈 길이 없는 것이다. 언론과 반문 의원들이 개헌문건의 문재인 책임론을 만드는 데 실패하자 문재인 지지자를 비난하는 것으로 초점을 옮긴 것은 한편으론 영리한 선택이었다. 그들이 진정으로 무서워하는 건 문재인이나 친문 의원이 아니라 민주당 당원의 다수파를 점하는, 문재인을 지지하는 당원이기 때문이다. 이들은 국민 전체로 보면 여전히 소수이지만 민주당 내에서는 다수파를 점한다. 따라서 이들이 민주당에 있는 한 어떤 선거에 나가든 쉽지 않다는 열패감에 사로잡혀 있을 수 있다. 그래서 그들이 문재인 지지자를 강성이라고 비난하고 고립시키려는 전략은 어쩌면 영리한 것이라고 할 수도 있다.

하지만 다른 한편으로는 어리석은 전략이다. 왜냐하면 문재인 지지자들은 앞으로 더 세가 커지면 커졌지 작아지지는 않을 것이기 때문이다. 문재인이 이번에 대통령이 되어 임기를 마치고 정계에서 은퇴하든 혹은 대통령에 당선되지 않든, 문재인 지지자들은 또 다른 후보를 선택해 세상을 바꿀 노력을 계속할 것이기 때문이다(이에 대해서는 뒤에서 자세히 밝히겠다). 어떤 면에서 역사의 진보란 이들의 비율이 점점 늘어가는 것이기도 하다. 서구 민주주의 역사의 발전 과정이 이를 분명히 보여주었다. 그러므로 이들의 뜻을 거스르는 정치인에게는 미래가 없다.

한국 언론은
신뢰할 만한가

　　　　　중요한 건 개헌보고서 파동이 한 번 발생하고 끝나는 일회성 사건이 아니라는 점이다. 예전 참여정부의 대부분 사건이 이런 식으로 보도되었고, 거짓을 진실로 둔갑시키는 데 보수언론뿐만 아니라 소위 진보언론도 하나가 되었다.

　보수언론이 참여정부와 문재인을 왜곡하고 오보로 때리기를 한다는 건 누구나 아는 이야기다. 독자들이 놀랄 만한 사실은 동아일보의 이 프레임을 경향신문도 그대로 보여줬다는 사실이다. 경향신문은 3일 밤 10시 26분, 동아일보의 원래 제목과 유사하게 〈'문재인 위한 개헌 저지 보고서' 비문계 등 20명 '관련자 문책'〉이라는 기사를 올렸다.[9] 동아일보는 양심은 있었는지 그날 밤 제

---

9)　정환보, 〈'문재인 위한 개헌 저지 보고서' 비문계 등 20명 '관련자 문책'〉,《경향신문》, 2017. 1. 3.

목을 수정했다. 그런데 경향신문은 이미 3일 낮에 연구원이 보고서를 공개했음에도 이런 오보를 냈다. 더욱이 진상조사위의 결과가 발표된 후에도 제목을 수정하지 않았다.

이것이 내가 경향신문을 진보언론이라고 불러줄 수 없는 이유다. 나는 그들을 칭할 땐 '소위' 진보언론이라고 한다. 스스로는 진보를 자처하지만 뭐가 진보적인지 알 수 없기 때문이다.

참여정부가 막을 내린 이후 "아, 우리가 속았구나" 하며 시민들이 깨어났다. 그 전까지 우리나라 보통 국민은 '설마 언론이 그렇게 악의적인 거짓말을 할까?'라고 생각했다. 우리나라는 언론에 대한 신뢰가 정부에 대한 신뢰보다 굉장히 높은 나라 중 하나다. 선진국은 정부에 대한 신뢰가 언론에 대한 신뢰보다 높다. 선진국에서는 학교 정규 교육과정에서 '언론을 액면 그대로 믿으면 안 된다', '언론은 인간이 하는 일이기 때문에 잘못될 가능성이 있고, 의도적으로 왜곡하기도 하는 나쁜 언론이 있기 때문에 늘 비판적인 시선으로 봐야 한다'고 비판적인 관점을 가르친다. 그래서 선진국 시민들은 정부보다 언론을 믿지 않는 경우가 많다.[10]

우리나라에는 독재의 유산이 남아 있고, 특히 노무현 대통령 이전까지는 제왕적 대통령을 경험했기 때문에 사람들이 언론을 더 믿는 경향이 있다. 언론이 정부보다 약자이므로, 약자가 약자

---

10) 조기숙, 《마법에 걸린 나라》, 지식공작소, 2007.

편에 서줄 거라 생각해서다. 그런데 노무현 대통령은 재임 기간에 언론과 치열하게 싸웠다. 왜 그랬을까? 대통령이 언론을 비판하면, 사람들이 보도 내용을 한 번이라도 제대로 읽어보고 양쪽 의견을 들어보고 판단하리라고 믿었기 때문이다. 국민이 학교에서 언론 교육을 제대로 받지 못하니까 대통령이 몸을 던져 언론과 싸움으로써 사실을 밝히려 했던 것이다. 그런데 당시에는 큰 효과가 없었다고 생각한다. 대다수 국민이 여전히 제왕적 대통령에 대한 인식을 가지고 있었기에 '대통령이 언론을 탄압하는 게 아닌가' 하는 생각을 갖기 십상이었기 때문이다. 그 효과는 노무현 대통령이 돌아가시고 나서야 나타났다. 지금처럼 수많은 시민이 깨어난 데에는 수십 년 앞을 내다본 노 대통령의 전투가 큰 역할을 했다고 할 수 있다.

　개헌보고서와 관련해서 반대자들이 궁극적으로 퍼뜨리고 싶었던 것은 박근혜처럼 문재인도 공조직을 사유화하고 비선을 작동시킨다는 프레임이었다고 본다. 실제로 반문 의원들이 언론에서 이런 주장을 하기도 했다. 그래서 친박, 친문 빼고 제3지대에 모여서 내각제 개헌을 하자는 말을 아무렇지도 않게 한 것이다. 이거야말로 정말 위험하고 무책임하고 반민주적, 반헌법적 발언이다. 친박이든 친문이든, 우리 정치에서 배제의 대상을 만들어선 안 된다. 그건 우리 헌법과 민주주의 정신에 어긋나는 것이며, 누구도 왕따가 되어선 안 된다.

하지만 친박은 심판의 대상이다. 민주주의에서 심판은 매우 중요하다. 민주주의의 핵심은 주기적 선거인데, 그 목표는 국민이 잠시 권력을 맡겼던 대표를 심판하는 것이다. 박근혜와 친박은 국정을 농단했고, 당시 박근혜 대통령의 5% 지지도가 국민이 어떤 심판을 원하는지를 보여준다. 나아가 압도적 국민 다수가 원해서 탄핵을 한 상황이기 때문에 친박은 심판받아야 마땅하다.

그런데 친노·친문을 심판하겠다는 이들이 있다. 친노가 뭘 잘못했기에 그 후 두 차례의 정부가 지난 지금까지 심판 대상으로 오르내려야 하는가? 더욱이 친문은 집권을 해본 적도 없다. 이들을 어떤 잣대로 심판하겠다는 것인가? 친노·친문을 배제해야 한다고들 말한다. 배제는 히틀러가 유대인을 학살하고 트럼프 대통령이 소수자를 차별하는 행위와 본질적으로 다르지 않다. 정도의 차이는 있겠지만 말이다. 보수언론은 나를 항상 대표적인 친노 논객이라고 부르지만, 정작 나는 친노 또는 친문 정치인이 누구인지 정확히 모른다. 아마 국민들도 마찬가지일 것이다. 국민 눈에는 계파와 무관하게 개혁적인 의원이면 모두 친문으로 보이기 때문이다. 친문을 모르니 비문이 누구인지도 잘 모른다. 그러나 반문은 누구인지 정확히 알고 있다. 이번 개헌보고서 파동에 서명하고 조직적으로 움직이는 사람들이 반문이다.

그래서 나는 팟캐스트에서 이 문제를 다룰 때 기자들에게 이렇게 말했다. 성명서나 받아쓰지 말고, 이들이 조직적으로 회동해서 일을 계획하고 작전을 짜는 현장을 취재해보라고 말이다. 그 후 얼마 지나지 않아 실제로 성명서의 주인공들이 공개적으로 만나 계파 활동을 하는 게 언론에 포착되었다.[11] 친문이 계파 활동을 한다는 기사나 증거는 본 적이 없지만 반문들은 떳떳하게 계파 활동을 한다. 그리고 이들을 언론은 일관되게 '비문'이라고 부른다. 하지만 분명하게 말하지만 이들은 정당정치에 반하는 '반문'이다.

반문 의원들이
개헌을 원하는 이유

박근혜-최순실 국정농단 사태가 터지자마자 국민은 매 주말 촛불을 들고 추운 겨울을 광화문에서 보냈다. 대리인단이 지연작전을 쓰는 바람에 1월 말까지 끝내려던 박한철 전 헌재소장의 노력은 무산되었다. 참으로 국민 생각은 눈곱만큼도 하지 않는 징한 대통령이다. 국민이 거리에서 헌재를 응원하며 힘든 겨울을 보내는 동안 민주당 내 반문 의원들은 무얼 했을까? 국정농단의 주체 혹은 부역 세력이라고 할 수 있는 자유한

---

11) 임형섭 · 김동호, 〈김종인 만찬 非文 총집결…'안희정은 盧 초기, 文은 말기 모습〉, 《연합뉴스》, 2017. 02. 14.

국당, 거기에서 나온 바른정당, 민주당 탈당 세력인 국민의당과 보조를 맞춰 개헌을 준비했다. 참으로 징한 국회의원들이다. 우리 국민은 전생에 무슨 잘못을 했기에 이렇게 지도자 복이 없는지 모르겠다.

2017년 2월 24일 한국일보는 〈민주당 비문 개헌파 34명, 개헌 불씨 살리나〉라는 제목의 기사를 내보냈다. 이 보도에 따르면 "더불어민주당을 제외한 여야 3당 원내대표가 단일 개헌안을 조속히 마련하기로 합의한 데 이어 23일 민주당 개헌파 의원들이 대선 주자들에게 개헌을 공약으로 명시해야 한다고 압박"했다는 것이다.[12] 자유한국당은 아예 노골적으로 권력구조만 바꾸는 '원 포인트 개헌'을 추진하기로 했고, 바른정당은 의총을 열어 분권형 대통령제 도입을 당론으로 채택했다고 한다.

이번 국정농단 사태는 권력구조와는 아무런 관계가 없다. 대통령 자신이 아무 생각이 없고 공인에 대한 책임감이 없었던 게 문제지, 이게 헌법과 무슨 상관인가? 대통령제의 성공은 의회의 견제, 언론의 감시, 공정한 사법부가 있어야 보장된다. 미국의 대통령제나 유럽의 의원내각제가 모두 성공한 건 이런 조건이 갖춰졌기 때문이지 권력구조와는 무관하다. 박근혜의 실패는 과반수

---

12) 정승임 · 정혼잎, 〈민주당 비문 개헌파 34명, 개헌 불씨 살리나〉, 《한국일보》, 2017. 2. 24.

였던 새누리당이 대통령의 시녀 역할을 하느라 의회에서 아무런 견제를 하지 못했기 때문이다. 다시 말해 새누리당이 박근혜 사당화되었다는 점이 가장 직접적인 원인이다. 급기야는 조선일보가 박 정권의 문제를 제기하려 했으나, 주필의 비리를 고리로 반격을 당하자 꼬리를 내리고 말았다. 검찰이 정권의 하수인 역할을 한 것도 큰 문제였다. 검사 출신의 우병우 전 민정수석은 국정농단 사태 관련 수사를 받을 때조차 검찰을 장악하고 있었다는 사실이 언론에 포착되었을 정도다.

박근혜의 잘못이 드러나게 된 계기는 2016년 총선에서 이뤄진 지형 변화다. 즉, 여소야대 국회가 탄생했기에 가능했던 일이다. 2016년 9월 야당이 국정농단의 주역들을 증인으로 채택하려하자 이정현 당대표가 단식투쟁으로 국회 일정을 방해했고, 정진석 원내대표는 필리밥스터(저녁식사 시간을 핑계로 필리버스터를 시도하는 것)로 의사진행을 방해했다. 결국 이 모든 비리는 JTBC에서 최순실의 태블릿PC를 보도함과 함께 한꺼번에 터져 나왔다. 만일 JTBC의 홍석현 회장이나 손석희 사장에게 숨겨진 비리가 있었다면 조선일보의 전철을 밟았을지도 모른다. 하지만 그런 일은 일어나지 않았고, 이후 사태는 급물살을 타면서 진행됐다. 한겨레신문은 그 전에 이미 특별취재반을 편성해 조선일보가 취재해온 뒤를 밟고 있다가 기사를 쏟아냈다. 그동안 취재하고도 보도하지 못했던 종편의 TV조선, 채널A 역시 경쟁하듯 박근혜 비리를 쏟아내면서 모든 것이 세상에 드러나게 되었다. 이처럼 언론 하나만 제 역할을 해도 대통령의 비리는 만천하에 밝혀지게 되어 있다. 헌법이 문제가 아니라 언론, 검찰, 정당, 국회가 제대로 작동하지 않은 게 문제인 것이다.

개헌주의자들이 주장하듯 우리나라의 역대 대통령이 모두 실패했다는 것도 거짓말이다. 박정희는 인권과 자유를 말살한 과는 있지만 산업화를 추진한 공은 있다. 경제위기를 가져온 책임이 있는 김영삼 전 대통령조차도 금융실명제, 하나회 해체, 전두환·노태우 두 전직 대통령 구속 수사 등의 공이 있다. 김대중, 노무현 두 민주정부의 대통령은 우리나라를 많이 발전시켰고 선진국의 문턱까지 가져다 놓았다. 참여정부 시절 우리나라의 국가경쟁력은 11위였고 부패 방지와 관련한 투명성 지수는 역대 최고였다. 〈그림 1-1〉에서 보여주는 어떤 지표로 보아도 대통령마다 성적표가 다른데, 박근혜의 실패가 대통령제의 실패라며 개헌의 이유로 내세우는 건 이해하기 어렵다.

우리는 이미 제2공화국 때 의원내각제를 경험했다. 그 혼란 탓에 박정희의 쿠데타가 일어나지 않았던가. 프랑스도 의원내각제로 인한 잦은 개각으로 정치가 불안정하자 대통령제로 권력구조를 바꿨다. 프랑스에서는 대통령과 다른 정당에서 총리가 나올 수 있다. 그래서 동거 정부라고 부른다. 우리 헌법은 미국식의 순수 대통령제라기보다는 프랑스의 동거 정부에 더 가깝다고 할 수

역대 정권 누적재정적자

2016.02.14 〈헤럴드경제〉 "박근혜정부 3년 재정적자 95조 넘어"
자료: 한국은행 경제통계시스템 ECOS

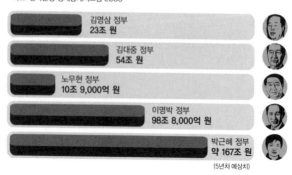

김영삼 정부
23조 원

김대중 정부
54조 원

노무현 정부
10조 9,000억 원

이명박 정부
98조 8,000억 원

박근혜 정부
약 167조 원

(5년차 예상치)

역대 정권 가계대출 증가액

민주정부가 유능한 33가지 지표(한국미래발전연구원) 참고
자료: 한국은행 ECOS 가계대출 통계

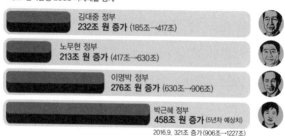

김대중 정부
232조 원 증가 (185조→417조)

노무현 정부
213조 원 증가 (417조→630조)

이명박 정부
276조 원 증가 (630조→906조)

박근혜 정부
458조 원 증가 (5년차 예상치)

2016.9. 321조 증가 (906조→1227조)

역대 정권 1인당 GDP 증가액

2016.11.23.〈매일경제〉 "'朴' 4만불시대"외쳤지만... 소득증가율 역대 최하위
자료: 통계청

김영삼 정부
-107 달러

김대중 정부
4,493 달러

1998(8,100)→2002(12,787)
by 한국은행

노무현 정부
9,532 달러

2003(14,215.9)→2007(23,102,9)
by 한국은행

이명박 정부
3,981 달러

2008(20,464.8)→2012(24,445,1)
by 한국은행

박근혜 정부
1,486 달러

2013(25,993.4)→2016(27,479,8 추정)
by 한국은행

〈그림 1-1〉 역대 정권의 경제 성적표

있다. 즉, 우리 헌법은 의원내각제적 요소를 갖추고 있다. 지금의 헌법하에서도 의원의 내각 입각이 가능하고 총리를 다른 당의 의원이 맡는 것도 가능하다. 여당이 소수당이면 국회와 협의하여 총리를 제 1야당의 대표에게 줄 수 있다. 노무현 대통령이 제안했던 대연정이 그것이다. 혹은 보통의 내각제 국가에서 하듯이 민주당과 이념이 비교적 가까운 정당들(예를 들면 국민의당과 정의당)과 원내 과반수를 만드는 소연정도 가능하고, 좀더 큰 개혁이 필요해 의석수 3분의 2가 필요하다면 바른정당까지 합친 소연정이면 충분하다. 다만, 자유한국당은 박근혜-최순실 국정농단의 책임이 있는 정당으로서 공동책임을 져야 한다. 무엇보다 박근혜와 자유한국당은 헌재의 탄핵 결정에도 아직까지 승복하지 않아 스스로 반헌법 세력임을 만방에 고했다. 대연정을 하는 독일에서도 극우정당은 연정의 파트너로 고려하지 않는다. 그런데도 민주당 내 반문 의원들은 개헌을 위해 국정농단 세력과 손을 잡고 차기 대통령을 3년짜리 임기로 만들려고 한다.

왜 이들은 권력구조 개편을 원하는가? 의원들이 의원내각제를 원하는 건 오래된 일이다. 국회의원이 시장만 해봐도 다시는 국회의원을 할 생각이 없다고 한다. 대통령제하에서 국회의원은 대통령과 행정부를 견제하는 일이 전부다. 자신이 쓸 수 있는 예산도 없고 채용할 수 있는 인력도 극소수다. 하지만 작은 도시의 자치단체장만 되어도 그 지역에서는 소통령이라고 한다. 자신만의 세계에서 자신의 일을 할 수 있는 것이다. 그 비슷한 목적을 좀 더 큰 판에서 이루고자 하는 것이 지금 개헌을 외치는 사람들의 속셈이다. 그러니 이런 상태에서 권력구조만 바꾸는 거라면, 한 사람이 해먹던 걸 여러 사람이 나눠 먹는 것 외에 별다른 차이가 없다고 본다. 현 상황에서 개헌 연대는 패자의 연대일 뿐이다. 유시민 작가에 따르면 절대로 용이 될 수 없는 이무기의 연대다.

문재인은 왜 처음부터
탄핵을 주장하지 않았나?

황진미 제가 보기에는 이런 소동을 문재인이 자초한 느낌이
있어요. 탄핵 정국이 시작되기 직전까지 문재인은 굉
장히 유보적인 태도를 보였잖아요? 초반에는 퇴진이
란 말도 남보다 일주일 정도 늦게 했고, 결과적으로 탄
핵까지 언급했지만 좀 느리게 움직였다는 거죠.

조기숙 그런 선입견을 갖는 데 언론의 프레임이 끊임없이 영
향을 미쳤을 거라고 봐요. 그러니까 언론으로부터 자
유로운 사람은 없다는 거죠. 자꾸 듣다 보면 저도, 언
론이 제가 했다고 왜곡해놓은 발언을 진짜 했나 하는
생각이 들 정도니까요. 당장 팟캐스트 패널 중에도 동
아일보의 보도를 그대로 믿었다는 자성의 목소리가 나
오고 있잖아요? 어떤 허상을 만들어놓고, 모든 언론이

반복적으로 보도하면 아무리 의심이 많은 사람도 결국엔 믿게 되죠. 문재인이 제일 늦게 탄핵을 이야기한 게 마치 잘못인 것처럼 말씀하시는데, 저는 문재인이 그렇게 했기 때문에 우리가 탄핵에 성공했다고 봐요. 왜냐하면 만일 탄핵이 이뤄진다면 가장 수혜를 볼 사람으로 많은 사람이 문재인을 떠올리기 때문이죠. 그게 사실이든 아니든….

황진미 그러니까 몸조심하느라?

조기숙 몸조심한다는 것과는 다른 얘기예요. 저는 문재인이 만일 처음부터 탄핵해야 한다고 주장했다면 우리가 결코 탄핵에 성공할 수 없었다고 봐요. 탄핵 같은 사안은 과정 관리가 매우 중요하잖아요. 이런 일에는 여론이 앞서가고 정치인이 뒤따라가야 하죠. 이재명 시장 같은 경우는 그런 책임 있는 위치에 있지 않았기에 자신이 하고 싶은 말을 할 수 있었지요. 그래서 정말 분했던 국민에게 사이다 같은 후련함을 줬고요. 그런데 만일 문재인이 그랬다면 어떻게 됐을까요? 지금 박사모들이 총동원돼서 진영논리로 끌고 가려 하는데, 온 국민이 이 사안을 이해하고 증거들이 뒷받침되었기 때문에 이미 늦었어요 박사모가 뒤집으려 해도 불가능한 상황이 된 거죠. 그런데 문재인이 처음부터 앞서나갔다면, 그 순간부터 진영논리로 흘렀을 거예요. 그랬다면 보수가 다수인 우리나라에서 탄핵이 성공하긴 어려웠겠지요.

황진미 개헌에 대해서도 문재인은 예전에는 개헌에 찬성하는 입장이었잖아요. 그런데 지금의 개헌 정국에서는, 다른 사람들은 개헌에 찬성하는데 문재인은 반대 입장이에요. 개헌을 중심축으로 정계 개편이 이루어진다면 문재인 대 반문재인의 방식으로 이루어질 거라고, 웬만한 사람들은 이미 한 달 전에 예상했거든요. 그러던 와중에 문건이 나오니까 '우리가 예상한 대로 민주당 내에서 문재인의 개헌 반대를 뒷받침하는 문건이 나왔나 보다' 하는 식으로 받아들일 수밖에 없었죠.

조기숙 저는 사실 개헌이 어렵다고 봐요. 내각제 개헌은 YS가 노태우, 김종필과 3당 합당을 할 때도 비밀 각서의 내용에 들어 있었지만 휴짓조각이 됐고, DJP연대도 내각제를 고리로 했지만 무산됐죠. 그때도 개헌토론 열심히 했지만 국민은 압도적으로 대통령제를 지지했어요. 그랬기 때문에 실패한 거죠. 문재인 역시 개헌을 원하는 정치가예요. 왜? 노무현 대통령이 원 포인트 개헌을 제안했잖아요. 그리고 나름대로 개헌에 대한 문제의식을 가지고 있기에 2012년 대선 공약으로 개헌을 내걸었죠. 그런데 지금 문재인을 왕따시키고자 하는 반문 고리로 내각제 개헌론이 거론되니까 동의하기 어려운 거예요.

게다가 그들이 촛불 민심을 받든다는 핑계로 개헌 세미나를 하고 있잖아요. 개헌은 어차피 합의가 안 됩니다. 왜냐면 국민 반수 이상이 여전히 대통령 중임제를 원하고, 대통령 중임제도 싫어하는 국민이 20~30%에 이르거든요. 지금처럼 5년 단임제가 낫지 중임제를 어떻게 믿느냐 하는 국민도 있기 때문에, 두 숫자를 합치면 대통령제를 원하는 국민이 압도적으로 많다는 거예요. 그러나 국회의원들은 3분의 2 이상이 내각제 또는 이원집정부제를 원해요. 결국 지금 개헌논의란 촛불의 정신과 민의를 물타기하는 것이기 때문에 문재인은 거기에 동의하기가 어려운 거죠.

개헌이 불가능하다는 걸 그 사람들은 모를까요? 지금 개헌논의는 대선 구도를 깨겠다는 거예요. 또는 대선 전에 합종연횡해서 판을 엎어보자는 거지. 전혀 순수하지 않아요. 문재인 후보 입장에서는 그런 불순한 의도를 경계할 수밖에 없죠. 그러니까 잘못됐다고 발언하는 거예요. 그냥 침묵하고 있으면 국민들은 문재인도 지금 내각제 개헌에 찬성하나 보다 오해를 하겠지요. 문재인은 대선판을 깨기 위한 내각제 개헌 연대에 반대 의견을 분명히 할 수밖에 없어요. 그러나 자신이 원래 개헌론자니까 2018년 지방선거 때 개헌을 위한 국민투표를 하자고 제안한 거죠. 제가 보기엔 지극히 합리적인 입장입니다.

황진미 왕따 문제에서요. 어쨌든 소수자적인 특성이 있는 경우만이 아니라 특출나게 1등을 하는 경우에도 질투로 인해서 왕따가 일어날 수 있다는 데까지는 받아들이겠는데, 현재의 친노·친문이 왕따 현상이라는 것은 아직 이해가 안 돼요. 문재인은 소수자 쪽과 특출한 1등 중에서 어느 쪽인가요?

조기숙 일단 기득권한테 밉보였다는 점이 있어요. 노무현도 소수 정당의 소수 정파를 대변했다고 할 수 있잖아요. 현역 의원이 천정배 딱 한 명이었고 당에서도 배척당해 개혁당을 등에 업고 대통령에 당선됐으니까요. 대통령이 되고도 당내에 자기 사람을 하나도 심지 못했어요. 공천에 관한 전권을 정동영 씨에게 줬고, 정동영·김한길 두 분이 2004년 총선 공천을 다 했지요. 왕따의 반전은 오리 새끼가 나중에 백조가 된다는 거예요. 모든 국민이 노 대통령을 비난할 때 저는 노 대통령이 얼마 지나지 않아 곧 백조가 될 거라고 믿었기에 그에 대한 신뢰를 끊임없이 보여줬어요. 만일 그가 국민에게 비난받을 만큼 잘못했다면 저 역시 충직한 참모로 남아 있지 않았을 거예요. 그런 신뢰가 있었던 것은 이게 왕따 현상이라는 걸 그때부터 확신했기 때문이에요. 그 결과 현재 설문조사를 해보면, 국가 발전에 가장 기여한 대통령으로 1등 노무현 36%, 2등 박정희 31%가 나와요. 가장 호감이 가는 대통령은 노무현이 1등으로 무려 47.7%나 기록하고 있어요.

황진미 저는 여전히 친문이 왕따라는 말이 그렇게 썩 와 닿지는 않아요.

조기숙 예를 들면 이거죠. 문재인 대표는 당대표에 당선되었으면서도 2016년 총선에서 공천권을 행사하지도 못하고 김종인 대표에게 갖다 바친 꼴이 되었잖아요. 그 결과 비례대표에 친노는 한 명도 없어요. 친문은 외부 영입 인사 중에 좀 있는지 모르겠어요. 2008년 손학규 대표 체제에서도 친노는 배제당했고, 2012년 한명숙 대표 체제에서도 마찬가지였어요. 아무리 좋은 사람이어도 친노가 너무 많다며 배제해서 별로 없어요. 물론 노무현과 달리 지금 문재인은 극소수자는 아니에요. 문재인이 2012년 대선에 출마할 때 담쟁이 포럼을 만들었는데 거기에 서명한 의원이 딱 30명이었어요. 그게 친노·친문 전부였다고 보시면 돼요. 그렇게 소수였기 때문에 문재인은 당대표가 돼서도 아무것도 할 수 없었어요. 사람들은 보통 개혁적인 의원이면 계파와 무관하게 친노·친문으로 잘못 알고 있는데, 이분들까지 합치면 한 60명 되지 않나 싶어요.

황진미 조중동이 왕따를 시킨다는 건 쉽게 이해가 가요. 그런데 진보 매체도 물어뜯는다니…. 그러면 진보 매체도 언론의 기득권자라고 분류하시는 거예요?

조기숙 그런 점도 분명히 있어요. 이런 우스갯소리 있잖아요. '검사, 기자, 교수가 식당에 가서 밥을 먹었다. 누가 돈을 낼까? 정답은 식당 주인이다'라는 거죠. 검사, 교수가 기득권인 건 누구나 알고 있죠? 그런데 그들이 가장 무서워하는 사람이 기자거든요. 민주사회는 말로 설득하는 사회이기 때문에 소통의 수단이 되는 언론이 엄청난 권력을 가지고 있어요. 그런데 좌파 언론이 왕따 현상에 동참하는 게 반드시 기득권이라는 이유에서만은 아니라고 봐요. 문화적, 이념적 갈등이라는 문제도 있다고 보는데 뒤에서 다시 설명하겠습니다.

2장

왕따 프레임을
완성하는 사람들

언론의
노무현 죽이기

        모택동은 "권력은 총구에서 나온다"
고 했다. 혁명 상황에서는 맞는 말이다. 그러나 민주주의 국가에
서 "대통령의 힘은 설득력과 소통 능력에서 나온다"고 한다.[1] 그
래서 '민주정치는 여론 정치'라는 말도 있다. 이 말은 사회적 의사
소통이 굉장히 중요하다는 의미다. 우리 사회에서는 조중동(조선,

1) Neustadt, Richard E. 1990, *Presidential Power And The Modern Presidents:
The Politics of Leadership for Roosevelt to Reagan*, New York : Free Press ;
Greenstein, Fred I. 2000, *The Presidential Difference*. Princeton, N.J. :
Princeton University Press.

중앙, 동아)으로 불리는 보수언론은 물론이고 한겨레, 경향과 같은 소위 진보언론까지 편향성이 강하고 자신의 강한 이념적 신념을 독자에게 강요한다는 데에 많은 연구자의 의견이 일치하고 있다. 우리는 보통 보수언론만 편향적일 뿐, 진보언론은 그래도 공정하다고 생각한다. 하지만 그간의 연구 결과는 진보언론도 보수언론과 마찬가지로 자신들의 입장을 독자에게 강요한다는 점에선 별 차이가 없다는 점을 보여주고 있다. 4대강, 무상급식, 세월호 등의 쟁점에 대해 실제 그러했음을 확인할 수 있다. 정파적 쟁점에서는 보수와 진보언론이 같은 사건을 놓고도 정반대의 프레임으로 경쟁을 하기 때문이다.[2]

더 나아가서 소위 진보언론도 보수언론과 하나가 되어 여론을 왜곡하고 오보한다는 것이 내가 이 책에서 하려는 주장이다. 그런데 이 말을 처음 듣는 독자는 믿기 어려울 것이다. 앞에서도 밝혔듯이 진보언론은 보수언론과 정반대의 입장을 가지고 있는데, 어떻게 하나가 돼서 사안을 왜곡하고 오보할 수 있느냐는 의문이 드는 게 당연하기 때문이다. 물론 진보언론이 보수언론과 같지는 않다. 이명박, 박근혜 정부 동안 비리를 파헤치고 비판의 예봉을 놓지 않았던 진보언론에 박수를 보내고 싶다. 보수언론과 진

---

2) 조기숙, 〈안철수 현상에 대한 진영언론의 담론평가: 변혁의 리더십 혹은 포퓰리즘〉, 《의정논총》 10집 2호, 2015b, 163~191쪽에 기존 연구 수십편을 밝혔다.

보언론은 질적으로도 많이 다르다. 하지만 유독 한 사람에 대해서만은 보수와 진보가 하나가 되어 왜곡했다고 생각한다. 그가 바로 노무현이다.

참여정부 이전까지만 해도 보수언론의 오보, 왜곡 보도만 두드러졌다. 진보언론은 김대중 대통령, 노무현 후보에게 비교적 호의적이었다. 이 때문에 강준만 교수는 《김대중 죽이기》, 《노무현 죽이기》란 책에서 보수언론의 행태에 대해서만 비판하고 있다. 이때까지만 해도 보수언론이란 조중동을 의미했다. 하지만 노무현 대통령 당선 이후 참여정부 때는 물론 지금까지, 조중동이라기보다는 조동문(조선·동아·문화일보)이 함께 움직인다고 보는 것이 더 타당할 것 같다. 홍석현 회장이 참여정부의 주미 대사였기 때문이기도 하고 JTBC를 창립한 후 홍 회장의 노선이 달라졌기 때문인지 중앙일보는 조선이나 동아의 프레임으로부터 비켜나 있다. 언론학자도 보수언론을 연구할 때 조선과 동아를 선택하지 중앙은 연구 대상에 잘 넣지 않는다.[3]

그런데 노무현 당선 때까지만 해도 우호적이었던 한겨레와 경향은 2004년 총선이 끝난 후부터 비판적으로 변했고, 임기 말에는 이 대열에 오마이뉴스까지 동참했다. 지금은 대상이 노무현에서 문재인으로 바뀌었을 뿐 조중동, 한경오(한겨레·경향·오마

---

3) 임순미, 2012, 앞의 글.

이뉴스)가 하나 되는 기조는 현재진행형이라고 할 수 있다.[4] 보수와 진보언론이 하나 되어 만든 프레임이 제왕적 대통령, 참여정부 실패론, 친노/반노 분열 프레임이라고 할 수 있다.

2004년 열린우리당이 다수당이 되자 권력인 대통령과 여당을 견제해야 한다는 소위 진보언론의 의무감에서 비판이 시작되었을 것이라며, 이들의 비판을 처음에는 긍정적인 시선으로 바라봤다. 그러나 노무현이 퇴임한 이후에도 그들은 참여정부가 실패했다는 생각을 버리지 않았다. 친노/반노 프레임으로 보도하는 것도 변하지 않았다. 왜 모든 사안에 대해 보수와 진보가 정반대의 프레임으로 대결하면서 노무현에 대해서만은 하나가 되는 것일까.

조동문 프레임은 노무현 임기 내내 작동했다. 조선일보가 꼬투리를 잡아 살짝 비틀어놓으면 다음 날 새누리당이 그걸 확대해서 공격했다. 그러면 저녁에 문화일보가 진보진영 시민단체나 지식인들을 인터뷰해서 살을 붙이고, 다음 날 오전이 되면 동아일보가 더 큰 문제로 확대했다. 한 이틀, 때로는 1~2주가 지나면 소위 진보언론이 그걸 기정사실화해서 보도했다. 이걸 요즘 SNS에서는 '조리돌림'이라고 한다. 한 사람을 여럿이서 돌아가면서 모

---

4) 《오마이뉴스》는 많은 기사를 시민 기자단이 생산하기 때문에 기본적으로 여러 쟁점에서 《경향신문》이나 《한겨레신문》과는 많이 다르다. 그나마 노무현과 문재인에게 가장 호의적인 언론이라고 할 수 있다. 그러나 전임 기자단의 비문재인 편파성은 종종 SNS에서 타도의 대상이 되곤 한다.

욕을 주는 것이다.

나는 좌우 언론이 노무현 왕따를 주도했다고 생각한다. 반문 의원도 그 영향력에서 벗어날 수 없을 것이며, 민주주의에선 언론 이 권력이기 때문에 충분히 그럴 힘이 있다고 생각한다.

누구를 위한
오보·왜곡 보도인가

나는 기본적으로 방송이 아닌 신문의 편향성은 문제 삼고 싶지 않다. 미국에서 최초의 신문은 정당지였 다. 따라서 지금까지도 미국 신문은 선거 때 특정 후보를 지지하 는 전통이 남아 있다. 어차피 인간이 중립적인 존재가 아니라면 언론의 편향성은 피할 수 없는 것이고, 그렇다면 미국처럼 그것을 투명하게 드러내놓고 지지하는 것도 좋다고 생각한다. 그래야 독 자들이 그런 지지 성향을 고려해 보도를 받아들이고 평가하게 될 것이기 때문이다.

불교에서도 '일수사견一水四見'이라는 말이 있다. 물 한 가지 를 두고도 여러 가지 견해가 존재한다는 의미다. 예컨대 사람은 물이라고 하지만 물고기는 자기가 사는 집이라고 하고, 또 천상에 서는 수정으로 보고, 아귀는 피고름으로 본다고 한다. 이처럼 한

가지 현상을 두고도 네 가지 해석이 가능한 게 인간사다.[5] '일수 사건'을 가지고 만든 〈라쇼몽〉이라는 영화도 있기에 신문의 이념적 편향성을 문제 삼는 것은 절대로 아니다. 오히려 자연스럽게 받아들인다. 다만, 왜 의도적인 왜곡과 오보가 유독 노무현과 문재인에 대해서만 자주 등장하느냐 하는 질문을 던지고 싶은 것이다.

조동문이 수구 우파의 잣대로 노무현과 문재인을 왜곡, 오보하는 건 어찌 보면 당연하다. 그들은 원래 뚜렷한 정치적 목적을 가지고 정적이라고 할 수 있는 노무현과 문재인을 흠집 내려고 오보, 왜곡을 서슴지 않는다. 그래서 두 정치인이나 그 지지자들은 늘 얻어맞아도 그러려니 한다. 문제는 좌파 언론에게 맞을 때다. 노무현도 그렇고 문재인도 그렇고, 치명상을 입는 건 좌파 언론이 우파 언론의 왜곡 보도를 확인 사살할 때다. 조동문이 노무현을 왜곡하기 위해 프레임을 짜면, 얼마 안 가 좌파 언론이 그대로 받아 보도하면서 진실이 되어버린다. 진보진영의 독자들도 좌우에서 똑같이 비판하니까 노무현이 잘못했구나 생각한다. 이것이 노무현 대통령의 재임 중 지지도가 별로 높지 않았던 가장 큰 이유다. 선거가 없는 평상시 여론이란 언론의 반영 그 이상도 이하도 아니기 때문이다.[6]

---

5) 양형진,《과학으로 세상보기》, 굿모닝미디어, 2004, 15~19쪽.

6) Lippmann, Walter, 1922, *Public Opinion*, New York : Harcourt, Brace and Company.

그러나 선거가 있을 때는 다르다. 선거 때는 유권자가 각종 정보를 취득하고 관심도 많다. 토론이나 인터뷰를 통해 후보자를 만나기도 하는데, 유권자는 신문보다 인터넷, 동영상, TV 등을 통해 직접 후보를 만난다. 따라서 진짜 민심은 선거 때 드러난다고 할 수 있다. 그래서 평상시 여론과 선거 때 민심에는 격차가 있다. 선거는 민심의 가장 정직한 반영이라고 할 수 있다. 노 대통령의 평상시 지지도는 별로 좋지 않았지만 노 대통령의 선거라고 할 수 있는 2002년 대선, 2004년 총선, 2010년 지방선거(2009년 서거의 영향이 가장 크게 나타난 선거)는 모두 이겼다. 지금 노 대통령은 역대 대통령 중 가장 높은 지지를 받고 있다. 따라서 참여정부 실패론은 틀렸다.

좌우 언론은 역대 가장 민주적이었던 노 대통령에게 제왕적 대통령이라는 프레임을 사용해 비판했고, 그러면서도 동시에 제왕적 대통령이 되지 못했다고 비판했다.[7] 한·미FTA 체결로 노 대통령은 취임 후 처음 50%가 넘는 높은 지지를 받았다. 그런데 최장집 교수는 노 대통령이 국민이 반대하는 FTA를 밀어붙였기 때문에 제왕적 대통령이라고 비판했다. 심지어는 1970년 남미의 독재자들에게 사용하던 위임민주주의delegative democracy라는 말

---

7) 채동욱, 〈언론에 남아 있는 독재 시대의 담론에 대한 비판적 연구: 대통령의 리더십 이미지 설정을 중심으로〉, 《미래발전연구원 민주주의·리더십 연구회 발표 논문》, 2010년 4월.

까지 언급하기도 했다.[8] 그 반대편에서는 좌파 언론·지식인·정치인·지지자들이 노 대통령이 양극화를 일거에 해결하지 못했다고, 정치검찰을 척결하지 못했다고, 주어진 권력을 행사하지 못했다고 비판했다. 다시 말해서 제왕적 대통령이 되지 못했다고 비판한 것이다. 노무현은 도대체 어느 쪽 칼끝에 맞춰서 춤을 췄어야 하나?

그뿐 아니라 어떤 때는 대다수 언론이 담합을 하기도 했다. 참여정부 시절인 2005년 말 노무현 대통령이 청와대 기자단과 등산을 하면서 "내년 초에 진로를 밝히겠다"고 했다. 향후 복지계획을 밝히고 증세를 할지 말지 사회적으로 공론화를 해달라는 의미에서 예고한 것인데, 언론들은 '내년 초 중대 발표, 남은 임기 계획 등 밝히겠다'고 보도했다. 마치 노 대통령이 중도 사퇴하는 것처럼 보도를 한 것이다. 그래서 '탈당하는 것 아니냐'는 보도도 나왔었다. 이때 YTN의 모범적인 기자 하나가 '노 대통령 내년 초 미래구상 제시' 이렇게 순진하게 보도했다가 자기 혼자 물 먹었다고 회사에서 혼쭐이 났다고 한다. 이렇게 노무현을 왜곡하는 데에는 좌우가 따로 없었다.

무엇보다 노무현 대통령이 스스로 목숨을 끊는 결단을 한 데

---

8) 김문석, 〈최장집 교수 "언론비판 귀 막은 盧…사이비 민주주의"〉, 《경향신문》, 2007. 5. 30.

에는 좌파 언론의 사설이나 칼럼이 결정적으로 영향을 미쳤다고 생각한다. 노무현 대통령은 퇴임 후에는 특히 보수언론의 비판은 별로 신경 쓰지 않았다. 어차피 정치적 생각이 다르니 비판할 수밖에 없다고 생각했기에 있는 그대로 받아들였다. 대통령일 때도 참모들이나 권양숙 여사가 그런 칼럼을 갖다 드려야 봤을 뿐이며, 신문을 보고도 별말씀이 없었다. 한마디로 우파 언론의 비판에는 별로 아파하지 않았다. 그러나 좌파 언론은 돌아가실 때까지 한편이라고 생각했기에 많이 아파했다. 문재인도 똑같은 말을 한 적이 있다.

"우리 편한테서 부당한 비판을 들으면 많이 아픕니다. 그럴 땐 혼자 소주 한잔 마십니다."

왕따를
완성하는 사람들

우리는 보통 가해자와 피해자만 있으면 왕따가 성립된다고 생각한다. 하지만 왕따가 성립되기 위해서는 사회적 구조와 집단의 협력이 뒷받침되어야 한다. 이는 의식하든 하지 않든, 왕따가 발생하는 사회의 모든 구성원에게 왕따에 대한 일말의 책임이 있다는 말이다. 왕따 현상은 피해자와 가해자만이 아니라 동조자, 방관자가 있어야 비로소 성립된다. 그 외에 강화자와 방어자도 있다.

피해자: 왕따의 대상이 되는 사람을 일컫는다. 그가 속한 집단의 일원들과는 뭔가 다른 사람이 타겟이 되는 경우가 많다. 가령, 체구가 왜소하다거나 약하다거나 신체에 불구가 있다거나 아니면 모든 사람의 질투심을 자아낼 만큼 너무 예쁘거나 공부를 너무 잘한다거나 등 다름으로 인해 타인들에게 불편함을 주는 사람들이다.

가해자: 힘 있는 사람, 권력이나 기득권을 가진 사람이 왕따를 지목하고 언어나 신체적 공격을 가한다. 가해자는 수많은 동조자를 필요로 한다. 피해자를 괴롭힐 때 옆에서 격려하고 환호할수록 더 큰 쾌감을 느끼고 왕따를 지속하고 싶다는 동기를 얻기 때문이다. 가해자는 원래 공감 능력이 부족해서 가해자가 되기 때문에 피해자가 고통을 호소한다고 해서 가해를 멈추지는 않는다. 따라서 피해자 혼자의 힘으로는 절대로 가해자의 공격을 멈출 수 없다.

동조자: 가해자를 격려하고 환호하는 사람이다. 새누리당이나 수구언론, 검찰이 노무현에 대한 가해자라면 새누리당 지지자들이 환호하고 동조했다고 할 수 있다.

방관자: 왕따는 주위 많은 방관자의 묵인하에 이루어진다. 왕따를 목격하고 단 한 사람이라도 이를 말리거나 제지하면 왕따는

지속되지 않는다고 한다. 나도 한 명의 방관자는 아니었는지, 그래서 소중한 우리 이웃이 고통을 받은 것은 아닌지 늘 되돌아봐야 한다는 말이다.

강화자 reinforcer : 과거에는 자신도 왕따였는데, 자신보다 더 약한 사람이 나타나서 왕따를 당하게 되면 가해자의 앞잡이가 되어 피해자를 더 가혹하게 괴롭히는 사람이다. 강화자라는 우리말 번역이 썩 마음에 들지 않아 고민하자, 정봉주 전 의원은 '때리는 시어머니보다 말리는 시누이가 더 밉다'라는 의미로 '시누이'로 정의했다. 때로는 강화자가 가해자보다 더 심한 해를 입힌다. 강화자는 자칫하면 자신도 왕따당하는 상황에 처할지 모른다는 피해의식이 있기 때문에 가해자에게 심한 동조 현상을 보인다고 한다. 혹은 자기가 당했던 설움을 자기보다 약자인 피해자에게 화풀이하려는 보상심리도 있다고 한다. 강화자들은 피해자가 왕따당할 만한 짓을 했기 때문에 왕따가 정당하다는 합리화까지 해준다고 한다.

방어자 : 모두가 방관할 때 단 한 사람이라도 '노'라고 말하면 왕따 현상에는 균열이 발생하기 시작한다. 방어자 한 명이 두 명이 되고 급기야 여러 명이 될 때, 소수였던 피해자는 다수파에 속하게 되고 가해자의 횡포도 막을 수 있게 된다. 가해자는 공감 능력이 떨어지기 때문에 많은 방어자가 등장해 '네가 잘못했다, 공격을 멈추라'고 비난하지 않는 한, 가해 행위를 멈추기는 어렵다고

한다. 우리 한 명 한 명이 남의 불행을 방관하지 않고 방어자로 나선다면, 우리 사회에서 왕따는 영원히 추방될 수 있을 것이다. 최소한, 그 피해를 줄일 수는 있을 것이다.

호남왕따의 방어자, 노무현

우리 사회 보수언론은 노무현을 왜 그리도 미워했을까? 노무현은 우리 사회에 존재했던 호남 왕따의 최초 방어자였기 때문이라고 생각한다. 노무현이 무소속으로 부산에서 의원이나 시장에 출마했다면 어떻게 되었을까? 김두관 지사도 민주당에서 후보를 내지 않는다는 묵계하에 무소속으로 출마해 당선되었다. 노무현도 무소속이었다면 진즉에 당선되었을 것이다. 그런데 노무현이 부산에서 지속적으로 패배한 이유는 민주당 간판을 떼지 않았기 때문이라고 생각한다.

노무현은 왜 부산에서 민주당 간판을 떼지 않았을까? 2001년 11월 10일 당직자 간담회에서 노 대통령은 다음과 같이 말했다.

"90년 3당 통합 때 따라가야 살 수 있었습니다. 그러나 그것은 호남 포위 구도였습니다. 호남 대 반호남의 구도로는 정치가 바로 설 수가 없어서 따라가지 않았습니다. 92년 14대 총선 때 제 지인들은 모두 오지 마라 와 봤자 떨어진다 했습니다. 그렇지만 저는 야당을 통합했던 약속대로 김대중 대통령 사진을 둘러매고 부산 동구에 가서 싸웠습니다. 제가 저도 좋았습니다. (중략) 제가 약속한 것은 부산에 야당 하나 심고 민주당을 전국당으로 만드는 것이 저의 소원이고 국민과의 약속이었기 때문에 저는 부산으로 내려갔고 싸웠습니다."[9]

노 의원이 볼 때 3당 합당은 호남 왕따를 영속화하는 조치였다. 1990년 1월 30일 3당 합당을 결의하는 통일민주당 임시전당대회에서 노 의원은 오른팔을 번쩍 치켜들고 일어나 외쳤다.

"이의 있습니다! 반대토론 해야 합니다!"

노 의원은 김영삼 의원의 권유로 정치에 입문했지만 그를 따라가지 않았다. 3당 합당은 호남을 고립시키고 민주주의를 왜곡하는 것이라며, '(꼬마)민주당'을 창당해 부산·경남의 민주 세력을 지키고자 했다. 그의 꼬마 민주당은 1991년 9월 김대중 총재가 이끌던 신민주연합당과 합당해 영호남 간 민주 세력 정당의 통합을 이뤘다. 김대중 전 총재가 영국에서 돌아와 국민회의를 창당

---

9) 이호석, 〈노무현 정신의 뿌리는 광주입니다: [주장] 호남경제-인맥 부흥 위해 헌신한 대통령〉, 《오마이뉴스》, 2016. 1. 8.

하자 노무현이 1997년 여기에 입당한다. 그때의 심정을 노 대통령은 이렇게 회고했다.

> "국민들의 가슴속에는 호남 사람들 마음속에는 우리 김대중 대통령 꼭 만들어야겠는데 무슨 3김 청산 같은 같잖은 소리 하냐는 것이었습니다. 그때 제가 정치를 새로 배웠습니다. 이치 따지지 말고 국민들의 가슴 속의 간절한 소망을 풀어주는 것이 정치라는 것을 말입니다. 그래서 제가 97년 국민회의에 입당했습니다."[10]

즉, 노무현은 호남 왕따에 정면으로 반기를 든 것이다. 그래서 노무현은 호남의 압도적인 지지를 받아 대통령이 되는 데 성공했다. 이는 가해자 입장에서는 매우 무서운 일이었을 것이다. 가해자는 최초의 방어자를 철저히 제압하는 경향이 있다. 그래야 제2, 제3의 방어자가 나타나지 않기 때문이다. 그래서 그들은 노무현을 철저히 왕따시켰다.

노무현은 왜 지역감정의 벽을 넘고 싶어 했을까. 일단 호남 왕따는 잘못됐기에 받아들일 수 없었다고 본다. 그리고 지역정치는 감정적이라고 생각했다. 한마디로 포퓰리즘이다. 앞에서 살펴

---

10) 이호석, 앞의 글, 2016.

봤듯이 왕따 현상 자체가 포퓰리즘이다. 굉장히 감정적이고 비이성적이다.

예를 들어 2016년 미국 대선에서도 트럼프에게 표를 준 중요한 지역이 오하이오, 미시간, 펜실베이니아 주다. 전통적으로 제조업이 발달한 지역이라 노동자들이 많고, 전통적으로 민주당 강세 지역이라고 할 수 있는데, 최근 들어 이 지역들이 점점 경합 지역으로 변해가고 있었다. 그래서 영화감독 마이클 무어는 트럼프가 이 지역을 집중적으로 공격할 것이고 결국 성공할 것이라고 6개월 전에 이미 예측했다.

미국 제조업이 약화되면서 백인 노동자들이 일자리를 잃으니 보호무역주의를 내세우는 트럼프를 찍은 것이다. 그런데 실제 이들은 세계화 때문에 제조업에서 일자리를 잃은 게 아니다. 제4차 산업혁명으로 사람이 할 노동력을 기계가 대신 하기 때문에 실업률이 높아지고 임금이 삭감된 것이다. 노동자가 점점 먹고살기 어렵게 된 건 레이건의 레이거노믹스 때부터 시작되었다고 할 수 있다.

이민자들이 백인 노동자의 일자리를 뺏어가는 것도 아니다. 이민자들은 영어도 잘 못하기에 미국 노동자처럼 제조업에서 숙련된 노동을 할 수 없다. 이민자들은 식료품점에서 일을 하다 돈이 좀 모이면 세탁소를 차리는 등 단순 노동에 종사한다. 그럼에도 일자리를 잃고 임금이 삭감돼 화가 난 백인들은 나라 경제를 이렇게 만든 백인 지도자에게 화를 내는 게 아니라 이민자에게 화를 내는 것이다. 노동자를 보호하기 위해 보호무역을 하고 이민을 막겠다는 공약이 이들에게 설득력을 발휘해 표를 얻은 건, 순전히 비이성적인 포퓰리즘 때문이다. 포퓰리즘은 극한 위기감에서 발생한다. 히틀러의 포퓰리즘 역시 제1차 세계대전에서 패한 이후 배상금도 낼 수 없고 먹고살기가 너무 힘들었는데, 그 책임을 유대인한테 돌리면서 나타난 현상이다.

트럼프 정부에서 오하이오, 미시간, 펜실베이니아 지역 노동자들의 삶이 더 나아질 가능성은 별로 없다. 왜냐하면 이들 지역은 세계화의 정도가 상대적으로 높은 곳이기 때문이다. 트럼프의 보호무역은 이들 지역의 경제에 직격탄을 쏘게 될 것이다.[11]

이처럼 지역주의는 비이성적인 정치의 산물이면서 산파이기도 하다. 노무현이 김대중 후보의 대통령 당선을 위해 애쓴 이유는 그렇게 함으로써 호남 차별을 막을 수 있다고 생각했기 때문이다. 당시 영남에서는 호남 대통령이 집권하면 역차별을 받게 되리라며 두려워했다. 영남의 지역주의 역시 비이성적인 요소가 다분한 것이었다. 노 대통령은 이러한 지역주의를 깨고 국민통합을 이루는 걸 자신의 정치적 사명으로 여겼다. 호남 왕따의 제1 방어자 노무

---

11) 조기숙, 〈2016 미국대선에 나타난 포퓰리즘 연구: 이념적 포퓰리스트 트럼프, 전략적 포퓰리스트 샌더스〉,《한국현대정치》제26집 1호, 2017, 182~213쪽

현은 그 사명을 이루기 위해 왕따의 길로 걸어 들어간 것이다.

왕따 피해자에게는
책임이 없는가

팟캐스트 방송 중 조은나래 기자는 이렇게 질문했다.

"반대로 생각해보면 '그래도 왕따당하는 사람이 뭔가를 잘못했으니까 당하지, 다수의 사람이 그냥 미워할 리가 있겠어?'라고 반문할 수도 있을 것 같아요. 친노가 너무 배타적이라거나 혹은 왕따가 원인 제공을 한 건 아닐까. 물론 그렇다고 해도 왕따를 한다는 게 합리화될 수는 없지만 그래도 아주 잘못이 없는 건 아니지 않을까 하는 생각이 드네요."

정봉주 전 의원도 논의를 위해 이런 얘길 했다.

"외부에서 보기에 '친노 너희만 잘났냐. 너희만 순수하고 순결한 집단이냐' 같은 말도 할 수 있습니다. 친노가 자기들끼리 똘똘 뭉쳐 배타적이고 너무 비타협적인 건 아닌가 하는 거죠."

나는 오히려 친노가 똘똘 뭉쳐 진즉에 세력화를 했어야 한다고 생각한다. 이 점에서 나는 친노의 분열을 가져온 국민참여당의 창당과 친노를 완전히 해체해버리고 정치권 진입의 기회에 역차별을 가한 한명숙, 문재인 두 대표를 원망하는 마음을 지니고 있다. 정치는 지지자의 수만큼 의회에 대표되는 것이고 세를 모으는 일이다. 그런데 무조건 타 계파에 희생하고 양보한 결과가 '친노 지지자는 다수, 친노·친문 의원은 소수'라는 기형적인 구조를 만들었다고 생각한다. 그래서 친노는 정서적 유대감은 있을지 몰라도 정치 세력으로서는 의미가 없다. 이미 분열되었고 서로 소통하며 함께 움직이지도 않는다. 시민으로서의 친노는 진행형이지만 참여정부에서 노무현과 함께했던 친노 정치인들은 뿔뿔이 흩어졌다. 결국 정치인으로서의 친노는 의미가 없어졌다. 친노 유권자가 역사의 주인이 되어 가시밭길을 헤쳐나가게 될 것이다.

만일 친노가 세력화해서 친문을 추가로 받아들였다면 최대 계파가 되었을 것이고 반문 의원들에게 이렇게 당하는 일도 없었을 것이다. 문재인, 이해찬, 한명숙이 당대표가 됐을 때는 타 계파를 아우르는 탕평 인사를 했다. 그런데 손학규, 안철수·김한길, 심지어는 문재인의 영입으로 민주당에 온 김종인까지, 이들이 당대표가 됐을 때는 완전히 친노·친문 배제 인사를 했다. 그러니까 반문들이 더 배타적이라고 할 수 있다.

박근혜는 당대표 시절에도 확실히 패권을 쥐고 있었다. 다른 의원들은 박근혜 대표 앞에서 아부나 했지 숨도 제대로 쉬지 못했다. 감히 누가 TV에 나와서 박근혜를 비판했는가. 나는 패권이 꼭 나쁜 것만은 아니라고 생각한다. 냉전 시대에 세계질서도 미소 패권에 의해 안정이 유지되었다. 지금 그 패권이 깨지면서 세계 곳곳에서 국지전과 테러가 일어나고 있다. 만일 진보진영에서 최대 다수의 국민적 지지를 얻고 있는 친노가 패권으로 민주당을 장악했다면, 당이 분열되지 않고 안정돼 국민의 더 많은 지지를 받을 수 있었을지 모른다. 그런데 친노들은 그렇게 하지 않았다. 왕따를 당하니까 선의를 보여주기 위해 친노를 완전히 해체해버렸다.

이런 일도 있었다. 2012년 총선을 앞두고 노무현재단에서 '노무현 정책학교'를 만들어 후보자 교육을 했다. 그러곤 그 학교를 졸업한 사람에게 정책위원이라는 타이틀을 줬다. 노무현의 정신을 더 널리 확장하기 위한 방법이었다. 경선 여론조사에서 노무현이란 단어만 나오면 그렇지 않은 후보에 비해 지지도가 10~20%가 더 나온다고 한다. 그러니까 노무현과 관계는 없지만 그 타이틀을 원하는 사람이 많았다. 그 점이 언론에서 '친노가 50% 공천됐다'고 보도하는 빌미가 된 것이다. 하지만 공천을 받은 이들 중에 내가 아는 친노는 열 명도 채 되지 않았다. 당시 당대표가 한명숙이었는데, 자신이 총리일 때 비서실장이던 황창하는 물론 가장 측근이었던 장하진 여성부 장관에게도 공천을 주지 않았다. 오히려 공천심사위원들은 친노만 나오면 친노가 너무 많다고 견제를 했고, 실제로 친노가 아닌 사람들이 노무현재단 정책위원 타이틀을 가지고 공천을 받았다.

그래서 2016년 총선 경선에서 김종인 비대위는 참여정부에서 일하지 않은 사람들이 노무현재단과 관련된 직책을 쓰는 것을 아예 금지했다. 여론조사에서 너무 유리하게 나오기 때문이다. 이처럼 친노는 배타적이지 않으며, 원하는 사람은 누구나 친노가 될 수 있다. 그리고 많은 국민은 계파적으로 비노나 반노에 속해 있어도 개혁적이기만 하면 친노라고 생각한다. 그러니까 친노가 되면 선거에서도 이기고, 당대표도 될 수 있고, 사실상 선거에서는 불이익이 없다. 진보진영에서는 국민이 친노를 가장 지지하기 때문이다.

정봉주 전 의원도 자신의 경험을 이렇게 털어놓았다. 2012년 총선을 앞두고 백원우 의원의 전화를 받았다는 것이다. "형님, 그쪽에 형님과 경선하려는 사람이 노무현재단 무슨 위원 타이틀을 가져갔어요. 형님도 하나 받으세요." 안 하겠다고 답했더니 "불리할 텐데" 하면서 걱정을 하더란다. 당시에 노무현재단 위원 타이틀을 내세우는 일이 들불처럼 번졌다고 회상했다. 이는 곧 국민 중에 노무현과 친노의 방어자들이 많이 생겼다는 이야기다.

사람들은 한때 손학규를 지지했던 정봉주 전 의원, 정동영을 지지했던 정청래 전 의원도 친노라고 생각한다. 시민과 진솔하게 소통하고 개혁적인 모습을 보며 그렇게 판단하는 것이다. 이분들은 내가 봐도 지금은 확실히 친노다. 친노는 과거에 무엇을 했는지도 묻지 않는다. 지금 국민을 위해 무슨 일을 하는지가 더 중요하다. 그만큼 친노는 포용적이고 확장력이 있다.

'지못미'
노무현

정봉주   미국이 1950~60년대에 제3세계를 지배할 때 취한 가
           장 대표적인 전략이….

조기숙   디바이드 앤 룰divide and rule이죠.

정봉주   그렇죠, 분할통치. 분할한 뒤 그중 소수자 하나를 찍어
           서 고립시켜라.

조기숙   그렇죠.

정봉주   그리고 미국 정치에 보니까 공분을 다른 쪽으로 보내
           는 걸 버번 전략bourbon strategy이라고 하더라고요. 버
           번위스키 얘기가 아니라, 프랑스 부르봉 왕가를 영어
           로 버번이라고 하잖아요. 그 지역의 가난한 백인 사람
           들이 일자리를 얻지 못했는데, 그 원인은 백인 지배층
           이 정책을 잘 못했기 때문인 거거든요? 그런데 자기들

은 쏙 빠지고, 사람들을 분열시켜서 엉뚱한 데 분풀이를 하게 하죠.

이번에 트럼프도 그렇잖아요. 일자리가 없어지는 게 사실은 지배층이 정책을 제대로 하지 못해서 그런 건데, 그들에게 가서 이러는 거예요. "너네 일자리 없는 게 사실은 저 이민자들이 너희 일자리 다 뺏어가서 그런 거잖아." 이 말을 듣고 사람들은 느닷없이 이민자들을 공격하는 거예요. 지배층에 대해 분노하고 증오하고 그들과 싸워야 하는데, 자기들만큼이나 가난한 이민자들을 괴롭히죠. 이것도 일종의 왕따 아닐까요?

조기숙 그렇죠. LA에서 흑인 폭동이 일어났잖아요. 그때 흑인들은 백인들이 아니라 한인 타운을 공격했어요. 지배층이 그들에게 자기보다 약한 고리를 치게 한 거죠. 경찰들이 사실은 백인 커뮤니티만 보호해주고 한인 타운은 방관한 측면도 있거든요.

정봉주 정치적으로 교묘하게 꼼수를 부려 왕따 작전을 쓴 거네.

조기숙 그렇죠. 그런데 문제는 왜 호남 왕따가 노무현 왕따로 왔느냐 하는 거예요.

정봉주 저는 정말 속상한 게 이겁니다. 노무현 대통령은 호남 왕따를 극복하기 위해서 민주당 타이틀을 떼지 않고 온몸을 부딪쳐 싸웠잖아요. 그런데 호남의 정치인들이 앞장서서 '노무현이 호남 홀대했다. 그리고 참여정부를 같이 운영했던 승계자인 문재인이 우리를 왕따시키고 있다. 우리를 홀대했다' 이렇게 공격하고 있다는 거. 이건 정말 포퓰리즘의 전형이죠.

조기숙   맞아요. 정확한 지적이에요.

정봉주   저는 이런 아쉬움이 있어요. 정권 뺏겼잖아요?

조기숙   2007년에 뺏겼죠.

정봉주   2007년에 뺏기고 2008년, 2009년. (노무현 대통령이 서거하신 게) 이명박 정권 1년 반 지났을 때였죠. 만약 그때 우리가 팟캐스트라는 것을 알았다면, 팟캐스트라는 것을 좀 일찍 시작했다면…. 하긴 그것도 불가능했던 게….

조기숙   스마트폰이 있었어야 했죠. 저도 아쉬워요. SNS만 있었어도….

정봉주   맞아요. SNS만 있었어도 그렇게 안 됐죠.

조기숙   SNS가 그렇게 활발히 퍼졌으면 절대 돌아가시지 않았다고 생각해요.

정봉주   맞습니다. 어찌 보면 운명이었네, 그것도. 우리가 2011년에 나꼼수 할 때도 이명박 정권이 기울고, 정권이 교체될 것이라는 희망이 있었어요. 또, 우리나라 방송통

신법으로는 제재를 할 수 없는 묘한 틈새도 있었고.

조기숙 사각지대.

정봉주 사각지대 맞아요. 지금도 팟캐스트는 음원이에요. 방송 아닙니다. 방송이라고 하면 송출기와 수신기가 있어야 해요. 이건 음원 있는 곳을 청취자가 찾아서 듣는 거니까 방송법으로 어떻게 할 수 없어요. 참, 교수님의 왕따 이론에 저도 한 가지 보탤게요.

조기숙 어떻게요?

정봉주 새누리당 의원들이 '팟캐스트를 규제할 수 있는 법안을 만들자'고 나서고 있어요. 그런 얘기가 2015년에 계속 나왔어요. 그럴 때 내심 은근히 동조하는 민주당 의원들이 있더라고요.

조기숙 뭐, 새삼 놀랍지도 않아요.

정봉주 새누리당 의원들은 팟캐스트에 밀리니까, 이게 가장 강력한 적이니까 왕따를 시키고 싶었던 거예요. 근데 이 방송을 하는 정봉주 등등으로부터 공격, 심하게는 비판을 받고 있던 민주당 의원들도 '쟤네 왕따시키는데 내가 동조해야지' 이런 심리를 가지고 있는 거예요.

조기숙 민주당 내부에도 기득권이 있다는 건 사실입니다.

정봉주 그럼요. 정치부 기자들이 공공연하게 얘기해요. "정봉주 사면복권 되는 거 새누리당 의원들보다 민주당 내의 의원들이 더 원치 않는다." 제가 복귀하면 자기들이 불편하거든요. 그냥 왕따를 시켜서 계속 죽어 있길 바라는 거야. 여기서도 강화자들이 있는 거예요. 정봉주를 죽이는.

조기숙 그렇죠. 가해자는 아니지만 강화자라고 할 수 있죠.

정봉주 가해자는 어쨌든 새누리당과 현 정권이고. 정봉주를 영원히 정치권으로 못 돌아오게 하자 하는 의원들, 강화자들이 있는 거예요. 그게 정치부 기자들한텐 공공연한 비밀이에요.

조기숙 국민이 참 불행한 거죠. 문재인 지지자들이 극성스럽다고 하는데, 제가 볼 때는 다른 지지자들과 크게 다르지 않아요. 제가 안철수나 다른 정치인의 지지자들에게 공격당했던 것과 비교하면 비슷하다, 아니 훨씬 점잖다고 생각해요. 그런데 더 열정이 있을 수는 있어요. 왜? 방관하면서 노무현 대통령을 못 지켰다는 자책감이 있으니까요.

정봉주 맞습니다, '지못미'. 자책감이 있는 거죠.

조기숙 예. 그래서 '문재인만은 우리가 똑같은 방법으로 잃지 않겠다', '문재인 왕따를 우리가 두고 보지 않겠다'라고 속으로 다지고 있죠. 그래서 아무리 언론이, 기득권이, 정치인이 왕따를 시켜도 문재인 지지도가 이렇게

올라가는 거예요. 저는 그게 다 지지자의 열정과 노력

덕분이라고 생각해요.

Part 2

구좌파 진보언론
대
신좌파 노무현

우파는 노무현을 좌파라고 공격했고, 좌파는 노무현을 신자유주의자라고 공격했다. 노무현은 왜 같은 편인 진보언론과도 불화를 겪었을까? 가장 큰 이유는 바로 이념의 차이라고 생각한다.

3장

노무현과 진보언론의 이념적 갈등

보수언론이 노무현과 갈등을 빚는 건 당연해 보인다. 하지만 많은 독자는 노무현이 왜 같은 편인 진보언론과도 불화를 겪었을까 하는 의문을 가지고 있을 것이다. 여기에는 여러 가지 문제가 복합적으로 얽혀 있어 한마디로 답하긴 어렵다. 진보언론 내에도 다양한 언론인이 있고 상황마다 갈등의 이유도 조금씩 다르다고 생각한다. 언론사마다 문화나 방침이 다르기에 양자의 불화를 설명할 수 있는 요소도 다양하다.

나는 이것들을 모두 꼽아보았다. 때에 따라서는 어떤 한 가지가 다른 것보다 더 분명한 설명이 될 수 있겠지만, 딱 부러지게 이것만이 정답이라고 말하기는 어렵다. 내가 생각해본 이유는 다음과 같이 대략 일곱 가지다.

- 진보언론의 양심 결벽증
- 시간과 재정이 부족한 진보언론의 열악한 업무 환경
- 폐쇄적인 엘리티즘
- 비판의 효능감 혹은 스톡홀름 신드롬
- 언론의 특권을 이용한 킹메이커 바람
- 언론권력의 사유화
- 노무현과의 이념적 갈등

이보다 더 중요한 이유로, 노무현과 진보언론의 문화적 갈등도 있었다. 이에 대해서는 다음 장에서 별도로 논의하겠다.

진보언론의 양심 결벽증

첫째 이유는 진보적 언론인의 양심 결벽증이라고 생각한다. 진보언론 쪽에 종사해온 분들은 명문대 나와서 좋은 보상 마다하고 사명감 하나로 이곳을 택했기에, 자존심이 강하고 그것을 지키려는 양심이 강한 편이다. 언론인으로서의 양심, 더 심하게는 양심 결벽증 같은 게 있어서 팔이 안으로 굽지 않고 의도적으로 팔을 밖으로 굽힌다는 생각이다. 만일 우리 편을 옹호하면 그건 언론의 사명을 위반하는 것이라고 생각해 우리 편에게 더 가혹한 이중 잣대를 들이대는 것 같다. 정봉주 전 의원도 나꼼수 때 막말했다며 앞장서서 비판하는 소위 진보언론을 경험하고는 깜짝 놀랐다고 고백했다.

우리 편에 대해 더 가혹하게 구는 태도는 양심적인 사람이 빠지기 쉬운 함정이라고 생각한다. 유학을 마치고 귀국해 처음 시간강사를 할 때였다. 수업을 듣던 한 학생이 찾아와 나를 잘 안다고 말했다. 어떻게 아느냐고 물었더니 미국에서 공부할 때 내가 친했던 사람이 언니 친구인지, 먼 친척인지 그렇다는 것이다. 학기 말에 성적을 주는데, 이화여대는 융통성이 없는 상대평가제도라 두 명이 소수점 이하까지 동점이면 한 명에겐 낮은 학점을 줄 수밖에 없었다. 이런 경우 보통은 학생의 성적이 학기 말로 갈수록 향상되었는지, 개인 성적이 팀 성적보다 좋은지 질적인 자료를 참고한다. 자료를 검토하는 과정에서 두 학생 중 한 명이 친분을 강조하던 학생임을 알게 됐다. 나는 큰 고민 없이 그 학생에게 C+를 주고 다른 학생에게 B-를 주었다. 팔이 안으로 굽으면 안 된다는 양심 결벽증이 발동하여 떳떳하게 그런 결정을 내린 것이다. 그러자 불이익을 받은 학생이 전화를 걸어와 왜 자기에게 C+를 줬느냐고, 이렇게 낮은 성적은 처음이라며 펑펑 울었다. 마땅히 설명할 방법이 없었기에 난감했다.

그때 나는 잘 아는 학생이라는 이유만으로 역차별해야 할 합당한 근거가 없다는 걸 깨달았다. 내 양심 편하자고 원칙 없는 행동을 했음을 반성했다. 내 편이라고 무조건 옹호해도 문제지만, 더 가혹하게 하는 것도 잘못이라는 점을 깊이 느꼈다. 그래서 내 편일수록 사심을 버리고 어느 쪽으로도 치우치지 않게 공정하게 해야 한다는 원칙을 갖게 되었다. 그다음부터는 어려운 결정을 할 때면 마음을 완전히 비우려고 노력했다. 나도 한때 실수를 했으니 진보언론의 팔이 밖으로 굽는 태도를 충분히 이해한다.

정봉주 전 의원도 자신의 경험담을 공유했다. 그의 아들이 1997년생으로 세월호에서 희생당한 학생들과 동갑이란다. 세월호 아이들을 생각하면 지금도 눈물 나고 마음이 아프니까 세월호 관련 활동을 열심히 하는데, 자신의 아이들에게는 내 새끼라고 감싸는 것 같아서 가혹하게 하는 경향이 있었다고 한다. 그러던 어느 날, 애들하고 한잔하는 자리에서 딸이 이런 말을 해서 깜짝 놀랐다고 한다. "아빠, 아빠가 세월호 언니 오빠들 생각하는 10분의 1만이라도 우리를 생각해주세요."

양심이 없는 사람은 타인에게 야박하고 자신에게 너그러운데, 양심적인 사람들은 타인에게 너그럽고 자신에게 야박하다는 문제를 대체로 겪고 있는 것 같다. 그런 점에서, 여당이 과반 의석을 차지한 2004년 총선 후부터 진보언론이 노 대통령과 여당에 엄격해진 이유를 충분히 이해할 수 있다.

진보언론은 곽노현 교육감에게도 같은 실수를 했다. 곽 교육감은 경쟁자였던 박명기 교수에게 이미 지불된 선거비용을 보상했다는 이유로 1심에서 벌금형을 받았는데, 여론만 호의적이었어도 무죄를 받을 수 있었다고 생각한다. 그런데 진보언론은 곽 교육감의 말을 믿지 않고, 그가 마치 후보 자리를 놓고 뒷거래라도 한 것처럼 여론재판으로 유죄판결을 내려버렸다. 이 과정에서 소위 진보 지식인이라고 하는 사람들의 잘못도 결코 적지 않다. 2심에서 보수언론의 선동으로 재판부는 징역형을 선고했고, 대법원은 유죄를 확정해버렸다. 선거 역사상 한 번도 적용된 적이 없는 '사후매수죄'로 곽 교육감은 실형을 살았다. 하지만 이후 헌법재판소에서는 문제가 없다고 판결했다. 그 후임으로 문용린 교육감이 뽑혔는데, 이 일련의 과정에서 진보언론의 실수가 기여한 바가 결코 적지 않다고 생각한다. 경향신문은 뒤늦게 사과문이라도 올렸지만 과문한 탓인지 한겨레신문은 그리했다는 기사를 본 적이 없다. 경향신문이 사과문을 낸 것은 매우 용기 있고 칭찬할 만한 일이라고 생각한다. 하지만 한 사람의 인생과 서울시 교육을 쑥대밭으로 만들었다는 점을 생각하면 과연 사과문 하나로 용서받을 만한지는 모르겠다. 앞으로 같은 실수를 하지 않는 게 중요하다고 본다.

　이런 연유로 진보언론이 특별히 노무현 정부와 열린우리당에 대해서만 날 선 비판을 했다고는 생각지 않는다. 진보언론은 노무현뿐만 아니라 진보진영에 자주 가혹했기 때문이다. 하지만 박근혜 정부라면 몰라도 노무현 정부를 무서운 정치권력으로 규정해

사생결단식의 보도를 한 건 이해하기 어렵다. 이헌재 경제부총리는 경향신문의 부동산 의혹 보도에 결국 손을 들고 말았다. 진실은 여전히 안갯속이지만 그게 이명박, 박근혜 정부 인사들의 문제와 비교할 때 그렇게까지 보도를 했어야 하는 사안이었는지는 잘 모르겠다. 경제는 심리라고들 한다. 믿을 만한 경제부총리로 인해 경제가 막 살아나려던 와중에, 낙마한 경제수장으로 인해 다시 한번 고꾸라지는 시련을 겪어야 했다. 당시 보도는 사심이라고 생각될 만큼 다분히 감정적이고 악의적이었다. 진보언론이 노무현에 가혹했던 이유를 양심 결벽증이라는 측면에서 이해하려 해보지만, 2012년 대선에서 문재인에게는 가혹하고 안철수에게는 호의적이었던 보도는 여전히 이해하기 어렵다.[1] 문재인이 안철수에 비해 지지도도 낮았던 데다 문이 안에 비해 더 큰 권력이라고 보기도 어려웠기 때문이다. 진보언론의 편파적 보도를 이해하기 어려웠다.

　　미국의 언론인 십계명에는 정치권력 감시 같은 항목은 들어 있지도 않다. 과거에는 닉슨의 워터게이트에 맞서는 것이 언론의 사명이었다고 할 수 있지만, 요즘 같은 민주사회에서는 언론이 견제해야 할 가장 큰 권력이 정치권력이라는 생각은 환상일지 모른다. 모든 게 투명하고 의회, 시민단체, 언론, 시민이 충분히 감시

---

1) 　조기숙, 〈당파적인 보수언론, 파당적인 진보언론〉(출간 예정 논문).

하고 있기 때문이다. 이 때문에 미국에서도 정치인이 별로 인기 있는 직업이 아니며 자진 은퇴 비율도 높다. 미국 언론인 십계명 중 1호는 '자본으로부터의 자유'라고 되어 있다. 진보적 언론인이 자신의 양심적 결벽을 증명하기 위해 진보적 정치인이나 정부를 더 편파적으로 비판하는 게 과연 옳을까? 자기만족은 될지 몰라도 공공선에 기여하는 바가 크다고 보기는 어렵다.

재정과 시간의 부족

재정상의 어려움으로 기자들이 시간적 여유를 가지고 공부하면서 기사를 쓰기 어려워서가 아닌가 하는 가설이다. 시간에 쫓기다 보니 보수언론의 프레임이나 특집을 그대로 따라갈 수도 있겠다는 생각에서다. 외국 기자들은 특집 기사를 한 달에 하나 정도 쓴다고 한다. 그러니까 학자들 못지않게 공부하고 우리가 봐도 쉽게 동의할 수 있는 진짜 실력가의 인터뷰를 인용해 심층 기사를 게재한다. 미국에서 연구년을 보낼 때, 워싱턴 타임즈의 1면에서 시작해 2~3면 전면으로 이어진 선거분석 기사에 깜짝 놀란 적이 있다. 이건 흠잡을 수 없는 소논문이었다. 어떤 학자도 그렇게 심층적인 분석을 하기는 어려울 거라고까지 생각했다.

외국 기자들은 기사 하나를 쓰기 위해 여러 사람을 인터뷰한다. 때로는 점심을 같이 먹자고 하는데, 물론 밥값은 기자가 낸다. 이에 비해 우리나라 기자는 원하는 답이 나올 때까지 유도신문을 하고 안 나오면 자기 마음대로 써버린다. 나 역시 몇 번 왜곡을 당하고부터는 믿을 수 없는 기자의 인터뷰는 피하게 되었다. 외국 기자들은 백지상태에서 질문을 시작하고, 식사가 끝날 때쯤 '당신 말을 이렇게 이해하면 정확하냐'고 확인을 한다. 어떤 기자는 기사를 내기 직전 내용을 이메일로 보내 인용이 정확한지 묻기도 한다. 거기에 비하면 우리나라 진보언론의 상황이 너무 열악하니, 생각하고 공부할 시간이 절대적으로 부족해 보수언론의 프레임을 자주 따라간다고 이해하고 싶다.

　　보수언론이 참여정부를 상처 내기 위한 특집을 많이 했던 이유도 이들에게 시간적 여유가 좀더 있었기 때문이라고 본다. 그런데 한두 주가 지나면 똑같은 특집이 경향이나 한겨레, 심지어는 KBS 뉴스에도 등장하는 것을 발견하곤 했다. 중진국인 한국의 경제성장률을 중국이나 동남아 개발도상국 등 한창 발전 중인 국가들과 비교함으로써 마치 노무현 정부에 경기 침체의 책임이 있는 것처럼 비난하는 보도를 한다든지, 지역적으로 편파 인사를 한 것으로 보도한다든지 하는 식이다. 구체적인 예를 들어보겠다. 동아일보는 2007년 대선 때 이명박 후보를 따라 해외 출장을 다니며 수업을 제대로 하지 않은 정치적인 교수, 즉 폴리페서polifessor를 주제로 한 특집을 냈다. 그런데 참여정부와 관련 있던 교수들을 싸잡아 비난했다. 잘못은 MB 정부 사람들이 했는데 욕은 참여정부 사람들에게 한 것이다.

1~2주 후에 경향신문이 이걸 받아서 유사한 보도를 했는데, 폴리페서 중 하나로 나를 지명했다. 나는 강사, 교수 합해 30년 동안 단 하루도 휴강을 해본 적이 없다. 한번은 학교에 가는 길에 은행에 들르다가 5층에서 패널을 타고 내려온 인부에게 머리를 맞고 쓰러진 적이 있다. 뇌진탕으로 병원에 실려 갔는데, CT를 찍었더니 뇌에 이상은 없고 눈에 피가 고인 피부출혈이라고 하기에 오후에는 학교에 가서 수업을 했다. 그 후 한 달이 넘도록 속이 매스껍고 잠만 쏟아지는 뇌진탕 후유증을 겪었다. 대중교통을 이용할 수 없어 매일 일산에서 신촌까지 택시로 출퇴근을 해야 했지만 휴강은 한 번도 하지 않았다. 젊은 시절에는 수업이 있는 요일에 우연히 휴일이 많이 끼면 보강시간을 잡았고, 그게 어려우면 학생들의 동의하에 휴일에 보충수업을 하기도 했다. 학기 전에 약속한 진도는 무조건 끝내야 하고, 죽기 전에 휴강은 안 된다는 신념으로 평생 살아온 나다. 그런데 동아일보라면 몰라도 경향신문이 나를 대표적인 폴리페서로 지목해 이명박 측근과 같은 부류로 언급하다니, 참 이해하기 어려웠다.

그래서 나는 당신들이 존경하는 최장집 교수도 김대중 정부에서 전략기획위원장을 했는데 왜 그분은 폴리페서에서 제외했냐는 항의 기사를 오마이뉴스에 실었다. 몇 시간 후 경향신문 기자가 나에게 전화를 해서 내 기사 중 최장집 교수 부분을 삭제해달라고 부탁했다. 기자의 편파성을 지적하는 내 기사가 불편했는지, 최장집 교수에 대한 예의 때문인지 이유는 말하지 않았다. 아무튼 나는 그의 부탁을 선선히 들어주었다. 어쨌거나 같은 편이니 논박은 하되 허물은 덮어주자는 마음이 있었기 때문이다.

진보언론이 2012년 대선에서 문재인에게 가장 많이 사용했던 친노/반노/비노 프레임은 2002년 12월 28일 조선일보 '말말말'에서 시작되었다. 민주당 내 세력을 노 후보에 대한 선호를 중심으로 친노/반노/비노로 구분한 것이 기원이다. 조선일보가 만들어놓은 분열 프레임을 진보언론이 지금까지 지속적으로 사용하는 것이다.

트위터에선 보수언론의 프레임을 정리한 다음과 같은 트윗이 많은 공감을 얻고 있다.

새누리당이 잘못하면 정치권 전체의 잘못,
국민의당이 잘못하면 야권의 잘못,
정의당이 잘못하면 정의당 잘못,
민주당이 잘못하면 민주당 잘못

공격이 최선의 방어라고 한다. 실제로 2012년 대선 당시 조선일보 칼럼이나 사설을 보면 박근혜 후보나 새누리당이 잘못하면 민주당과 문재인을 싸잡아 혼냈고, 민주당이 잘못하면 민주당만 혼냈다. 새누리당이 잘못해도 관심을 분산시키기 위해 민주당의 잘못에 집중했다.

2012년엔 그래도 나은 편이었다. 2017년 대선을 앞두고 요즘엔 '문모닝', '문나이트'라는 신조어까지 등장했다. 아침에 눈만 뜨면 문재인 탓을 해서 문모닝이란 말이 유행어가 됐는데, 그게 밤까지 계속된다는 뜻으로 문나이트가 추가됐다. 정당이든 정치인이든 언론인이든 문재인만 때린다.

새누리당이 잘못해도 문재인 잘못,
국민의당이 잘못해도 문재인 잘못,
민주당이 잘못해도 문재인 잘못

아직 분석이 끝난 건 아니지만, 2012년 진보언론은 새누리당엔 아예 관심조차 없는 것처럼 보였다. 대놓고 문재인만 비판하는 대안 없는 칼럼이 다수 눈에 들어왔다. 그들의 주장을 받아들인다면, 문재인은 대다수 국민으로부터 너무 멀어져서 대선 경쟁력을 잃게 될 것이었다. 상황이 이러이러하니 어떻게 하는 게 좋겠다는 대안은커녕, 결론도 없는 무책임한 비난이 너무 많았다.

폐쇄적인 엘리티즘

대학을 안 나온 노무현이나 경희대 출신 문재인을 대통령으로 인정할 수 없다는 마음이 있는 게 아닌가 하는 생각이 든다. 물론 엘리티즘에 젖은 일부 진보적 언론인에 한한 얘기다. 자존심은 강한데 실력과 재원이 받쳐주지 않으면 자격지심이 생겨난다. 엘리티즘의 뿌리는 자격지심이라고 본다. 정말 잘난 사람은 그 자체로 겸손이 몸에 배어 있다. 나도 깔때기를 잘 들이댄다고 놀림을 받는데, 여성으로서 정치학계에서 별로 인정받지 못한다는 콤플렉스에서 비롯되었다고 자성할 때가 많다. 내가 최초로 주장한 수많은 이론이 나를 인용하지 않고 남성들끼리 인용하면서 하나의 정설로 자리 잡아가고, 심지어는 책으로 써서 우수도서로 선정되기도 했다. 그런 걸 보면서 내가 최초의 이론가라는 걸 알리고 싶은 욕구가 생겨 인격적 결함, 자격지심이 발동하는 것 같다.

특히 한겨레에는 과거 명문대 출신 해직 기자들이 많다. 그리고 진보적 언론인들은 음으로 양으로 운동권 인맥을 지니고 있다. 과거 운동권 출신들은 의도적으로 실용 학문을 등한시하고 추상적이고 사변적인 공부를 많이 했다. 그러니 실용적인 아이디어도 부족하고 독자들이 원하는 기획력도 떨어지는 게 아닐까. 물론 요즘 젊은 기자들은 기획력이 매우 좋다. 한겨레의 박사모에 대한 심층 르포 기사[2]나 자유총연맹의 자금줄에 대한 최근 경향신문 기사[3]는 칭찬을 아끼고 싶지 않다. 하지만 보수언론의 기획이나 프레임을 보면서 아이디어를 얻는 기자들은 자격지심도 생기고, 그러다 보니 자기보다 못한 사람을 무시하는 경향이 생기지 않았을까.

사실 진보라고 하면 훨씬 더 공개적이고 오픈되어 있고 다양한 사람을 필진으로 영입할 것 같은데 진보언론의 오피니언 난은 그 나물에 그 밥일 정도로 폐쇄적이다. 학창 시절 '불혹이 되면 정치적 발언을 하리라' 결심한 대로, 내 나이 40에 중앙일보 첫 칼럼으로 논평계에 데뷔했다. 그때 누가 나를 무슨 이유로 발굴했는지 궁금해 언론사에 물어봤다. 배명복 논설위원이 내가 쓴 선거 관련 전공 서적을 읽고 추천했다는 것이다. 물론 나는 배 위원과 당시 일면식도 없는 사이였다. 사실 배 위원은 외교·안보 쪽 전공이니 나와는 분야가 다르다. 그럼에도 중앙일보의 열린 충원 시스템과 공부 열심히 하는 언론인상을 접하고 놀란 기억이 새롭다.

2011년에 경향신문은 다양성을 추구하겠다며 류근일 전 조선일보 주필을 영입했는데 이해할 수 없는 행보다. 이 또한 폐쇄적 엘리티즘의 발로가 아닌가 싶다. 극과 극이 통한다는 건, 다른

---

2) 김경호, 〈"300만 대집회가 기획되고 있습니다"〉, 《한겨레신문》, 2016. 12. 16.

3) 백철, 〈100억, 자유총연맹이 민심을 두려워하지 않는 이유〉, 《경향신문》, 2017. 3. 4.

한편으로 합리성이 실종되었다는 말이기 때문이다. 이런 엘리티즘에서 운동권 비주류였던 노무현과 문재인을 인정할 수 없다는 심리가 나온 건 아니었을까. 홍보수석 시절 한겨레의 고위 간부와 식사를 한 적이 있다. 노무현 대통령을 아주 멸시하는 발언을 듣고 깜짝 놀랐다. 노무현은 천재이기도 하지만 너무나 많은 분야에서 교과서라고 할 만큼 해박하고 시대를 꿰뚫는 통찰력을 지니고 있다. 어떤 교수도 노무현 대통령과 직접 대화를 해보면 절로 존경심을 갖게 된다. 그 간부의 노 대통령을 멸시하는 태도는 자격지심이라고밖에 해석되지 않았다.

정봉주 전 의원도 비슷한 얘기를 한 적이 있다. 김근태 의장을 축으로 하는 민평련(민주평화국민연대) 그룹은 운동권 엘리트들의 모임이다. 그런데 비주류 대학 전대협 의장 출신 국회의원인 본인이나 최재성, 정청래 의원 등은 그들에게 무시당한다는 느낌을 받을 때가 많았다고 고백했다. 진보는 원래 출신성분이나 신분을 따지는 세력에 저항하기 위해 만들어진 세력이다. 그런데 진보 진영에서도 출신성분에 따른 엘리트 기득권층이 있다는 건 일종의 형용모순이다. 2016년 민주당 당 지도부 여성위원장 선거에서 민평련계의 모 의원이 고졸 삼성전자 상무 출신인 양향자 씨에게 패한 데에는 엘리티즘에 대한 반발심리가 작용했다고 본다. 민평련계의 모 의원을 지지하는 다른 의원의 움직임이 계파 활동으로 비치면서 이에 분개한 당원들이 양향자 후보에게 표를 몰아주는 빌미가 된 것이다.

　나는 노무현의 대연정에 대한 10개 일간지의 기사와 사설, 칼럼을 모두 분석하여 《노무현의 민주주의》(공저)라는 책에 게재한 바 있다.[4] 조선일보와 중앙일보가 언어도 가장 품위 있었고 타 언론과는 다른 프레임을 사용해 노무현의 대연정을 비판했다. 조선일보의 논리가 가장 탄탄했고 의견의 다양성이란 면에서도 가장 좋았다. 안티조선운동의 결과 조선일보의 품질이 좋아진 걸 발견하고 내심 놀랐다. 반면, 경향신문은 거의 막말 수준의 비난이 많이 등장했다. 한겨레신문은 경향보다는 훨씬 수준이 높아 조선, 중앙에 이어 3위로 선정하기는 했지만 솔직히 팔이 안으로 굽은 결과였다. 의견의 다양성이나 대연정 담론에 대한 열린 태도는 조금도 찾을 수 없었다.

　그런데 최근 안희정 지사의 대연정 발언에 대해서는 두 언론이 침묵하고 있다. 그뿐만 아니라 대중 지지도가 하락하는 기간임에도 안희정 지사에 대한 호의적 기사와 칼럼이 계속 나오고 있다. 지지도야 앞으로 어떻게 될지 알 수 없는 일이지만, 이게 엘리티즘의 발로가 아니길 기대할 따름이다. 아쉬운 것은, 그것 외에는 이 현상을 딱히 설명할 만한 이론을 찾기 어렵다는 점이다.

　진보언론의 원칙과 가치가 무엇인지 새삼 궁금해진다.

---

4)　조기숙 · 김종철, 《노무현의 민주주의》, 인간사랑, 2016.

스톡홀름 신드롬

진보언론이 보수 쪽 정당이나 후보가 아니라 진보진영의 주요 후보나 대통령을 더 집중적으로 비판하는 이유는 비판의 효능감 혹은 스톡홀름 신드롬 때문이라고 생각한다. 나 자신을 돌이켜봐도 SNS를 할 때 주로 민주당 쪽 사람들에 대해 비판도 하고 조언도 하지 새누리당 사람들을 비판하는 경우는 드문 것 같다. 물론 TV 토론 같은 데서는 당연히 보수진영의 정치인과 언론을 비판하게 된다. 그것이 나의 역할이라고 생각하니까. 하지만 SNS에서 나의 관심사는 주로 진보진영을 향하고 있다. 왜 그럴까? 새누리당에 대해선 일단 정보도 없고, 내가 뭐라고 한다 해도 듣지 않을 테니 영향력이 없다는 생각에서다. 저 사람은 반대쪽 사람이라 저런 비판을 하겠거니 하면서 별로 아파하지도 않을 것이다. 그러나 진보진영에 대해서는 일단 정보가 많고, 민주당에 조언을 하면 현실 정치에 반영되기도 하니 영향력을 발휘할 수도 있다. 이런 걸 효능감이라고 한다. 내 목소리가 정치에 영향을 미칠 것이라는 기대감이다. 진보언론의 비판이 주로 노무현이나 문재인을 향하는 이유도 효능감 때문임을 충분히 이해한다.

그런데 단지 효능감 때문만이라면 민주당을 더 자주 비판하는 것까지는 이해할 수 있다. 하지만 우리 사회의 진짜 권력에 대해 눈치를 볼 필요까지는 없어야 한다. 진보언론이 재벌기업 눈치를 본다는 건 공공연한 비밀이다. 경향신문은 김상봉 교수의 삼성 비판 칼럼을 싣지 않아 몸살을 앓은 적이 있다.[5] 경향신문 47기 기자들이 〈이명박은 조질 수 있고 삼성은 조질 수 없습니까〉라는 비판 성명을 냈다니 그래도 기자 정신이 살아 있다고 스스로 위안 해야 할까. 한겨레신문의 성한용 편집국장도 재신임을 앞두고 삼 성에 대한 입장 표명으로 논란을 일으킨 바 있다. 진보언론이 양심 결벽증 때문에 우리 편에 가혹한 것이었다면, 진짜 권력인 삼성에 대해서는 더 강력하게 맞서야 한다고 생각한다. 강자에게는 끽소리도 못하고 만만한 노무현은 때려도 된다고 생각한다면 일 종의 스톡홀름 신드롬이 아닐까 싶다.

스톡홀름 신드롬의 사전적 의미는 '인질극이 발생했을 때 인 질들이 자신을 구해주려는 군이나 경찰보다 인질범에게 동조하는 심리 상태'다. 이 용어는 1973년 스웨덴의 스톡홀름에서 발생한 은행 인질강도 사건에서 유래됐다. 당시 은행 강도들이 네 명의 인질을 잡고 6일간 경찰과 대치했다. 인질들은 초기에는 강도들 을 매우 두려워했지만, 단지 자신들을 해치지 않았다는 이유만으로 그들에게 점차 호감을 갖게 되었다. 강도가 체포된 후에도 인 질들은 그들을 원망하기보다는 동화되어 법정에서 그들에게 불리

---

5) 김병철, 〈이병철, 정치 대신 언론 사업 선택… '삼성 광고에 종속된 언론'〉, 《미디어오늘》, 2014. 5. 22.

한 진술을 거부하는 등 애착관계까지 드러냈다. 이런 현상은 극한 위기감 속에서 살아남기 위한 본능으로 인질이 강도에 대해 부정적인 생각을 하지 않으려 노력하기 때문에 나타난다고 한다.

우리 사회에도 강자에 순종적이고 애착적인 행태는 얼마든지 발견할 수 있다. '막 키운 자식에게 효도 받는다'는 옛말이 있는데 하나도 틀리지 않은 것 같다. 부모가 자식에게 가혹하면 자식이 부모로부터 인정받기 위해 꾸준히 노력하고 효도한다는 것이다. 하지만 오냐오냐하며 애지중지 키운 자식은 자기밖에 모르고 부모에게 불효하게 된다. 예외적인 몇몇을 제외하고, 강자에게 두려움을 느끼고 굽히게 되는 게 인지상정일지도 모른다.

뒤에서 자세한 내막을 밝히겠지만, 몇 해 전 인터넷 한겨레에서 백화점 갑질 모녀 사건과 관련하여 내 트윗 글에 대한 상황을 의도적으로 왜곡하는 보도가 있었다. 경향신문도 외부 필진을 동원해 연속적으로 나를 비판하는 칼럼을 게재했다. 어느 때부턴가 언론에서 갑질 모녀는 사라지고 내가 주인공이 되어 있었다. 그래서 경향신문 홈페이지에 들어갔더니 비슷한 시기에 새누리당 김무성 대표의 발언 전문을 게재해 해명해주고 있었다. 당시 새누리당 김무성 당대표는 드라마〈미생〉에 공감했다며 청년들과의 대화에 나섰다. 아르바이트생에 대한 부당한 처우에 대해 한 청년이 질문하자 김 대표는 "인생의 좋은 경험이라 생각하고 열심히 해야지, 방법이 없다"는 발언을 해 논란을 일으켰다. 둘 다 아르바이트생 관련 발언이었는데 한쪽은 전문을 실어 해명해주고, 다른 한쪽은 의도와 다르게 왜곡해 연속으로 폭격을 퍼부었다. 똑같은 사안을 두고 전형적으로 다른 잣대를 사용한 것이다. 강자에 대한 두려움 때문이 아니라면 이해하기 어려운 일이다.

2010년 3월 8일 한겨레 성한용 편집국장은 중간평가를 앞두고 편집국 기자들에게 이메일로 소견발표문을 보냈다고 한다. 이 글에서 성 국장은 다음과 같은 취지의 발언을 한 것으로 레디앙에 보도되었다.[6]

"정권은 타도의 대상이 아니다. 재벌도 해체 대상이 아니다. 우리는 '1등 기업' 삼성의 존재 가치를 인정해야 한다."

성 국장은 이 글에서 창간 초기 한겨레에서 정권은 타도 대상이었고 재벌은 해체 대상이었지만 경영난을 겪으며 삼성과 현대가 한겨레 최대의 광고주가 됐다며, "한겨레 22년은 변절의 역사인가"라고 물었다. 그는 "한겨레 주주와 독자들은 우리에게 정권 타도의 임무를 부여하지 않았고", "비타협 노선을 걷다가 장렬히 전사하라고 주문하지도 않았다"며 "(경영 문제에서도) 일정 부분 현실적인 타협을 하더라도 한겨레가 존립하며 창간정신을 구현하는 보도를 계속해달라는 것이 주주 독자들의 뜻이라고 나는 생각한다"고 강조했다. 그런 다음에는 "대한민국엔 한나라당 정권을

---

6) 레디앙 편집국, 《레디앙》, 2010. 3. 11.

지지하는 다수의 사람이 있고 그들의 정치적 의사를 우리는 존중해야 한다"며 "정권은 타도 대상이 아니다"라고 밝혔다.

재벌 문제와 관련해서도 그는 "우리는 삼성의 부당한 1인 지배구조, 불법적인 경영권 승계, 무노조 방침으로 인한 노동자들의 피해 등을 비판할 수 있을 뿐"이라며 "(삼성 임원들이 한겨레의 존재 가치를 인정하듯) 한겨레도 삼성의 존재 가치를 인정해줘야 한다고 생각한다"고 강조했다.

또한 김용철 변호사의 책 광고 논란과 관련해서는 "내가 알기로는 사회평론이라는 출판사와 우리 광고국의 대화 과정에서 충돌과 감정 대립, 그리고 오해가 있었다"며, "나는 사회평론의 태도를 바로잡기 위해 처음에는 광고 단가를 높게 불렀지만 협상을 거쳐 광고를 실을 예정이었다는 광고국 간부들의 설명이 사실이라고 믿는다"고 강조했다.

그런데 정봉주 전 의원으로부터 다음의 이야기를 듣고 나니, 내가 어떻게든 진보언론의 심리를 합리화하려고 스톡홀름 신드롬까지 끌어들였다는 생각이 든다.

"진보언론이 언론사를 가지고 있으면 다양한 사업을 할 수 있어요. 티끌 모아 태산이라고 그런 걸로 자본을 늘려가면서 좋은 기자들에게 잘해주고 좋은 기사 쓰게끔 계속 예우를 해주면 되죠. 그게 경영진의 책무 아니에요? 그런데 그런 걸 안 해요. 왜 안 하느냐고 물었더니 1년에 한 번씩 연말이 되면 대기업으로부터 광고가 들어온다는 거예요. 십수억짜리가 말이죠. 그런 돈이 들어오니까 이런 푼돈은 눈에 안 보인다는 거예요."

사실 나와 네티즌이 소위 진보언론에 이런 비판을 한 지는 꽤 오래되었다. 그런데 왜 그들은 이렇게 비판을 받으면서도 변하지 않는 것일까. 진보진영 내 다수파는 사실 친노·친문이다. 그들이 진보언론을 구독해주면 독자 수가 몇 배가 될 텐데 그들은 왜 친노·친문의 눈치를 보지 않을까? 어차피 요즈음 신문은 구독료만으로는 생존이 어렵다. 그래서 기업의 광고에 의존할 수밖에 없는 것 아닐까. 광고주 눈치를 보느라 친노·친문에게 가혹하게 구는 게 아닐까 추측해본다. 그래서 진보언론은 독자들의 절독운동 같은 걸 별로 두려워하지 않는 것 같다. 그들에게는 대기업의 광고가 끊기는 게 더 두려울지 모른다. 결론적으로, 진보언론은 그냥 강자에게 약한 건 아닐까.

언론의 특권과
킹메이커 바람

진보언론이 문재인에 대해 비판적이면서도 다른 후보에 대해서는 비교적 호의적인 이유는 언론으로서의 기득권 또는 특권을 활용한 킹메이커를 자처하기 때문이 아닐까 생각한다. 언론은 객관적인 제3자의 시각으로 현상을 바라볼 필요가 있다. 진보언론이 진보진영을 반드시 같은 편으로 보는 것까지는 기대하지도 않으려니와, 최소한 제3자의 시각을 가지면 좋겠다. 그런데 진보언론은 그 영향력에 비해 스스로를 너무 과대평가하는 게 아닌가 싶다. 스스로 운동장에 뛰어들어 킹메이커가 되려는 욕심 때문에 문재인 왕따 현상이 초래된 게 아니었을까.

임순미 교수는 2012년 경향과 한겨레, 조선과 동아의 안철수 보도를 연구했다.[7] 조선·동아는 안철수를 포퓰리스트라며 비판적으로 보도했다. 이에 비해 한겨레는 초기에 관망하는 태도를 취했고, 시간이 흐르면서 경향과 한겨레는 덕망의 지도자, 지도자의 자질과 같은 긍정적 프레임을 사용해 보도한 것으로 나타났다. 같은 시기 문재인에 대해서는 친노/반노 분열 프레임을 사용했다. 물론 한겨레 성한용 전 편집국장은 〈안철수는 없다〉라는 칼럼으로 안철수에게 정치를 하지 말 것을 직설적으로 권하기도 했다. 하지만 모든 기사를 통계적으로 연구할 때 긍정적 프레임이 주로 등장했다는 것이 내 연구 결과다.

킹메이커를 자처했다는 점이 아니라면 안철수에 대한 진보언론의 호의적인 보도를 이해할 수 있을까? 실제로 한겨레경제연구

---

7) 임순미, 2012, 앞의 글.

소의 소장이었던 분이 안철수 캠프의 핵심 역할을 맡기도 했다. 문재인은 이미 친노라는 세력이 버티고 있지만 안철수는 세력도 없고 좀 만만해 보이니, 영향력을 발휘할 수도 있고 캠프에 들어갈 수도 있다고 생각해 킹메이커를 자처했다고 추측한다면 너무 과한 상상일까? 안철수는 안랩 시절부터 기자의 결혼식이라면 빼놓지 않고 챙긴 것으로 유명한데[8] 안철수와 진보언론의 허니문이 단순히 우호적인 인간관계가 가져온 결과였을까?

오마이뉴스는 한겨레나 경향과는 좀 다르다. 평상시에는 시민 기자들이 글을 많이 쓰기 때문에 문화적으로 친노와 가장 가깝다고 할 수 있다. 그런데 참여정부 후반부로 오면서 민주노동당 당원이 정식 기자로 많이 채용되었다는 소문을 내부자에게서 들었는데, 그 때문인지 경향과 한겨레를 닮아갔다. 무엇보다 오마이뉴스에서는 킹메이커를 자처하는 행동이 노골적으로 보인다. 노무현을 대통령으로 만들었다는 자부심 때문인지 문국현을 띄웠고, 조국을 띄웠고, 안철수도 열심히 띄웠다.

나는 언론의 킹메이커 역할이 나쁘지 않다고 생각한다. 다만 하려면 진보언론의 양심 이런 거 내세우지 말고 보수언론처럼 제대로 하라고 부탁하고 싶다. 조선일보는 사람을 찍어서 그 사람이

---

8) 조은미, 〈진심 정치란 이런 것? 기자 결혼식까지 찾아가는 안철수〉, JTBC뉴스, 2012. 11. 11.

대통령이 될 수 있도록 확실하게 밀어준다. 2007년 이명박을 대통령으로 만들기 위해 조선일보는 〈박근혜가 대통령이 되면 안되는 이유 10가지〉[9]라는 칼럼을 게재할 만큼, 실패했을 때 닥칠 위험을 무릅쓰고서라도 교통정리를 확실하게 했다.

진보언론도 보수언론처럼 제대로 하면 불만을 가질 이유가 없다. 지금까지 진보언론은 분열을 키워 민주당 집권에 방해가 되었으면 되었지 큰 도움은 되지 않았다고 생각한다. 2007년 대선엔 문국현, 2012년 대선엔 안철수를 띄워 분열을 만들어놓고 검증도 제대로 하지 않았다. 문재인은 이미 검증된 사람이지만 국민에게 자신을 제대로 알릴 기회를 갖지 못했다. 이 이야기를 한겨레신문이 운영하는 인터넷 TV이자 팟캐스트 프로그램인 〈파파이스〉에 나가서 했더니, 그때는 안철수 현상이라는 게 있어서 그렇지 진보언론이 만든 게 아니라는 반박이 돌아왔다.

맞는 말이다. 하지만 제대로 된 언론이라면 균형 감각이 있었어야 한다고 생각한다. 대중이 환호한다고 그대로 따라간다면 언론이 왜 필요하겠는가. 제대로 된 정치학자에게 물어보면 이건 비정상인 정치 현상이다. 정치에서 마냥 좋은 신기루는 없다. 포퓰리즘 현상일 뿐이다. 포퓰리즘은 정상적인 정치가 아니다. 국민의 뜻은 하나인데 정치인이 분열시켰다며 기득권 정치를 공격하고,

---

9) 김재은, 〈'아버지 후광, 알맹이 없는 연예인식 인기'〉, 《조선일보》, 2005. 9. 21.

자기만이 국민을 대변한다는 주장이야말로 전형적인 포퓰리즘 수사다.

언론은 정치 혐오를 부추긴 안철수를 매우 비판적으로 바라봤어야 했다고 생각한다. 진보언론이 최소한 균형 잡힌 시각만 견지했어도 처음에 떴던 그에 대한 거품이 곧 가라앉고 문재인을 알릴 시간적 여유를 가질 수 있었을 것이다. 진보언론이 안철수에 몰입했던 이유는 안철수가 대통령이 되면 안철수를 통해 자신들의 이상을 마음대로 펼칠 수 있다는 킹메이커 바람 때문이 아니었을까.

진보언론, 킹메이커 하려면 제대로 하라!

언론권력의 사유화

언론권력의 사유화란 언론인이 언론이라는 사회적 공기를 사적인 감정이나 이해관계를 해결하는 기제로 사용한다는 뜻이다. 특히 자신들이 싫어하거나 미워하는 사람을 혼내주는 데 언론권력을 사용하는 것이다. 언론으로서 공정하고 일관된 원칙을 가지고, 잘못한 정치인에 대해 잘못한 만큼만 혼내주는 건 문제가 없다. 하지만 특정 세력은 더 혼내고, 같은 행동인데도 다른 세력에는 관대한 원칙 없는 잣대를 사용한다면 문제가 된다.

언론권력의 사유화 하면 제일 먼저 떠오르는 일화가 조선일보의 〈간장 두 종지〉라는 칼럼이다. 조선일보의 한 부장이 일행 세 명과 함께 근처 중국집에 가서 탕수육을 시켰는데 간장 종지를 두 개만 줬다고 한다. 사람이 네 명이니 종지를 더 달라고 하자 종업원이 '2인당 하나'라며 거절했다는 것이다. 그 부장은 중국집에 대한 분풀이로 이 칼럼을 썼다. 보검을 빼서 파리를 잡은 격이다. 그런데 뜻밖에도 독자들은 권력을 엉뚱한 곳에 쓴 조선일보의 행태를 질타했고, 그 중국집은 오히려 유명해졌다. 독자 중 몇이 실제 그 중국집에 가봤더니 종지를 많이 사다가 1인당 한 개씩 종지부터 미리 식탁에 차려놨더라고 한다. 이런 이야기가 인터넷에 속속 올라오면서 호기심에 찾아간 사람도 많은 듯하다. 그 중국집에는 손님이 몇 배 늘었고 인터넷에는 격려의 글이 쏟아졌다. 과거에는 언론의 권력을 사용한 사적 보복이 가능했는지 몰라도 이제는 시민들이 이런 갑질을 허용하지 않는다. 권력의 사유화는 엘리티즘에서 나오는데 시민들이 엘리트에 저항함으로써 약자를 보호하는 것이다. 시민들은 이제 더는 옛날처럼 때리면 가만히 맞고만 있는 객체가 아니다. 연대의식으로 뭉쳐 잘못한 엘리트를 즉각적으로 징계한다.

보수언론이 사람을 죽이겠다고 마음먹으면 진보언론과는 비할 바 없는 영향력을 발휘한다. 권력의 사유화 현상이 몇십 배 심각하다. 언론에 맞섰던 노무현, 이해찬, 천정배, 조기숙 등의 고난을 생각해보면 알 수 있다. 하지만 진보언론은 그런 행태를 자주 보이지는 않는다. 그렇다 하더라도 진보언론 역시 언론권력을 꼭 공익적 목적을 위해서 사용하는 것만은 아닌 것 같다.

앞에서 잠시 언급했던 그 유명한 백화점 갑질 모녀 사건이 일어났을 때의 일이다. 나는 당시 연구에 바빠 SNS를 몇 개월째 하지 않고 있었다. 새벽 4시쯤 되어 잠시 쉬느라 트윗에 들어가 눈동냥을 하다가 이 사건을 처음 접했다. 내 자식이 당한 것처럼 화가 나고 분한 마음에 눈물이 하염없이 흘러내렸다. 갑질 모녀에게 쏟아진 비난이 타임라인을 뒤덮고 있었으므로, 그 점에 대해서는 내가 굳이 한마디 더 보탤 필요가 없겠다 싶었다. 그래서 우리가 이 사건에서 놓치고 있는 지점이 없을까 생각해봤다. 젊은이들을 이렇게 당하도록 놔둔 우리 사회에 대해서 화가 났고, 당당히 맞설 패기도 없는 젊음으로 만든 현실이 원망스러웠다. 그래서 더 눈물이 쏟아졌다. 그 일 때문에 혈압이 확 올라 잠이 올 것 같지가 않았다. 할 수 없이 관련 기사를 더 찾아보다가 갑자기 의문이 들었다. 왜 혼자도 아니고 세 명이나 되는 학생이 30분도 아니고 몇 시간씩 무릎을 꿇어야 했을까. 그래서 나는 다음과 같은 트윗을 썼다.

"우리 사회 갑질은 새로울 것도 없다만, 백화점 아르바이트생이 세 명이나 무릎을 꿇었다는 사실이 믿기 어렵다. 하루 일당

못 받을 각오로 당당히 부당함에 맞설 패기도 없는 젊음. 가난할수록 비굴하지 말고 자신을 소중히 여기면 좋겠다."

가장 피가 뜨거운 젊은 시절에조차 쉽게 무릎을 꿇는다면, 그들이 가정을 책임져야 하는 가장이 되었을 때 우리 사회가 어떻게 될지 아찔하다는 생각이 들었다. 부당함에 맞설 패기도 없는 젊음을 탓한 게 아니다. 그런 현실에 대한 자괴감을 표현한 것이다. 이 글을 쓴 게 새벽 6시가 다 되었을 때였다. 얼마 지나지 않아 한 트친이 따지기를, 왜 구조를 문제 삼지 않고 피해자에게 책임을 묻느냐는 것이었다. "피해자를 탓하는 게 아니라 자신의 권리는 자기만이 지킬 수 있다는 뜻"이라고 답하고 잠자리에 들었다. 다음 날은 온종일 바빠서 트윗을 들여다볼 겨를이 없었다. 그런데 저녁에 텔레그램 방에서 한 동료가 "조 교수, 트윗에서 엄청 까이더라"라고 했다. 새벽에 쓴 트윗을 잊고 있었기에 무슨 일인지 감이 잡히지 않았다. 트윗에 들어갔더니 왜 피해자를 비난하느냐는 글들이 많았다. 그래서 "나는 원래 일방적인 여론에는 리트윗도 하지 않는다. 여론이 한쪽으로 쏠릴 때 다른 쪽에서 생각해볼 거리를 던지며 균형을 잡는 게 나의 역할이라고 생각한다"는 해명을 했다.

트위터리안들의 반발이 멈추지 않았다. 그들이 내게 반감을 가졌던 가장 큰 이유는 내가 미국 유학 다녀온 명문대 교수라는 점이었다. 즉, "어려운 형편의 아르바이트생에 대해 기득권이 뭘 안다고 감히 충고를 하느냐", "당신이 그의 인생을 책임질 거냐", "일자리 주기 전에는 그런 말 하지 말라" 등의 비판이 대부분이었다. 그래서 다음과 같은 취지의 논의를 트친들과 계속 주고받았다.

'나도 모녀에 대해 너무 화가 난다. 하지만 요즘 좋은 직장 구하기가 어렵지 아르바이트 구하기가 어려운 건 아니다. 우리 아들도 군대 갔다 와서 복학하기 전까지 6개월간 각종 아르바이트를 해봐서 사정을 웬만큼 안다. 아르바이트를 구하는 쪽도 학생들이 자주 그만둬서 어려움이 많다. 우리 아들 같은 경우는 전철역에서 매일 차로 픽업해서 데려갔고 데려다줬다. 주말이면 회식도 시켜주고 칙사 대접을 해줬다. 백화점 주차요원 자리는 얼마든지 있다. 직전에 일어난 대한항공의 땅콩 사건에서 사무장이 무릎을 꿇은 일은, 그곳이 그의 평생직장이므로 충분히 이해한다. 하지만 미래 세대가 아르바이트 자리에 목숨 거는 건 곤란하지 않냐. 그보다는 자신의 존엄성을 지키는 게 더 중요하다. 나도 경제적으로 상상할 수 없을 만큼 고통스러운 시절이 있었지만 어떤 것과도 타협하지 않고 원칙을 지켜왔고, 그게 도리어 그 후 어려운 상황에서도 나를 지킬 힘이 되었다.'

그러자 한 트친이 "교수님 생각도 일리가 있습니다. 하지만 지금과 같은 상황을 만든 기성세대로서 젊은이들에게 책임감을 느끼셔야죠. 지금 그 학생에게 필요한 건 위로이지 충고가 아닙니다"라고 말했다. 갑자기 불이 번쩍 들어온 느낌이었다. "앞으론 무릎 꿇지 말고 당당히 거부하라는 게 내 트윗의 핵심이었는데, 다친 학생의 마음을 배려하지 못하고 미래의 충고부터 성급하게 한 내 생각이 짧았다"며 사과했다. 내가 남자들과 어울려 정치학을 하다 보니 늘 공감 능력이 부족하고 문제를 해결할 방안부터 말하는 버릇이 있다며 자책했다. 그러자 나에 대한 비난 트윗이 일시에 정지되었다. 내게는 정말로 놀라운 경험이었다. 아무리 좋은 충고도 피해자에게 즉각적으로 해서는 안 된다는 사실을, 이론적으로는 알고 있었지만 실천하기는 어려웠던 점을 새삼 절감했다.

그런데 다음 날, 한 트친이 내 트윗을 비판하는 한겨레 기사를 보내주었다. 링크를 따라 들어가 보니 한겨레 홈페이지 전면 톱에 그 기사가 배치돼 있었다.[10] 이것이 인터넷 기사인지 종이 신문의 기사인지는 모르겠지만 그날 온종일 메인 톱에 걸려 있었다. 그 기사에는 수백 건의 트윗이 나를 비판했다는 내용만 있을 뿐, 우리가 서로 논박하다 내가 사과함으로써 논란이 종료됐다는 사실은 전혀 언급되어 있지 않았다. 140자의 트윗이 어떤 의도로 쓰였는지는 언론이 처음 기사화할 때 어떤 프레임을 사용하느냐에 따라 달리 보인다. 그 기사는 내가 마치 학생의 젊음을 비난한 것

---

10) 이재훈, 〈'갑질 모녀'에 무릎 꿇은 알바생에 "왜 저항하지 않았느냐"는 말이 틀린 이유〉, 《한겨레신문》, 2015. 1. 7.

처럼 보도하며 그 학생의 태도를 옹호했다.

그 기사는 지금 다시 검색해보니 이틀 후인 1월 9일에 수정된 것으로 나타나는데, 정확히 어느 부분이 수정되었는지는 확인하지 못했다. 그 기사를 본 후 기자와 트윗에서 기사에 대한 의견을 주고받았는데, 다짜고짜 지난 대선에서 내가《문재인이 이긴다》라는 책을 써서 문재인을 지지한 것이 잘못됐다고 주장했다. 맥락은 고사하고, 그것이 왜 잘못된 거냐고 질문했지만 거기에 대해서는 설명이 없었다. 그 책은 문재인이 경선에서 안철수를 누르고 후보가 될 것이지만, 본선에서는 이기기 어렵기 때문에 전략을 바꿔야 한다며 새로운 전략을 제시하기 위해 쓴 책이었다. 전략이 잘못되었다고 문재인 캠프에 아무리 이야기를 해도 듣지 않으니 공개적으로 전략 변경을 요구하기 위해 쓴 것이다. 하지만 결국 영향을 미치지 못하고 대선에서 실패하고 말았다. 그 기자는《안철수 밀어서 잠금해제》란 책을 썼다. 언론사 기자가 공개적으로 대선 후보를 지지하는 게 우리나라에서 허용되는지 어쩌는지도 모르겠지만, 갑질 모녀 사건 트윗과 지난 대선에서 문재인을 지지한 일이 무슨 상관인지 이해가 되지 않았다.

그러나 기사에서, 그리고 대화 과정에서 나는 기자가 글을 쓴 목적을 알아챌 수 있는 힌트를 두 가지 발견했다. 하나는 '참여정부에서 비정규직법을 통과시켜서 비정규직을 양산해놓은 책임이 있기에 당신은 아르바이트생에 대해 말할 자격이 없다'는 것이었

다. 다른 하나는 나를 비판함으로써 문재인을 곤경에 빠뜨리려는
듯했다. 한 달 후면 개최될 전당대회를 앞두고 문재인 의원이 당
대표 후보로 출마해 치열한 선거전이 진행되던 와중이었기에, 나
뿐 아니라 많은 트친이 그렇게 짐작했다. 그 기자는 평소에도 노
동 문제를 최우선 관심사로 챙기며, 반문 성향의 트위터리안들과
친하게 지내면서 친노·친문에 배타적인 태도를 보여왔다.

　참여정부에서 통과시킨 건 '비정규직법'이 아니라 '비정규직
보호법'이다. 비정규직으로 2년 근무하면 정규직으로 전환되어야
한다는 걸 법으로 명시한 것이다. 1997년 금융위기 이후 국민의
정부에서 IMF의 권고안을 받아들여 노동법을 통과시켰고, 그 여
파로 수많은 비정규직이 생겨났기에 이들을 보호하기 위해 만든
법이다. 이렇게 무지해도 기자를 할 수 있다는 사실에 우선 놀랐
다. 그다음엔 언론인이 언론이라는 사회적 공기를 이용해 정치적
목적으로 사용한다는 데 충격을 받았다. 게다가 비난의 이유가
'당신이 문재인을 지지한 게 잘못'이라는 건데, 그게 왜 잘못인지
에 대한 이유는 분명치 않다. 그 기자는 언론인의 자격으로 안철
수를 밀었지만, 나는 문재인을 지지한 것도 아니고 문재인이 잘못
된 길로 가고 있음을 지적한 책을 썼다. 그게 왜 비난받을 일인지,
더욱이 이게 갑질 모녀 사건과 무슨 상관인지 이해하기 어려웠다.

　내가 그 기자의 왜곡 보도에 대해 항의하자 트위터에서 숨죽
이고 지켜보던 트친들이 이번에는 그 기자를 향해 비난을 퍼붓기

시작했다. 확실히 요즘 시민들은 약자에게 약하고 강자에게 강하다. 시민들이 그 기자뿐만 아니라 한겨레신문사까지 공격하자 한 언론인이 한겨레 기자 한 명의 잘못을 신문사의 잘못으로 일반화하지 말라는 충고를 했다. 그렇지만 목적도 불분명한 왜곡 기사를 대문 톱으로 온종일 걸어놓았으니 신문사가 욕을 먹어도 할 말이 없다고 생각한다.

보수는 원래 보수의 힘을 실제보다 과장하는 경향이 있다. 피지배층이 감히 기득권에 도전하지 못하도록 도전 의지를 원천적으로 꺾기 위해서다. 하지만 진보라면 이렇게 말해야 정상 아닌가.

"보수들 힘 별거 아니야. 대들어도 크게 손해 볼 것 없어. 평생직장이라면 몰라도 백화점 아르바이트 정도의 자리에서는 분연히 일어나 거부해야 해. 동료가 세 명이나 있으면 함께 무릎을 꿇을 게 아니라 같이 그만두겠다고 했어야지. 그랬다면 백화점도 당장 사람이 아쉬워 어쩌지 못했을 텐데…. 다음엔 너의 존엄성이 먼저임을 꼭 기억해."

물론 마음이 다친 사람에게 내가 충고부터 한 것은 실수다. 그래서 선선히 잘못을 인정했다. 하지만 경향신문은 내가 학생을 비난한 것처럼 두고두고 외부 필진을 동원해 나를 때렸다. 게다가 그 학생의 모든 행위를 옹호하고 나섰다. 피해자를 보호하고 그들의 처지를 이해하는 것까지는 가능하다 하더라도 어떻게 무릎 꿇은 행위까지 잘했다고 옹호할 수 있는지, 이게 보수의 논리와 뭐가 다른지 모르겠다. 갑질 모녀는 사라지고 내가 졸지에 이 사건의 주인공이 되어버렸다.

중앙일보도 이 사건을 소재로 칼럼을 썼다. 그러나 안타까운 마음에 그런 말을 했다고 밝힐 만큼 균형 감각을 발휘했다. 적어도 내가 그 학생을 질책한 게 아니라는 진실 정도는 밝히는 게 언론의 자세 아니었을까. 한겨레와 경향을 내가 아무 수식어 없이 깔끔하게 '진보언론'이라고 부르기 어려운 이유다. 나에 대한 한겨레 왜곡 기사가 나오게 된 이유는 권력의 사유화, 그 이상도 이하도 아니었다고 본다. 나는 한겨레신문의 왜곡 보도에 항의하기 위해 1년 넘게 트윗을 접고 침묵시위를 했다.

소위 진보언론이 문재인을 계속해서 때리는데도 문재인의 지지도가 올라가는 이유는 언론권력의 사유화에 대해 시민의 견제 심리가 발동하기 때문이라고 생각한다. 언론인이 자신의 힘을 과신하면 '간장 종지' 사건이 남의 일만은 아닐 수 있다.

구좌파 언론과
신좌파 노무현

노무현과 소위 진보언론의 갈등에서 가장 큰 이유는 바로 이념의 차이라고 생각한다. 이게 본질이다.

진보란 인간 이성의 합리성에 대한 신뢰가 있어야 가능하다. 인간을 믿지 않으면 역사의 진보를 믿을 수 없다. 반면, 보수란 기존의 것을 지키는 사람들이다. 그런데 역사적으로 볼 때, 세상이 변화와 함께 새로운 진보 의제가 등장하면 한때 진보였던 사람도 보수적인 입장으로 변하게 된다. 나는 이게 자연스러운 현상이라고 생각한다. 이 세상에 변하지 않는 것은 없다. 한 번 진보라고 영원히 진보는 아니다.

유럽의 진보와 보수

많은 이들이 진보와 보수, 좌와 우가 동일한 개념이라고 생각해서 좌는 진보이고 우는 보수라고 주장한다. 하지만 이건 단지 20세기에 한해서 그랬을 뿐이다. 둘은 전혀 다른 개념이다. 예를 들어 유럽에서는 자본주의(우)가 보수고 사회주의(좌)가 진보였으며, 지금도 그렇다. 그러나 구소련이 해체된 러시아에서는 자본주의(우)가 진보고 공산주의(좌)가 보수다. 좌와 우는 20세기의 경제체제 중 어느 쪽을 추구하느냐에 따라 정해지지만 진보와 보수는 다르다. 즉 기존 체제가 무엇이든 이를 지키고자 하면 보수, 변화를 원하면 진보가 되는 것이다.

조선 시대에 왕과 사대부가 권력을 놓고 갈등을 빚었던 것처럼, 유럽의 왕실과 귀족도 마찬가지였다. '대헌장'으로 불리는 마그나카르타는 본래 영국 왕 존의 실정을 견디지 못한 귀족들이 왕에게 귀족의 권리를 다시 확인시킨 봉건적 문서였다. 그러나 17세기에 이르러서 또다시 왕권과 의회가 대립하게 되자 일반 평의회의 승인 없이 세금을 부과할 수 없다는 주장의 근거로 사용되었다. 영국의 명예혁명은 1689년에 공포된 '권리장전'으로 압축되는데 이로써 의회의 입법권, 의회의 승인 없는 과세의 금지, 의회 내의 언론 자유 등 국민과 의회의 권리가 최종적으로 확인되었다.

유럽에서도 투표권이 귀족에서 평민으로까지 확대된 것은 19세기 초였다. 표면적으로는 평민에게 투표권이 부여된 것으로 보였지만 실질적으로는 부르주아(유산) 계급을 위한 것이었다. 재산의 규모나 교육, 나이의 정도에 따라 행사할 수 있는 표의 수가 다르게 배분되었기에 남성 유산 계급의 전유물이 되었다.

19세기 중반까지 영국에서는 보수당인 토리당이 귀족과 대지주의 권한을 지키려 했고, 진보당인 휘그당은 산업과 상업으로 성공한 유산 계급으로서 신분제 폐지와 자유로운 무역을 주장했다. 휘그당의 후예가 19세기 말 20세기 초에 활동한 자유당이다. 자유당은 19세기 중반 이후 자유무역 구현, 선거법 개혁, 공장법 제정 등의 개혁을 주도했다. 그렇지만 20세기 이후 노동당이 대두하면서 이들 일부는 보수당에 흡수되고, 나머지는 내분을 거듭하다 졸지에 몰락했다. 자유당의 몰락과 관련해서는 다양한 이론이 존재한다. 역사적 우연이라는 주장[11]도 있고 리더십의 부재와 내분에 의한 것이라는 주장도 있다.[12] 영국이나 프랑스에서 입헌 민주제가 자리를 잡으면서 부르주아 계급의 보수화가 진행되는 데, 나는 자유당이 새로운 시대적 요구에 부응하지 못하면서 몰락했다고 생각한다. 노동자 계급이 투표권을 획득하면서 새로운 진보 세력으로 등장하자, 보수화된 자유당 일부가 보수당으로 편입되면서 자연스럽게 정당의 재연합이 이루어졌다고 생각한다. 이로써 자본가가 보수가 되고 노동자가 진보가 되는 20세기의 특수한 현상이 시작됐다.

보수를 우, 진보를 좌로 보는 개념은 프랑스 혁명 과정에서 처음 탄생했다고 한다. 자코뱅클럽은 프랑스 전국에 지부를 가지고 체계적으로 혁명을 주도한 가장 강력한 세력 중 하나였다. 혁명 이후 이는 자코뱅파와 지롱드파로 분리되는데 둘은 왕정의 폐지와 공화정의 실현을 주장한다는 점에서는 일치했다. 지롱드파는 부유한 지주, 사교계에 진입한 도시 상공 부르주아 계층으로 해외 망명 은행가와 밀접한 관계를 맺고 있었던 반면 민중과의 접촉은 거의 없었다고 한다. 온건공화파인 지롱드파는 1791년 10월부터 1792년 9월까지 입법의회를 장악했다. 이들은 1792년 4월

---

11) 홍석민, 〈영국 자유당의 몰락, 우연인가 필연인가? - 계급정치의 한계를 넘어서, 1900–18–〉, 《영국 연구》 20권 0호, 2008, 271~298쪽.

12) 강원택, 《정당은 어떻게 몰락하나: 영국 자유당의 역사》, 오름, 2013.

부터 심해지던 경제위기로 민중의 불만이 거세지자 관심을 밖으로 돌리기 위해 오스트리아에 선전포고를 했다. 이들은 반혁명파를 응징하고 정정政情 불안을 해소하는 것이 부르주아 자유주의를 안정시키는 길이라고 생각했다. 하지만 전쟁에서 패하고 경제위기가 더욱 심각해지자 각지에서 반혁명의 움직임이 일어났다. 지롱드파는 이를 수습하지 못했고, 결국 1793년 민중봉기로 추방되었다.

반면, 자코뱅파는 농민, 노동자, 수공업자 등 하층민이 지지 기반이었다. 자코뱅당은 공안위원회, 보안위원회, 혁명재판소 등의 기관을 설치해 반대파를 숙청하는 공포정치를 시행했다. 이들은 농민에게 토지 무상분배를 시행했으며, 서구 세계 최초로 식민지를 포함한 노예제 폐지를 결의했다고 한다. 이런 이유로 마르크스는 자코뱅당을 공산주의의 사상적 뿌리로 높이 평가했다. 이 시기 우연히 자코뱅파가 국민공회에서 왼쪽에 앉고 지롱드파가 우측에 앉게 된 게 좌파와 우파의 어원이 되었다고 한다.

따라서 19세기 말 영국의 자유당은 정치적으로는 개혁적이었을지 몰라도 경제적으로는 유산 계급의 사유재산을 지키는 것이 가장 중요했다. 노동당이 등장해 정치적으로뿐만 아니라 경제적으로도 진보적인 의제를 제시하면서 자유당은 사라졌다. 노무현 정부 당시 많은 진보 지식인이 노무현과 열린우리당을 19세기 영국의 자유당 정도로 생각했다. 그래서 노무현만 때리면 당시 제

3당이던 민노당이 제1 야당이 되는 줄 알았다고, 민노당 출신 박용진 의원이 2012년 '국민의 명령'이 주최한 세미나에서 고백한 바 있다. 그러나 노무현은 19세기 자유주의자가 아니었다. 노무현은 21세기 최초의 대통령이었다. 이 점에서 소위 진보 지식인과 언론이 노무현뿐만 아니라 노무현의 지지자인 친노의 정체성을 제대로 이해하지 못했다고 생각한다.

한국의 진보와 보수

우리나라는 서구처럼 수백 년에 걸쳐 진보와 보수가 형성된 게 아니라, 해방 이후 지금까지 몇십 년 동안 갈등을 압축적으로 경험해왔다. 이건 순전히 주관적 해석이므로 내 생각에 동의하지 않을 수도 있다고 생각한다. 서구에서 진보의 역사는 시민권을 향한 투쟁이라고 할 수 있고, 시민권의 내용도 세 차례에 걸쳐 변화를 겪어왔다. 제1세대 시민권은 참정권이었고, 제2세대 시민권은 경제적 권리(복지권)였다. 유럽에서는 전후 위기를 극복하는 과정에 복지국가가 정착되었지만, 미국에서는 프랭클린 D. 루스벨트 대통령이 복지권을 헌법 개정 조항으로 포함시키려다 갑자기 서거해 아직 시민권으로서 인정받지 못하고 있다. 제3세대 시민권은 자치권이다. 소수민족이나 문화를 지키기 위한 시민권인데 이를 헌법에 규정한 나라는 소수에 불과하다. 나는 제3세대 시민권을 프랑스 68혁명의 참여민주주의 정신으로 해석하고자 한다.

　19세기와 20세기는 더 많은 보통사람이 참정권을 획득하기 위한 싸움의 과정이었다고 할 수 있다. 귀족에서 유산 계급으로, 유산 계급에서 평민으로, 그리고 노동자와 여성과 젊은이들로 점점 더 많은 사람에게 참정권이 허용되는 방향으로 인류의 역사는 진보해왔다. 우리는 일제에서 해방됨과 함께 투쟁 없이 미군정에 의해 참정권을 부여받았다. 그 후 우리의 민주주의는 몇 차례 굴절됐고, 급기야는 독재정권의 등장으로 그 참정권마저 빼앗기게 되었다. 참정권을 향한 투쟁이 4·19, 5·18, 그리고 6·10으로 이어졌다. 투쟁을 통해 드디어 참정권을 획득한 건 1987년 대통령 직접선거를 내세운 개헌운동의 승리에 의해서라고 할 수 있다. 제1세대 시민권을 향한 운동은 절차적 민주주의를 성취하기 위한 운동이기도 했다. 1987년의 6·10항쟁은 화이트칼라가 가세함으로써 성공했다는 데서 알 수 있듯이 민중운동이라기보다는 지식인, 대학생, 중산층 위주의 제1세대 시민권운동이라고 할 수 있다.

　유럽에서 그랬듯이 경제권을 향한 노동자 정당의 제2세대 운동이 일어나면 제1세대 운동에서 진보적이었던 유산 계급은 보수화된다. 열린우리당은 탈지역주의 정치개혁을 소명으로 내걸고 창당했기에 영국의 자유당과 유사한 면이 있다. 하지만 경제적인 면에서 영국의 자유당과 참여정부는 달랐다. 노무현은 2002년 대선에서 낡은 정치를 청산하고 새 정치를 하겠다는 공약으로 당선되었다. 탈지역정당인 열린우리당의 탄생과 과반수 의석 달성, 노무현 정부의 정치개혁으로 한국민의 정치만족도는 2002년 말 아시아 최하위(25%)에서 2004년 초 1등(75%)이 되었다.

정치개혁을 1년 만에 거의 완성했기에 노무현 대통령은 양극화를 의제화하기 시작했다. 우리 사회에서 제2세대 시민권운동에 본격적으로 불을 댕긴 장본인이 노무현이었기 때문이다. 노무현은 1980년대 후반에도 노동자의 인권을 변호하기 위해 싸웠다. 그러나 정동영은 노무현이 의제화한 제2세대 시민권을 2007년 대선에서 의제화하지 못했다. 그는 탈지역주의 정당인 열린우리당을 깨고 이도 저도 아닌 대통합민주신당을 탄생시켰는데, 선거에서 대패했고 신당은 정당으로서의 역할도 하지 못했다.

2008년 총선에서 참패한 대통합민주신당은 2012년 총선에서 혁신과 통합이라는 재야 시민단체 세력과 통합하면서부터 노동 분야 전문가를 대폭 공천했으며, 대선 후보가 된 문재인은 복지 · 재벌개혁 등 좌파적 경제 공약을 대거 내걸었다. 민주당이 경제적 진보정당의 색채를 띠면서 호남의 기득권 정치인과 전문가 출신의 중도 정치인(박영선, 김한길, 변재일 등)이 안철수와 한 편이 되고, 비교적 진보적인 친노/민평련이 연대하는 본격적인 이념 갈등이 시작되었다고 할 수 있다. 특히 한광옥, 한화갑, 김경재 같은 호남 정치인들은 새누리당으로 넘어갔다. 이들은 김대중 대통령이 정권교체를 함으로써 절차적 민주주의가 완성됐다고 믿기에 보수화 행보를 하게 되었다고 생각한다.

호남에서의 분열은 민주당이 제2세대 시민권인 경제적 평등을 추구하자 세대 간 이념 갈등이 본격적으로 나타난 결과라고 할 수 있다. 유럽 역사에서 살펴봤듯이, 제1세대 시민권에서 진보적이었던 자유당이 제2세대 시민권운동이 등장하면서 몰락하거나 보수당에 흡수되는 것과 같은 자연스러운 역사적 흐름이라고 할 수 있다. 민주당은 김대중 대통령 때까지만 해도 중도보수정당이었지만, 2012년 이후 세계화와 양극화의 흐름 속에서 경제적 민주화와 제2세대 시민권을 향한 시대적 과제를 추구하게 된 것이다. 호남을 중심으로 했던 60대 이상 민주화 세력이 제2세대 운동이 일어나면서 보수화되는 것 또한 자연스럽다.

중도보수적인 안철수와 호남 정치인들이 국민의당으로 뛰쳐나갈 수밖에 없었던 것도 단지 문재인이 싫어서라기보다는 이념 갈등이 더 근본적인 원인이라고 생각한다. 이들은 호남 출신이었기에 민주당에 몸담았던 것이지 민주당이 경제적 민주화를 지향하는 정당이라서 온 게 아니었다. 김수환 추기경, 김동길 교수 등 반독재 투쟁에 앞장섰던 지식인들이 민주화 이후 보수적으로 변화한 이유 역시 단지 나이 때문만은 아니다. 유럽의 역사에서 알 수 있듯이 민주화 이후의 필연적 흐름이라고 생각한다. 민주와 독재의 균열이 사라지자 민주화운동을 했던 일부 유산 계급이 보수화된 것이다.

호남인들은 모두 진보여야 한다는 가정 자체가 잘못이라고 본다. 호남인들 중에도 기득권 세력이 있다. 우리의 소선거구 선거제도는 지역주의 토호 세력에는 큰 행운이다. 호남의 의원들은 공천만 받으면 천년만년 당선될 수 있다. 호남에서 민주당 다선 의원이 보수화되는 건 당연하고, 때마침 등장한 국민의당은 민주당에 비해 경제적 쟁점에서 더 보수적이다. 따라서 민주당과 국민의당이 합쳐야 한다는 주장은 과거로 회귀하자는 주장이나 다름없다. 이러한 이념적 분열을 거치면서 지역주의가 약화되는 것이므로, 호남의 분열은 사실 한국 정치 발전에 매우 긍정적인 신호로 볼 수 있다. 민주당과 국민의당의 분열을 안타까워하거나, 서로 간에 원망하고 미워할 아무런 이유가 없다고 생각한다.

우리 선거 역사에서 진보/보수라는 이념이 투표권을 행사하는 데 중요한 기준으로 등장한 건 1997년 대선 이후 2000년 총선에서다. 1997년 김대중 대통령의 당선으로 호남의 한이 풀리면서 호남인들의 분열이 시작된 것이다. 가장 먼저 일어난 변화는 수도권에서 호남 출신 유권자들이 이탈한 것이다. 고소득, 고학력, 성공한 호남 출신 수도권 유권자들이 이익 투표를 하면서 한나라당을 찍기 시작했다. 더는 민주당을 찍을 필요가 없다고 판단한 것이다. 내가 예상했던 대로 지역주의의 약화는 2000년 총선 때 시동이 걸렸다.

서구에서는 20세기에 좌우 대립이 있었다. 영국에선 자유당이 보수당에 일부 흡수되면서 사라지고, 노동당이 좌파 정당으로 등장해 복지권이 확립되었다. 그래서 20세기에는 경제적 민주화를 추구하면 좌파, 경제적 자유(사유재산권)를 추구하면 우파가 되었다. 경제 문제가 정당을 가르는 핵심 균열이었던 것이다. 이에 대한 반발로 68혁명이 일어났다. 68혁명은 경직되고 비인간화된 공산주의에 대한 염증을 표출했다. 20세기의 자본이냐 노동이냐 하던 경제적 균열은 둘 다 물질주의일 뿐이다. 물질주의는 빈곤과 전쟁 등을 겪은 세대에게는 가장 중요하다. 그러나 68세대는 2차 대전 이후 평화와 풍요 속에서 자란 중산층의 자녀들이다. 이들은 전후 세대로서 배고픔과 전쟁의 위협을 모른다. 이들에겐 물질이 더는 중요하지 않기에 진보와 보수, 좌와 우가 기본적으로 모두 마음에 들지 않았다. 오히려 좌우가 서로 싸우면서도 똑같이 권위주의적이라는 점을 혐오했다.

권위주의 문화는 기본적으로 집단주의에 기초한다. 집단주의는 집단을 위해 개인의 희생을 요구하는데, 이것이 유럽의 신세대에게는 설득력이 없었다. 경제가 풍요로워질수록 인간은 개인주의적으로 변한다. 마치 물리학에서 온도가 올라갈수록 분자의 운동이 활발해져 고체에서 액체, 액체에서 기체로 변하는 것과 같다. 68세대에게는 물질보다 자아실현과 정의 같은 가치관이 더

구분	제1세대	제2세대		제3세대
유럽의 시대	19세기	19세기 말 ~ 20세기		1968년 ~ 현재
한국의 시기	(1987년 이전)	1987년~1990년대 초반 집권 기회 갖지 못함		2002년 ~ 현재
시민권	참정권	노동권		자치권
주요 균열	독재↔민주 (참정권)	자본↔노동 (경제)		권위주의↔탈권위주의 (문화)
이념적 특성	이념 등장 이전 시기	보수 (우)	진보(좌) 구좌파	탈이념 신좌파
문화적 특성		집단주의 (권위주의)	집단주의 (권위주의)	개인주의/탈물질주의 (탈권위주의)

권위라는 면에서는 동일

〈표3-1〉 시민권의 역사

중요했다. 예컨대 인권과 일상 속에서의 민주주의, 환경, 생태, 여성 등의 가치를 높이 사고 이를 위해 직접 정치에 참여하고 실천하는 것이다. 이들이 물질 이후의 가치를 추구한다고 해서 탈물질주의자라고 부른다. 유럽은 1968년 이후 30년간 혁명적 변화를 거치며 21세기에 도달했다.[13]

---

13) Inglehart, Ronald, 1977, *The Silent Revolution: Changing Values and Political Styles Among Western Publics*, Princeton, N.J.: Princeton Univeristy Press; Inglehart, Ronald, 1990, *Culture Shift in Advanced Industrial Society*, Princeton: Princeton University Press.

현재 영국의 노동당과 프랑스의 사회당은 20세기 좌파 정당과 더는 같지 않다. 블레어는 제3의 길을 통해 집권했고, 노동당에서는 노조의 권한을 약화시키고 시민에게 더 많은 공천권을 주기 위해 정당개혁에 박차를 가했다. 노조가 이런 개혁에 반발해 당비를 내지 않겠다고 협박하자, 블레어는 자신이 특별 당비를 내겠다며 맞받았다. 프랑스의 사회당도 시민참여 경선을 치르는 등 폐쇄적인 계급정당이 아니라 개방적인 네트워크 정당으로 변신을 꾀하고 있다. 유럽의 진보정당에서는 이처럼 노조 중심의 구좌파와 68 시민권력 중심의 신좌파 간에 본격적인 이념 갈등이 벌어지고 있다.

민노당이 원내에 진입하면서 경제 균열이 한국 정치의 전면에 등장하자, 진보언론과 지식인은 영국처럼 자유주의 정당인 열린우리당이 사라지면서 민노당이 제1 야당이 되리라 기대했다. 그래서 노무현 정부와 열린우리당에 가혹하게 굴었다. 불행히도 한국은 분단과 6·25를 겪은 나라다. 빨갱이, 좌파 기피증이 민노당에 대한 대중적 지지를 가로막았다. 이것이 우리가 유럽과 달리 제2세대 시민권을 성취하기도 전에 건너뛰게 된 결정적인 이유다. 김대중 대통령이 인터넷 인프라를 구축하면서 세계 최강의 IT 국가가 되었다는 점도 한몫했다. 인터넷은 시민에게 정보를 주며, 정보는 곧 권력이다. 제2세대 시민권을 확립하기도 전에 권력을 가진 시민들이 제3세대 시민권운동을 벌이기 시작한 게 노사모다. 시민의 자발적 참여민주주의를 실천한 노사모가 한국 탈물질주의 운동의 시초라고 할 수 있다. 노무현은 인터넷을 활용해 대통령이 되었는데, 미국의 오바마는 2008년에야 이를 벤치마킹해서 대통령에 당선되었다. 우리가 미국보다 6년이나 빨랐던 것이다.

우파는 노무현을 좌파라고 공격했고, 좌파는 노무현을 신자유주의자라고 공격했다. 앞서 잠깐 언급했듯이, 양쪽으로부터 공격을 받은 노 대통령은 "그럼, 참여정부가 좌파 신자유주의라는 거냐"고 한탄했다. 그랬더니 좌우 언론은 노 대통령도 스스로 참여정부를 좌파 신자유주의라고 인정했다며 집중 포화를 퍼부었다. 그러나 자발적으로 정치에 참여하게 된 시민들은 양쪽의 공격이 다 부당하다고 느꼈다. 노무현은 분명히 공공성을 추구했으면서도 세계화와 시장경제의 장점을 포기하지 않았기 때문이다. 무엇보다, 탈권위주의적인 그의 모습이 좌우 정치인 누구보다 진보적으로 보였다. 이 때문에 나는 노무현 왕따 현상을 이해하기 위해서는 언론을 보수, 진보가 아니라 우파, 좌파로 구분해야 한다고 생각한다. 진보인 노무현과 좌파 언론이 갈등을 보이는 이유는 좌파 언론이 노무현만큼 진보적이지 않기 때문이다. 좌파 언론이 20세기 경제적 평등이라는 구좌파 이념을 추구한다면, 노무현은 21세기의 진보라고 할 수 있는 탈물질주의 이념을 추구했다. 탈물질주의의 요체는 탈권위주의이며, 이들을 유럽에서는 신좌파라고 부른다. 신좌파는 좌파의 아류가 아니라 우파(시장)와 좌파

(국가)를 모두 배격하고 제3의 영역에서 합리적 개인의 연대를 통한 공동체를 추구한다는 점에서 제3의 길이라고 할 수 있다. 혹자는 진보적 자유주의라고도 부른다. 영국의 자유당이 아니라 신좌파였던 노무현은 우파 언론뿐만 아니라 구좌파 언론과도 이념 갈등을 겪었던 것이다. 나는 늦었지만 노무현 대통령에게 그의 정체성을 찾아주고 싶다.

"노무현 대통령님, 당신은 대한민국에서 가장 진보적인 21세기 진보적 자유주의자였습니다."

21세기는
탈이념·탈물질의 시대

조기숙   진보언론은 김대중 대통령에 대해선 지금도 과오가 있
느니 없느니 이런 말을 잘 하지 않아요. 그런데 왜 노
무현에게만 그렇게 가혹했나 하는 생각이 들지 않으세
요? 그때는 선거제도가 1인 2표제가 아니었어요. 그래
서 노무현 임기 초반에는 민노당이 원내 진입을 하지
못했지요.

정봉주   그렇죠. 그때는 국회의원 투표수에 따라 정당 비례의
석이 배분되었죠.

조기숙   김대중 대통령 때 과거 선거 제도가 위헌 판결을 받으
면서 2002년에 1인 2표제, 즉 인물 외에 정당에 별도
로 투표하는 제도가 도입됐죠. 2004년 17대 총선 때
새로운 제도가 처음 적용되면서 노무현 대통령은 적지
않은 의석을 가진 민노당을 만난 거예요. 노 대통령은

민노당을 '경직된 진보', 열린우리당을 '온건한 진보'라고 불렀어요. 유럽식으로 표현하면 민노당은 구좌파(올드레프트), 참여정부는 신좌파(뉴레프트)라고 부르는 게 가장 정확한 것 같아요. 많은 사람이 스스로는 진보적이라고 생각하는데 민노당의 주장에는 동의할 수 없는 부분이 있어서 고민을 많이 했다고 하더라고요. '나는 진보가 아니고 보수인가?' 하는 고민이죠. 그런데 우리 팟캐스트를 듣고 이제 의문이 풀렸다고 해요. '아, 내가 신좌파였구나' 하고요.

정봉주   내가 우리 미권스 모임에 갔더니 회원들도 그런 얘길 하더라고요. 예를 들면 이렇게 생각했대요. '나는 노무현 대통령이 표현했던 경직된 진보는 아닌데 계속 광장에 촛불 들고 나오고, 정봉주를 만나니까 행복해. 그럼 정봉주는 또 뭐지? 정봉주는 진보라고 하는데 통합진보당이나 이쪽하고는 결이 다르고. 이건 뭐지?' 그러다가 구좌파, 신좌파에서 딱 이해를 했다는 거예요. '내가 구좌파가 아니라 신좌파로구나' 하고요. 그걸 보고 제가 엄청 똑똑해졌다면서 어디서 배웠냐고 물어봤죠. 그랬더니 대번에 〈전국구〉라고 하더라고요.

조기숙   20세기 좌와 우는 경제적으로는 서로 대척점에 있었지만 문화적으로는 물질주의라는 점에서 같았어요. 물질주의는 우리가 안전하지 않다는 두려움에서 오는 거예요. 빈곤으로부터 안전하지 않다, 전쟁으로부터 안전하지 않다. 물질주의 문화는 집단주의를 특징으로 하기 때문에 매우 위계적이고 경직될 수밖에 없어요. 세계 어디든 전통사회는 굉장히 위계적이었어요. 명령하면 복종하잖아요. 아직도 군대나 의사 집단 같은 데는 상당히 위계적이죠.

정봉주 그렇죠. 오히려 교도소는 다 풀렸어요. 하하.

조기숙 생명을 지키기 위해 촌각을 다투는 곳에는 위계질서가 있어야 해요.

조은나래 정신을 딱 차려야 하니까.

조기숙 인간이 자연재해와 맞서 생존해야 했던 과거 전통사회에서는 개인주의가 용납될 수 없었어요. 마을에서 리더가 명령하면 일사불란하게 움직이고 협력해야 농사도 지을 수 있고, 자연재해의 피해도 최소화할 수 있었거든요. 위기와 싸우는 곳에서는 권위주의 문화가 발생할 수밖에 없습니다.

(…)

정봉주 친노들은 또 저를 좋아해요.

조기숙   문화 때문에 그래요. 21세기의 키워드가 문화죠. 20세
          기에는 우리가 진보냐 보수냐, 좌냐 우냐, 자본가의 편
          이냐 노동자의 편이냐가 중요했지만요.

정봉주   근엄한 이념적 색채로 갈랐던 거 아니에요?

조기숙   그렇죠. 좌든 우든, 어떤 위계적인 질서가 있는 권위주
          의 문화였는데 그걸 한마디로 집단주의라고 해요. 20
          세기는 집단주의 문화의 시대였다고 할 수 있죠. 그런
          데 21세기는 좌우가 별로 중요하지 않기 때문에 젊은
          세대는 탈이념적 성향을 보여요. 21세기는 개인주의
          문화냐, 집단주의 문화냐 하는 게 갈등의 중심이 되죠.
          이념적으로만 보면 노무현이나 진보언론이나 둘 다 진
          보인데 왜 갈등했냐. 그것도 구좌파와 신좌파의 분열
          이라는 측면에서 설명될 수 있죠. 정확히 말하면 문화
          적 갈등이에요.

4장

노무현과 진보언론의 문화적 갈등

신좌파의 시작, 프랑스 68혁명

　　2차 대전 이후 냉전 시대에 미국은 유럽의 복구를 돕는 마셜플랜과 북대서양조약기구NATO를 통해 유럽을 미국 쪽으로 끌어들이기 위해 노력했다. 프랑스의 샤를 드골 대통령은 NATO를 탈퇴하고 유럽공동체 EC를 출범시켰다. 드골은 유럽의 독자적인 정치 노선을 추구하기 위해 부의 분배보다는 국력의 신장에 치중하는 경제 정책을 추진했다. 프랑스는 1958년 드골의 집권과 함께 경제적 호황을 누렸으며 1968년까지 연평균 5%의 성장률을 기록했다. 전후 베이비 붐을 타고 인구가 폭발적으로 증가하자 소비가 확산되었다. 전례 없는 번영으로 부유층이 독점하던 자동차, 텔레비전, 냉장고 등이 일반 가정에까지 보급되었다. 부의 상징이던 자가용을 노동자의 절반 정도가 갖게 되었다.[1]

그러나 1960년대 후반부터 제조업이 쇠퇴하면서 유럽은 경기침체를 겪게 되었다. 개발도상국의 부상으로 경공업 분야는 경쟁력을 상실했고, 선박·철강 분야도 성장이 정체돼 일자리가 현저하게 감소했다. 이와 함께 지역 간 불균형이나 여성, 외국인 노동자의 저임금도 사회 문제로 대두하기 시작했다. 프랑스의 임금 수준은 서유럽 산업국 중에서 가장 낮았고, 주당 노동시간은 45시간이었다. 청년 실업 문제가 점차 심각해졌지만 정부는 별 관심을 보이지 않았다. 대학 문이 활짝 열림에 따라 프랑스의 대학생 수는 1946년의 12만 3,000명에서 1961년에는 20만 2,000명, 1968년에는 51만 4,000명으로 늘어났다.[2] 1960년대에만 불과 몇 년 만에 학생 수가 두 배 이상 증가한 것이다. 대학 교육은 양적으로 팽창했지만, 그에 비해 질적 수준은 개선되지 않았다. 교육시설의 낙후, 기숙사 부족, 대형 강의실 위주의 주입식 교육, 무자비한 유

---

1) 이 절에서 다루는 68혁명의 사회적, 경제적 배경 그리고 전개 과정에 대해서는 '오제명 외, 《68·세계를 바꾼 문화혁명》, 길, 2006'을 참조해 요약했다. 저자들께 감사드린다.

2) 조지 카치아피카스, 《신좌파의 상상력》, 난장, 1999, 220쪽; 오제명, 앞의 책, 16쪽에서 재인용.

급제도, 대학의 서열화 같은 문제는 더욱 심각해졌다.

전후 세대는 어린 시절부터 물질의 풍요를 누렸는데, 이들이 대학생이 되면서 기성세대에 대한 불만을 조금씩 키워나갔다. 1960년대 후반, 프랑스 낭테르대학교를 중심으로 비판의 목소리가 규합되기 시작했다. 낭테르대학교는 교육 문제를 해결하기 위해 빈민가에 급조된 학교였다. 앞에서 언급한 대학의 문제를 모두 가지고 있었던 셈이다. 일설에 의하면 시위의 발단은 통행금지 시간을 넘겨 남학생이 여학생 기숙사에 있다 발각돼 징계를 받았는데, 이에 반발해 시작되었다고 한다. 실제로 학생들의 요구안에는 세세한 기숙사 규정을 개정해야 한다는 내용이 포함되어 있었다. 1967년 11월 17일 낭테르대학교의 사회학과에서 수업 거부를 시작하면서 시위는 파리의 모든 대학으로 확산되었다. 12월 1일 파리에 있는 모든 대학이 프랑스전국학생연합UNEF의 주도로 수업을 거부했다. 이에 대학 당국은 사복경찰을 동원하여 학생들을 사찰하고, 무장경찰을 학내에 투입했다.

한편, 1968년 1월 31일 미국 정부가 베트남 전역에 대규모 폭격을 개시하자 유럽 곳곳에서 반전 시위가 일어났다. 2월 8일에는 베를린과 로마에서 대규모의 반전시위가 벌어졌고, 파리의 라탱 지구에서는 베트남민족해방전선NLF을 지지하는 시위대가 방패와 경찰봉을 휘두르는 경찰과 대치했다. 3월 20일 베트남전에 반대하는 시위가 아메리칸 익스프레스 파리 지부 앞에서 벌어졌는데, 이때 사무실의 유리창이 박살 나는 폭발 사건이 발생했다. 사무실에 진입했던 여덟 명의 학생이 전원 체포됐다. 그중 한 명이 링글라드Langlade라는 이름의 낭테르대학교 학생이었다. 낭테르 대학교에서는 학생들이 링글라드의 석방을 요구하는 집회를 열었고, 600여 명이 강의실과 총장실을 점거했다. 이 자리에서 다니엘 콘벤디트Daniel Cohn-Bendit를 비롯해 142명의 학생이 '3·22운동' 이라는 조직을 결성했다. 이 조직은 '형식적인 지도자나 공통의 이론적 토대 없이 개인의 자율성이 철저하게 보장된 실천적 행동조직'이었다. 그 이념은 오직 '기존 체제의 파괴'에만 집중해야 한다는 것이었다. 3·22운동 조직의 활동이 갈수록 과열되자 정부도 과격한 진압 방식을 택했고,[3] 낭테르대학교의 출입문이 폐쇄되었다.

학생들은 소르본대학교에 집결하여 대대적인 항의집회를 열었다. 5월 3일 총장이 경찰에 학내 진입을 요청했고, 학내에 진입한 경찰은 527명의 학생을 체포한 후 소르본대학교마저 폐쇄해버렸다. 학생들의 체포에 항의해 전국고등교육교원조합SNESUP도 무기한 휴강을 선언했다. 이후부터 라탱 지구를 가운데 두고 학생과 경찰 사이에 바리케이드전이 시작되었다. 5월 10일 '바리케이드의 밤'이라고 명명된 날, 시위대는 소르본대학교 앞에서 집회를 열고 경찰의 무력 진압과 10년간 계속된 권위주의적인 드골 정부

---

3) 오제명 외, 2006, 앞의 책, 21쪽.

를 비판했다. 이날도 경찰은 무자비한 진압을 자행했으며 학생 수
백 명이 다치고 수백 명이 체포되었다.

프랑스가 독일과 달리 어느 정도 혁명의 결과가 사회 전반으
로 확산되는 성과를 얻은 데에는 노동자의 연대파업이 큰 역할을
했다. 5월 13일을 분기점으로 노동총동맹CGT이 학생들의 시위에
합류하면서 전국적인 총파업으로 이어졌다. 이 시위는 주로 젊은
노동자들이 주축이 된 자발적인 총파업이었으며 노조의 통제를
벗어났다고 한다. 결국 드골은 의회를 해산하고 이듬해 자신의 신
임과 연계된 지방개혁안을 국민투표에 부쳤다. 국민투표에서 개
혁안이 부결되자 1969년 4월 27일 드골은 대통령직을 사임하고
정계를 떠났다. 이어진 대통령 선거에서 드골 행정부에서 외무장
관을 역임했던 퐁피두가 대통령에 당선됐고, 프랑스는 일상으로
되돌아갔다.

신좌파가 꿈꾸는 세상

학생들의 시위가 시작되자 프랑스의
기성세대는 그들에게 이렇게 물었다.

"지금은 먹고살 만한데 뭘 더 원하니?"

청년 세대는 이렇게 답했다.

"우리가 원하는 건 물질이 아니에요. 우리를 억압하는 어떤 것도 참을 수가 없어요. 불의에 눈감고 시험의 노예가 되어 기계의 부속품으로 살란 말인가요? 우리는 인권, 평등, 박애의 정신을 원해요. 출신, 숙련 기술, 인종, 성별과 상관없이 평등하게 인간답게 살고 싶어요."

냉전 시대가 이어지는 동안 양 진영은 끊임없이 시민을 감시하고 그들의 삶을 통제했다. 공산주의 사회는 참정권을 박탈했고, 시민들은 관료적이며 경직된 국가에 의해 자유를 말살당했다. 서구 자본주의 사회는 가치와 이상을 우습게 여기고 물질적인 풍요만을 추구했다. 대량생산 대량소비로 물질적으로는 풍요로웠으나, 민주주의는 절차적 문제였을 뿐 사회 일상에서의 민주주의는 지켜지지 않았다. 특히 학생들은 드골 대통령의 권위주의적, 중앙 집중적 관료주의에 저항하며 더 많은 분권과 자율을 요구했다. 이들은 개인의 삶에 대한 국가권력의 간섭과 통제를 거부했다. 국가는 외부의 적에 맞서야 한다고 끊임없이 소리를 높였지만, 학생들은 자신을 감시하고 억압하는 국가에서 내부의 적을 발견했다. 이들은 자유로운 개인의 공동체를 꿈꾸며, 자신들을 억누르는 모든 권위와 권력, 체제, 조직에 반대했다.

학생들은 물질적 풍요보다는 정의와 인간의 존엄성, 성별, 인종, 지위에 따른 차별이 없는 세상을 꿈꾸었다. 개인의 삶을 억압하지 말라고 주장했다. 그래서 그들은 지도자 없는 시위를 했다.

그들은 아래로부터의 참여민주주의, 일상 속에서의 민주주의 실천을 원했다. 가정에서 부모와 자녀의 평등한 관계, 남녀 간의 평등한 인권, 기술 문명과 살상무기와 핵에 대한 저항, 환경과 생태에 대한 관심이 신좌파의 주요 의제다. 비록 물질은 풍요롭지 않아도 지구를 더는 파괴하지 않고, 약자를 배려하고, 서로의 인격을 존중하며, 대등한 관계에서 소통을 통해 의사를 결정하는 탈권위주의 사회가 신좌파가 꿈꾸는 세상이다.

드골 정부의 장관이었던 퐁피두가 대통령에 당선됨으로써 68혁명은 실패로 평가받았다. 지도자 없이 자발적 참여자에 의해 이뤄진 시위의 한계였을까. 하지만 누구도 68혁명을 실패한 혁명이라고 말하지 않는다. 68혁명은 독일, 일본, 미국 등의 학생시위에 영향을 미쳤고 68정신은 전 세계로 전파되었다. 이후 프랑스만이 아니라 유럽 사회 전체가 혁명적 변화 과정을 거치게 됐다.

이들 세대의 핵심 가치관을 '탈물질주의post-materialism'라고 하는데 물질보다는 가치를 중시하기 때문이다. 이들의 문화를 연구한 잉글하트Ronald Inglehart 교수는 유럽의 변화를 일컬어 '조용한 혁명silent revolution'이라고 했다.[4] 문화는 하루아침에 변하지 않지만, 세대가 교체됨에 따라 유럽을 점진적으로 그리고 혁명적으로 변화시켰다는 것이다. 이후 입시과열에서 벗어나기 위해

---

4) Inglehart, 1977, 앞의 책.

대학의 서열이 사라졌고, 파리대학교에 번호가 붙여졌다. 파리 1대학교, 파리 2대학교…. 68혁명의 이념은 여성해방운동, 언론운동, 반핵평화운동, '녹색당'과 '그린피스' 같은 환경운동, '국경 없는 의사회' 같은 인권운동 등이 성장하는 밑거름이 되었다.

68혁명의 주역들은 어려서부터 풍요를 경험했고 대학에 다닐 만큼 여유가 있는 중산층의 자녀들이었다. 노동자와 연대했기에 진보적이기는 했지만, 경제보다는 문화에 중점을 두었다는 점에서 유럽에서는 이들을 신좌파라고 부르게 되었다.[5] 68혁명에서 내세운 가장 대표적인 구호들이 그 성격을 말해준다.

"상상력에 권력을!"

"우리 안에 잠자고 있는 경찰을 없애야 한다."

"보도블록을 들면 해변이 나타날 것이다."

노사모부터 촛불 시민까지, 한국의 신좌파 운동

우리나라 탈물질주의 운동의 효시는

5) Pippa Norris, Stefaan Walgrave, and Peter Van Aelst, 2005, "Who Demonstrates? Antistate Rebels, Conventional Participants, or Everyone?" Comparative Politics 37(2): pp.189-205.

노사모라고 할 수 있다. 노사모를 연구한 김용호 교수에 따르면,[6] 이들이 우리나라에서 최초로 개인주의적이고 탈물질주의적인 특성을 나타낸 집단이라고 한다. 나는 노사모가 우리나라 최초의 68혁명 세대라고 생각한다. 19세기 말의 자유주의는 사유재산을 지키기 위한 참정권운동이었다. 즉 제1세대 시민권을 목표로 했었다. 그러나 노사모에서 시작된 친노 세력은 참여민주주의를 추구하는 제3세대 시민권자였다. 참여정부에서 일했던 모든 인사가 그렇다고는 할 수 없지만, 적어도 노무현을 지지하고 지금 문재인을 지지하는 친노 시민들은 신좌파라고 할 수 있다.

　2004년 탄핵 반대 집회는 시민단체들이 주최했지만 자발적 시민들의 참여가 있었기에 가능했다는 점에서 신좌파적인 특징을 띠었다. 하지만 그때까지만 해도 2008년 광우병 쇠고기 수입 반대 촛불집회와 같은 '민주주의 2.0'이 나타나지는 않았다. 시위 자체를 시민이 주도하는 지도자 없는 시위는 아니었다는 뜻이다. 나는 문성근, 명계남이 이끌던 노사모를 '민주주의 1.5'라고 부른다. 일반 시민을 믿을 수 없어 지도자가 이끌어야만 했던 시대를 '민주주의 1.0'이라고 한다면, 명계남, 문성근이 이끈 노사모는 1.5 정도는 된다는 말이다. 두 배우가 노사모를 시작한 것도 주도한 것

---

6)　김용호, 〈네티즌 포퓰리즘이냐, 새로운 형태의 정치참여냐?: 「노사모」사례 연구〉, 《2004 IT 정책연구 자료집: 정보 기술과 정치, 사회의 변화》 정보화 정책자료, 한국전산원, 2004-3.

도 아니지만, 대중적인 인지도가 높은 사람이 상징적 대표를 맡음으로써 단체의 공신력을 올려주었다. 이들은 실질적으로 어떤 권한도 가지고 있지 않았다. 노사모는 모든 의사결정을 회원들의 직접투표로 했던 것으로 유명한데, 자율과 자발성이라는 신좌파의 정신이 실현되었다고 할 수 있다.

최초의 지도자 없는 신좌파 운동은 2008년 촛불집회에서 시작됐다고 할 수 있다. 이때도 물론 무대를 빌리고, 사회자나 공연자를 섭외한 건 참여연대를 중심으로 한 수십 개 단체의 연대로 이뤄졌다. 하지만 2004년 탄핵 반대 집회와 달리 2008년 집회는 여중생에 의해 처음으로 시작되었고, 여기에 시민들이 가세했으며, 무대는 그 후에 부랴부랴 시민단체연대가 만들어지면서 마련됐다.

당시 집회 현장에서 나는 서강대 이현우 교수와 설문조사를 벌였다. 전국적으로 백만 명의 시민이 참여했던 6월 6일과 참가자가 감소한 7월 17일 등 두 차례의 설문조사를 하고, 연이어 서강대 사회과학연구소에서 전국에 걸쳐 1,000명을 대상으로 전화조사를 실시했다. 그 결과를 분석한 논문을 통해서 나는 이 집회가 전형적인 탈물질주의 집회임을 밝혀냈다.[7]

---

7) 조기숙 · 박혜윤, 〈광장의 정치와 문화적 충돌〉, 《한국정치학회보》 42집 4호, 2008, 243~268쪽.

이들의 특징은 일반인에 비해 교육 수준이 높고 수입도 높다는 것이었다. 전형적인 20~40대 수도권 중산층이었으며, 여성 참여자 중에서는 가정주부보다 직장 여성이 많았다. 선진국의 예를 보면 신좌파는 정치에 대한 관심이 높고, 시위에 일상적으로 참여한다. 전통사회에서는 독재에 맞서 투쟁한다거나 체제의 부당함 같은 정말로 참을 수 없는 경우에만 시위에 참여했지만, 선진국의 신좌파 시민은 대의제 민주주의를 존중하면서도 직접적인 의사 표현을 선호한다. 권위에 대한 도전의식이 있어 직접민주정의 방법을 선호하기 때문이다. 우리의 설문조사에서도 이명박 정부에 대한 불만을 표현하기 위해 시위에 참여했다고 응답한 비율이 가장 높았다. 신좌파 시위는 특정한 목표를 달성하기 위한 것보다는 단지 표현의 자유를 위해 참여하는 경향이 높다.

촛불집회 참가자는 일반 국민에 비해 신뢰 수준이 높았다. 이 말은 익명의 기부를 잘 한다는 것을 의미한다. 〈정봉주의 전국구〉에서 이뤄진 후원 상황을 봐도 그동안 가장 많은 후원을 받은 방송이 문재인이 출연한 프로그램이고, 2등은 내가 출연한 것이었다. 〈전국구〉 애청자들에게 신좌파라는 정체성을 찾아준 데 대한 보답이라고 생각한다. 이들은 누가 기부했는지 알아주지 않아도 자발적으로 후원을 한다.

나는 우리나라에 그렇게 많은 사이버 카페가 있다는 것을 그때 처음으로 알았다. 82쿡, 레몬테라스, 쌍코, 화장빨, 소울드레서 등의 취미카페가 먹거리 문제에 대한 관심에서 시작해 이명박의 일방적인 권위주의 통치에 항의하기 위해 거리로 나온 것이다. 처음으로 여성이 남성 참가자를 압도했고 유모차 부대가 등장했다. 친환경 음식 문제는 탈물질주의의 주요 쟁점 중 하나다.

당시 가장 인상적이었던 모습은 시위를 주도했던 '다함께'라는 사회주의 계열 단체의 지도자가 시민들에게 행진을 지시했을 때의 일이다. 시위대는 "누가 감히 우리한테 이리 가라 저리 가라 지시하느냐"며 확성기에서 말하는 정반대 방향으로 행진했다. 그러고는 그날 밤부터 홈페이지에 불이 났다. '다함께'를 연대 단체에서 제명하라는 요구가 빗발친 것이다. 이들은 왜곡 보도를 일삼는 조선일보사 앞에 쓰레기를 산더미처럼 쌓아놓았고, 적지 않은 금액을 모아 한겨레와 경향에 쇠고기 수입 조건 재협상을 촉구하는 광고를 게재하기도 했다. 그들에게는 시위와 축제의 구분이 모호했다. 그들은 경찰의 과잉진압에도 유머를 잃지 않았다. 경찰이 물대포를 쏘자 "온수! 온수!"를 외치며 맞섰다.

촛불집회의 특징에 대한 내 공저 논문의 한 대목을 소개한다.

촛불집회 이후의 거리행진은 1980년대의 민주화운동에서 목격했던 과격성이나 격렬함은 찾아볼 수 없을 정도로 시위와 축제의 구분이 어려웠다. 민주화 이후 사라져가던 항의나 시위의 형태가 다시 빈번하게 등장하게 된 것도 이례적이지만, 시위의 양상이나 규모, 문화가 1980년대와는 완연히 달랐다.

1980년대 운동권들은 운동을 위해 일상을 희생하는 선택을 했다면, 2008년도 시위대는 일상을 위해 운동을 선택했다. 무엇보다 일사불란한 지휘체계가 존재하지 않는다는 점이 가장 큰 차이였다.

당시 이 집회에 화가 난 이명박 대통령이 "초를 누구 돈으로 샀냐"고 질문한 것을 계기로 검찰은 노무현 전 대통령에 대한 수사를 시작했다. 신좌파 집단에는 지시하거나 동원하는 체제가 아예 없다. 신좌파는 어떤 권위에도 도전하기 때문에 누군가 자신을 통제하려 하면 즉각 반발한다. 통제와 지시로 움직이는 보수 세력으로서는 자발적인 탈물질주의자의 움직임을 죽었다 깨어나도 이해할 수 없을 것이다.

신좌파의 또 다른 특징은 자발성에 있다. 누가 시켜서 하는 게 아니라 자신들이 좋아서 하는 것이다. 민주당 내 반문 인사들은 개헌 서명을 하고 집단행동을 했더니 당원들로부터 항의 문자가 빗발쳤다고 하소연했다. 이들은 당원들이 집단적으로 움직인다고 주장한다. 자신들이 당내 민주주의를 저해하는 계파 활동과 해당 행위를 했기 때문에 민주주의에 민감한 신좌파 당원들로부터 항의를 받은 것인데, 이들은 문재인이 지지자 관리를 제대로 하지 못한 게 원인이라고 생각한다. 신좌파들은 집단적으로 일을 도모하지 않는다. 각자 개인적으로 SNS에서 소통하며 필요한 일을 할 뿐이다.

조선일보는 민주당 당원 뒤에 배후가 있다고 주장했는데,[8] 친문들은 문재인이 트윗을 한다 해서 무조건 반응하진 않는다. 싫으면 리트윗도 안 한다. 일체의 권위에 저항하기 때문이다. 그들은 문재인을 지켜주기 위해 자신이 원해서 하는 건 할 수 있어도, 문재인이 시킨다고 해서 내키지도 않는데 행동하지는 않는다. 나와 친문 당원들이 친한 건 서로 공감하는 부분이 많기 때문이다. 내가 자신들 마음에 들지 않는 이야기를 하면 나도 논쟁과 공격의 대상이 된다. 나 역시 그것을 당연하게 받아들이며 내 나름의 논리로 대응하고 맞선다. 집단주의적인 사고를 하는 보수와 구좌파는 이런 사실을 도저히 믿기 어려울 것이다.

진화된 신좌파 운동의 최근 예는 이화여대에서 최경희 총장의 퇴진을 요구했던 학생들의 느린 민주주의, 달팽이 민주주의라고 할 수 있다. 지도부가 없었기에 조율 과정에서 시간이 많이 걸렸고, 협상의 대상이 없으니 협상 자체가 불가능했다. 그것이 학생들이 끝까지 버티는 힘이 되었고, 대통령을 탄핵까지 몰고 간 박근혜-최순실 게이트가 드러나는 중요한 실마리를 제공했다. 대규모

---

8) 김아진 · 박국희, 〈문재인 비판하는 여야 의원에 '욕설' 문자에 '18원 후원금' 쏟아져〉, 《조선일보》, 2017. 1. 7.

시위는 뒤늦게라도 시민단체가 결합해 명목상 시위를 준비하는 지도부라도 꾸려지는데, 이화여대 학생들의 시위에서는 지도부가 아예 없었다. 이대생의 시위는 진정한 참여민주주의의 핵심을 잘 보여주었다. 평화적이면서 총장 퇴진이라는 실질적인 열매도 얻은, 여러모로 68혁명보다 훌륭하고 진화된 시위였다고 할 수 있다.

늘 스스로 부끄럽지 않게 살아왔다고 자부했는데 처음으로 학생들에게 부끄러움을 느꼈다. 그런 이대 학생들이 너무나 자랑스럽다.

권위에 맞서다

문화란 "한 사회가 만들어내고 보존해가는 예술, 사상, 및 제도의 복합물을 의미한다."[9] 일찍이 전 세계의 문화를 체계적으로 연구하는 방법에 관심을 가졌던 호프스테드Geert Hofstede는 문화를 "한 집단이나 범주의 사람들을 다른 사람들과 구분하는 집단적인 마음의 프로그래밍collective programming of the mind"이라고 정의했다. 그는 문화의 핵심이 가

---

9) 어수영·한배호, 〈한국 정치 문화의 변화와 지속성에 관한 연구〉, 《한국정치학회보》 제30집 3호, 1996, 81~104쪽.

치관values에 의해 구성된다고 주장했다.[10]

신좌파는 왜 탈권위주의 문화에 집착하게 되었나? 이 분야 권위자인 잉글하트 교수의 주장을 내 공저 논문에 축약해서 설명했는데 그 일부를 이곳에 약간의 수정을 거쳐 옮겨보겠다.[11]

잉글하트 교수는 매슬로A. Maslow의 욕구 단계 이론hierarchy of needs에 기초하여 발전시킨 탈물질주의론을 두 가지 하위 이론으로 설명한다. 하나는 '희소성의 이론'으로, 인간은 현재 상황에서 충족되거나 풍부하다고 여겨지는 가치나 대상보다는 부족하거나 희소하다고 여겨지는 것을 추구하고 중시한다는 것이다. 탈물질주의자들이 물질적 가치나 조건을 등한시하는 것이 아니라, 그것이 이미 충족되었으므로 상대적으로 부족하게 느껴지는 정신적·정서적 가치를 더 추구한다는 의미다.

두 번째는 '사회화 이론'이다. 인간의 가치관은 성인이 되기 전에 형성되므로 청소년기에 탈물질주의적 가치관이 만들어지면, 성인이 되어 환경에 변화가 있더라도 쉽게 변하지 않는다는 것이다. 잉글하트 교수는 몇 세대에 걸친 시계열 연구를 통해 전후 경제 성장을 경험한 세대가 성인이 된 이후에도 탈물질주의적 가치관을 유지하고 있음을 밝혀냈다. 반면 청소년기에 물질적 궁핍을

---

10) Hofstede, Geert and Gert Jan Hofstede, 1997, *Cultures and Organizations: Software of the Mind*, London: McGraw Hill.

11) 조기숙·박혜윤, 2008, 앞의 글.

경험한 사람은 성인이 된 후 경제적 상황이 개선되더라도 여전히 물질주의적 가치관을 지닌다고 한다. 탈물질주의자 중에 젊은이들의 비율이 높다고 해서 이것이 단순히 나이 때문에 그런 건 아니라는 뜻이다.

잉글하트 교수는 개인의 교육 수준을 탈물질주의 가치관을 형성하는 데 영향을 미치는 주요한 요인 중 하나로 보았다. 교육 수준은 개인의 경제적 안정 외에도 수준 높은 의사소통 기술을 제공하고, 비슷한 지적·사회적 능력을 갖춘 집단의 일원으로서 인적 연결망에 속할 가능성도 높여준다. 개인의 현재 소득이나 직업도 영향을 미칠 수 있을 것이라 추정했으나, 연구 결과 그 효과는 미미하거나 확실치 않은 것으로 나타났다. 물론 탈물질주의 가치관을 지닌 사람이라 하더라도 물가 상승이나 실업률 상승과 같은 당시의 사회·경제 상황에 따라 단기적으로 물질주의적 가치관을 중시할 수는 있다고 한다. 그러나 사회·경제적 상황이 호전되면 이들은 장기적으로는 다시 탈물질주의 가치관으로 돌아오는 경향이 있다고 한다. 그는 탈물질주의 가치관이 비교적 약한 제3세계나 구공산권 국가에서도 장기적으로는 탈물질주의 가치관의 증가를 경험하게 될 것이라고 예측하기도 했다.[12]

---

12) Inglehart, Ronald and Gabriela Catterberg, 2002, "Trends in Political Action: The Developmental Trend and the Post-Honeymoon Decline," IJCS 43, No.3-5, 300-316.

먹고사는 게 어려운 사회에서는 문화에 관심을 가질 겨를이 없다. 전통사회에서 물질과 안전이 중요한 이유다. 우리 사회도 어느 정도 먹고살 만해지면서 사람들이 문화의 중요성에 눈을 돌리게 되었다. 신좌파는 빌 게이츠나 워런 버핏처럼 성공하지는 않았어도 먹고사는 데 별 불편함이 없는 사람들이다. 우리 사회의 중산층, 신주류라고 할 수 있다. 우리 사회에서 문화가 꽃핀 데에는 김대중 대통령의 당선으로 시작된 민주화와 문화 정책이 큰 기여를 했다. 민주주의만이 창의력을 함양하고 학교에서 진정한 교육을 할 수 있게 한다. 김 대통령이 인터넷 인프라를 구축하고 벤처창업을 촉진한 공도 신좌파 문화의 확산에 기여했다고 생각한다. 이 점에서 나는 노무현이 김대중의 아들이라고 생각하고, 김대중이 신좌파의 아버지라고 생각한다. 김대중 대통령이 없었다면 노무현과 신좌파 운동의 탄생도 없었을 것이다.

우리나라 한류의 발전에 대해 연구한 학자들은 한류가 정부의 적극적인 지원에 힘입어 영화, 드라마 등에서 시작됐다고 주장한다.[13] 미국처럼 할리우드라는 민간 영역에 의해 영화 산업이 발전한 게 아니라 정부가 집중적 투자를 통해 주도적으로 육성했다는 말이다. 그에 따라 김 대통령은 "우리 영화의 시장 점유율이

13) 노순규, 〈한류(K-POP)의 성공 요인과 발전 전략〉,《한국인사관리학회 학술대회 발표논문집》, 한국인사관리학회, 2012.

40%를 넘으면 쿼터제를 폐지하겠다"는 믿기 어려운 자신의 공약을 성취한 대통령이 되었다.

문화를 이야기하다 보니 김구 선생님이 〈나의 소원〉에서 꿈꾸었던 문화 국가를 언급하지 않을 수 없다.

나는 우리나라가 세계에서 가장 아름다운 나라가 되기를 원한다. 가장 부강한 나라가 되기를 원하는 것은 아니다. 내가 남의 침략에 가슴이 아팠으니 내 나라가 남을 침략하는 것을 원치 아니한다. 우리의 부력富力은 우리의 생활을 풍족히 할 만하고, 우리의 강력强力은 남의 침략을 막을 만하면 족하다. 오직 한없이 가지고 싶은 것은 높은 문화의 힘이다. 문화의 힘은 우리 자신을 행복하게 하고 나아가서 남에게 행복을 주겠기 때문이다.

문화 국가는 국가가 이상적으로 도달할 수 있는 최후의 상태라고 생각한다. 요즈음 국제관계도 군사력과 경제력을 위주로 했던 국제정치에서 문화와 민주주의 가치를 중시하는 공공외교로 전환되고 있다. 그 옛날에 오늘날의 변화를 미리 내다본 김구 선생님의 혜안이 놀라울 따름이다.

탈권위의 상징, 나꼼수

나꼼수도 탈권위주의의 상징이며 신좌파 문화의 특징을 그대로 보여준다. 나꼼수가 폭발적 인기를 얻은 데에는, 정봉주 전 의원의 주장처럼, 2007년 정권이 바뀌고 난 후 4년간 반동의 시대를 지내며 눌러왔던 분노가 폭발한 것도 큰 이유라고 본다. 하지만 나는 여기에 노무현 정부 5년간 노무현이 대통령으로서 욕까지 먹어가며 탈권위주의 문화를 확산시킨 게 큰 밑거름이 되었다고 생각한다. 나꼼수 콘서트를 보고 나오다 외신과 인터뷰를 한 적이 있다. 이후 기사가 어떻게 나왔나 찾아봤더니 '나꼼수는 노무현 오마주 방송이다'라고 정의되어 있었다. 정확한 평가라고 본다.

정봉주 전 의원에 의하면 나꼼수를 가장 많이 비판했던 게 진중권 교수와 허지웅 씨였다고 한다. 진 교수는 정치적으로 논쟁적이었던 다수의 사안에서 진보진영을 비판함으로써 보수언론으로부터 사랑을 받았고, 유일하게 양심적인 진보 인사라는 이미지를 얻었다. 하지만 그로 인해 곽노현과 이정희는 회복할 수 없는 상처를 입었다. 진 교수는 나꼼수가 제기했던, 박원순 후보가 재보궐 선거에 출마했던 선거 날의 디도스 공격에 대해서도 음모론이라고 비판했지만 모든 게 사실로 드러났다.[14]

곽 교육감은 억울하게 옥살이를 했다는 점이 헌재의 결정에 의해 밝혀졌고, 이에 경향신문은 사과를 했다. 그런데 진 교수는 여전히 곽 교육감의 유죄를 확신하는 발언을 해 트위터리안의 빈축을 샀다. 그 과정에서 트위터상으로 설전이 벌어졌는데 진 교수는 나를 멍청하다고 말했다. 그러나 막상 법률 토론을 하기로 약속한 시간에는 나에게 딸기나 먹으라며 토론을 피했다. 내가 나꼼수의 디도스 공격 의혹을 지지했을 때는 "교수가 나꼼수 같은 거나 좋아하다니 한심하다"고 말했다. 이런 비난은 진 교수가 엘리티즘에 얼마나 심각하게 젖어 있는지를 보여주는 증거라고 할 수 있다.

진보신당 출신의 정치인들이 리버럴리스트(자유주의자)인 것처럼 행동해 신좌파와 헷갈릴 때가 많은데, 가장 뚜렷한 차이는 문화에서 발견된다. 권위주의자는 남을 무시하고 비하하는 반면, 개인주의자는 타인을 존중해야 대화가 가능하다고 생각한다. 진 교수는 자기 혼자만 양심적으로 결벽하다는 듯 다른 모든 사람을 쉽게 단죄하고 칼질하는 경향을 보인다. 그 때문에 많은 진보진영 인사가 곤경에 빠졌지만 사과도 하지 않았다. 2012년에는 안철수를 지지해 그를 따르는 많은 시민에게 영향을 미쳤다. 그런데 대선 후 안철수를 비판하기 시작하면서도 자신의 판단 착오에 대해서는 사과 한마디 없었다.

---

14) SBS 〈그것이 알고 싶다〉, 2017. 2. 11, 2017. 2. 18.

그러나 진 교수의 장점은 계속 자기발전을 통해 변화하고 있다는 점이다. 요즘은 그가 거의 신좌파가 된 듯하다. 그의 전두엽이 여전히 살아 있다는 증거가 아닐까. 전두엽이 쪼그라든 사람은 진정한 의미의 진보가 될 수 없다고 믿기에 나는 진 교수의 무한한 발전 가능성을 믿고 있다. 대체로 뇌가 굳은 사람은 공감 능력이 없다. 한자리에서 논리적으로 모순되는 정반대의 말을 할지언정, 어떤 경우에도 상대의 말에 절대로 동의하지 않는다. 나는 다른 팟캐스트를 녹음하면서 이런 경험을 한 적이 있는데 그 후부터는 대화가 안 되는 사람을 설득하려는 노력 자체를 포기했다. 구좌파는 너무나 멀리 있는 서양의 추상적인 민중에 대한 사랑에 눈이 멀어, 이 땅의 이웃에게는 관심이 없는 것 같다는 결론을 내렸다.

반면, 허지웅 씨의 경우는 '사과를 하지 않으면' 영화에서라면 몰라도 정치적 발언의 기회는 제한되어야 한다고 생각한다. 즉, 시민징계리스트에 이름을 올리자는 주장이다. 정부의 블랙리스트는 사상에 대한 사전검열로, 이는 표현의 자유를 위반하는 것이라 어떤 정부에서도 허용되어서는 안 되는 불법 행위다. 그러나 시민징계리스트는 자율적인 정화를 위해 꼭 필요한 일이다. 방송국에서도 마약, 도박, 불륜, 성매매, 음주운전 등으로 물의를 일으킨 연예인을 걸러내는 자체 리스트를 가지고 있다.

시민징계리스트란 연예인만도 못한 언론인이나 논평가의 사회적 책임을 강화하기 위해 시민들이 자발적으로 만든 리스트다.

블랙리스트의 원래 의미는 관찰 대상 명단이며 국가에서는 주로 테러리스트 같은 위험인물을 감시하는 데 사용한다. 시민들은 이를 낙선·낙천 대상자, 불매기업 명단으로도 사용한다. 김기춘, 조윤선의 블랙리스트가 문제가 된 건 정권에 비판적인 문화인을 원천적으로 배제하는 불법을 저질렀기 때문이다. 시민들은《친일인명사전》처럼 시민징계리스트를 더 많이 만들어야 사회정의에 기여할 수 있다고 본다. 노무현 대통령도 결국 민주주의란 언론, 정부, 권력기관에 대한 시민의 통제를 어떻게 강화해갈 것이냐 하는 문제라고 했다. 물론 나에 반대하는 사람 역시 이유를 밝히고 나를 리스트에 넣을 수도 있다고 생각한다.

'노무현과 이명박의 차이를 모르겠다'는 허지웅의 주장은 개인의 의견이니 존중받아야 한다고 생각한다. 하지만 '일베와 친노가 똑같다'는 주장은 사과 없이는 용서해서는 안 된다고 본다. 일베는 박근혜가 정상적인 대통령이 아니었기에 합법 사이트로 남아 있고 처벌받지 않을 뿐이지, 선진국 같았으면 혐오 발언으로 진즉 처벌받았을 것이다. 우리나라도 이를 처벌하는 혐오 발언 금지법이 현재 입법 예고되어 있다. 새 정부가 들어서면 통과되리라 믿는다.

누구도 자신이 선택할 수 없는 인종, 출신 지역, 연령, 성별, 게다가 약자라는 이유로 비하 발언을 들을 이유는 없다. 하지만 일베는 사회적 약자만 골라서 비하했다. 유럽에서는 히틀러를 옹호한다든지, 히틀러가 했던 일을 미화하려 하거나 희석하려는 어떤 행위도 법적으로 처벌받는다. 외국인이나 고등학생이 '하일 히틀러Heil Hitler' 비슷한 행동만 했을 때도 처벌 대상이 됐다. 정도의 차이가 있을 뿐 일베도 이와 다르지 않다. 오죽하면 일베 회원을 '일베충'이라고 부르겠는가. 영화 분야야 내가 상관할 일이 아니지만, 정치 분야에서는 허지웅씨가 도덕적으로 용납될 수 없는 발언을 했으니 정치적 발언을 하고 싶으면 먼저 자신의 잘못에 대해 사과해야 한다는 것이다.

허지웅은 노사모와 일베가 행태상 차이가 없고 적대적 공생관계라고 주장했다. 적대적 공생관계란 우리나라의 보수 세력과 북한 정권의 관계처럼, 겉으로는 적대적으로 보이지만 서로의 존재로 인해 자신의 존재 가치를 인정받는 걸 의미한다. 하지만 친노는 신좌파 시민들이고 유럽의 역사를 봐도 민주주의 발전에 꼭 필요한 바람직한 집단이다. 허지웅이 곽노현 교육감을 부당하게 공격해 친노들이 SNS에서 허지웅을 비판한 것이지, 가만히 있는데 괜히 그랬겠는가. 그는 자신의 잘못을 반성하는 대신 친노에게 원망의 마음을 가지고 있었던 듯하다. 그런 와중에 〈변호인〉이 개봉되기 전 광고 포스터에 친노는 10점, 일베는 0점을 주는 경쟁이 벌어진 것 같다. 일베가 0점을 주는 것은 잘못된 것이다. 왜냐하면 1,100만이 넘는 영화의 흥행을 봐도 0점은 비정상적인 점수이기 때문이다. 하지만 허지웅은 친노가 영화를 보기도 전에 10점을 췄으니 일베와 같다고 주장했다. 친노는 이미 시사회를 통해 영화를 본 사람이 많았다. 그리고 노무현의 삶을 잘 알고 있기 때문에 영화가 감동을 줄 것이라고 예측할 수 있었다고 본다.

무엇보다 노사모와 일베는 전혀 닮은 점이 없다. 노사모는 일베가 없이 탄생했고 일베가 사라져도 건재할 것이다. 따라서 노사모와 일베의 관계를 굳이 정의한다면 숙주와 기생충의 관계라고 할 수 있다. 즉, 일베는 노사모에 기생해서 살아가는, 사회에 해를 끼치는 기생충과 같은 존재다. 하지만 노사모는 우리 사회가 발전하는 데 꼭 필요한 원동력이고 민주주의 정치체가 존재하는 한 영원히 사라지지 않을 것이다. 유럽의 역사를 봐도 국민 중에서 이들이 차지하는 비율은 극심한 경기 침체기를 제외하고는 점점 증가한다는 게 이 분야 권위자인 잉글하트 교수의 예측이다. 민주주의는 모든 발언을 허용하는 게 아니라 민주주의의 가치에 동의하는 사람의 발언만 허용한다. 민주주의를 위협에 빠뜨리는 일베의 자유는 사법적 처벌의 대상이라는 게 선진 민주국의 기준이다.

팟캐스트에서 이와 관련된 이야기를 할 때, 정봉주 전 의원이 허지웅 같은 연예인은 상대하고 싶지 않다며 내 말을 도중에 자꾸 끊었다. 그래서 처음부터 다시 시작하곤 했는데, 팟캐스트에는 마치 내가 이 부분을 몇 번이나 강조해서 말한 것처럼 나온다. 그런 연유로 편집 과정에서 그리된 것이지 이 부분이 그렇게 강조할 만큼 중요한 건 아니다. 다만, 요즘에는 연예인이 정치평론가보다 발언의 영향력이 더 크다. 따라서 나는 허 씨가 사과하지 않고 공적인 매체를 통해 정치적 발언을 이어간다면 지속적으로 비판할 생각이다. 일베의 반사회적 성격에 대한 관심을 높이기 위해서라도 나는 허 씨에게 사과를 촉구할 생각이다.

그러나 구좌파는 사과를 자신의 정체성에 대한 도전이라고 생각해 잘 하지 않는다. 게다가 부자에게는 벌금형이 그다지 큰 제약이 되지 않지만 서민에게는 같은 액수의 벌금형이 중벌이 될 수도 있는 것처럼, 일반인에 비해 연예인으로서 그는 사과를 했을 때 더 큰 타격을 받을 것이다. 따라서 허 씨가 반드시 공식적인 사과를 하지 않아도 기회가 있을 때 자신의 과거 발언에 대해 후회나 유감의 뜻을 표한다면, 나는 사과로 받아들일 생각이다. 그가 사과를 통해 보다 활발히 정치적 발언을 이어가길 기대한다. 그래야 시민들도 일베의 반사회성, 범죄성에 대해 새로운 학습의 기회를 갖게 될 것이기 때문이다.

구좌파 지식인의 착각

경향과 한겨레, 시사인까지 포함하여 언론인들이 가장 존경하는 지식인은 최장집 교수라고 생각된다. 최 교수는 대표적인 구좌파 지식인이다. 그런데 그는 이명박 정부의 검찰 장악, 미국과의 일방적 쇠고기 수입 조건 협상, 밀어붙이기식 4대강, 의회 내 독주 등에 대해 민주주의 후퇴가 아니라고 강변했다. 2008년 촛불집회가 일어나자 촛불을 끄고 국회로 들어가야 한다고 소리쳤다. 보수 논객 이문열 씨의 주장과 뭐가 다른지 모르겠다. 촛불은 일상 속에서의 민주주의를 말하는데, 최 교수는 민주/반민주 프레임에서 벗어나 정면에서 사회·경제적 문제를 다뤄야 한다고 주장한다. 촛불은 제3세대 시민권을 말하는데, 최 교수는 제1세대 시민권은 성취했으니 제2세대 시민권으로 넘어가자고 주장하는 것이다. 그는 노무현 대통령의 대연정에 대해 무능함을 숨기기 위한 알리바이라고 질타하기도 했다.[15]

　　우리 사회의 우파나 좌파는 강한 국가주의를 추구한다는 점에서는 차이가 없다. 우파는 국가가 재벌들에게 특혜를 주는 걸 당연하게 생각한다. 세계적 기업과의 경쟁에서 살아남을 수 있도록 해야 한다는 게 이유다. 좌파 또한 강력한 국가가 재벌을 규제하고 보편적 복지와 소득 분배를 통해 경제적 평등을 이룩해야 한다고 생각한다. '조동문'과 '한경'에 나타났던 제왕적 대통령제 프레임은 그냥 생긴 것이 아니다. 한편으론 가장 민주적이었던 노 대통령을 제왕적 대통령이라고 비판하면서, 다른 한편으론 제왕

---

15) 최장집,《민주화 이후의 민주주의: 한국 민주주의의 보수적 기원과 위기》, 후마니타스, 2002.

적 대통령으로서 경제 문제를 일거에 해결하지 못했다고 비판했다. 제발 부탁하건대, 어느 쪽이든 하나만 택하시라. 제왕적 대통령이 싫다는 건가, 제왕적 대통령이 되어달라는 건가. 보수언론이야 비논리적이라는 걸 알면서도 정치공세를 하기 위해 던지는 거지만, 소위 진보 지식인들이 원하는 게 뭔지는 아무리 생각해도 알 길이 없다.

참여정부 말기, 소위 진보 지식인들이 "노무현, 유시민, 조기숙은 진보가 아니니 진보 논쟁에 끼지 말라"고 일갈한 적이 있다. 20세기 이야기라면 이들이 맞다. 좌파가 진보였다. 그런데 노무현은 21세기 최초의 대통령이다. 나는 오히려 구좌파만이 진보라고 생각하는 그들이 더는 진보가 아니라고 생각한다. 노동만이 최고의 가치이고 노동자만이 사회의 진보를 이룬다는 생각은 이미 20세기의 흘러간 노래일 뿐이다. 세상은 빠르게 변화하고 있고, 1968년의 혁명과 세대교체를 거치면서 유럽은 혁명적으로 변화하고 있다. 우리는 1987년 참정권을 획득했고, 1988년부터 1990년대 초까지 지속된 노조의 파업과 노동쟁의로 노동자의 인권과 권익 측면에서 비약적인 발전을 이뤘다. 이때 제2세대 시민권을 위해 가장 열심히 싸웠던 사람이 노무현, 문재인 같은 노동·인권 변호사였다.

1997년 금융위기 이후 김대중 정부는 IMF의 권고를 받아들여 노동시장의 유연화를 단행해야만 했다. 다수 국민이 노조의 보호를 받지 못하는 비정규직으로 내몰리게 됐다. 하지만 2004년 의회에 진입한 민주노동당은 노동자의 권익 향상을 위해 어떤 성과를 얻었는가. 무언가를 이루기에는 그들 의원 수가 턱없이 부족했다는 점은 이해한다. 그들은 제2세대 시민권운동을 통해 집권도 해보기 전에 신좌파인 노무현에게 정권을 빼앗겼다. 그들은 노무현 정부가 영국의 자유당인 줄 알고 열심히 때렸다. 노무현만 실패하면 곧 자신들의 세상이 올 것만 같았다고 말했다. 하지만 우리는 영국이 아니다. 북한과 여전히 대치 중인 상황이고, 6·25를 겪은 국민이 절반 이상인 나라에서 빨갱이 증후군을 어떻게 극복할 수 있겠는가.

　이보다 더 중요한 건 인터넷 혁명이 가져온 사회의 변화다. 지식정보화 사회는 시민들에게 과거와는 비교할 수 없는 권력을 쥐어주었다. 압축적인 민주화 과정에서 우리는 제2세대를 건너뛰었고, 민주화 30년이 채 되기도 전에 제3세대 시민운동에 맞닥뜨리게 된 것이다. 노무현은 인터넷을 활용해 대통령이 된 세계 최초의 인물이다. 노 대통령이야말로 21세기 진보다. 나는 노무현이 대한민국에서 가장 진보적인 정치인이었다고 생각한다. 정보화 시대에 계급정당을 주장하는 최장집 교수야말로 과거 지향적이라고 생각한다. 한국 시민은 서구보다 앞서나가고 있는데 최 교수는 아직도 서양의 20세기를 이상적 모델로 생각하기 때문이다.

　최 교수는 양극화도 제대로 해결하지 못한 노무현은 진보가 아니라고 답할 것이다. 그러나 21세기에는 경제가 아니라 탈권위주의 문화가 핵심이다. 무엇보다 중요한 건, 노무현은 경제 문제에서도 진보적이었다는 점이다. 김대중 전 대통령이 전격적으로 실시한 기초생활 보장에 이어 치매보험, 정부의 육아비 지원, 근로장려세 등 새로운 복지제도를 많이 도입했고, 암 치료비용의 90%를 의료보험에서 지불하도록 혜택도 늘렸다. KTX를 포함한 공기업의 민영화에도 반대했다. 그런데도 일부 구좌파는 인천공항을 사기업에 매각하려 한 이명박과 노무현이 같다고 말했다. 노 대통령이 한·미FTA를 체결했기 때문이다.

노 대통령이 한·미FTA를 체결하자 소위 진보언론과 지식인은 왼쪽 깜빡이 켜고 우회전을 했다고 비판했다. 하지만 세계화와 자유무역이 신자유주의라며 꼬리표를 붙이는 것은 합리적 토론을 막는 정치공세일 뿐이다. 우리는 수출로 먹고사는 나라다. 수출이 우리만큼 중요하지 않은 유럽의 대다수 좌우 정당도 EU에 동의했다. EU는 자유무역뿐만 아니라 화폐의 통일, 노동력의 이전까지 포함하는 거대한 세계화다. 여기에 반대하는 건 소수의 극우 세력뿐이다. 트럼프나 샌더스 같은 극우, 구좌파만이 보호무역을 지지한다.

신좌파의 공통점은 문화이며, 이것이 이들을 하나로 만드는 핵심 쟁점이다. 일체의 권위, 국가의 개입을 부정하는 리버럴리스트들이다. 이 점에서 19세기 자유주의와 유사해 보인다. 손호철 교수를 비롯해 많은 구좌파 교수가 참여정부와 노무현을 19세기 영국의 자유주의자와 동일시하는 오류를 범한 이유가 여기에 있다. 하지만 신좌파와 19세기 자유주의 세력은 공공성에 대한 시각에서 큰 차이를 보인다. 참여정부 시절 가장 유행했던 단어가 '삶의 질'과 '웰빙' 아니었던가. 이러한 점에서 참여정부는 진보적 자유주의 정부였다.

구좌파를 위한 변명

내가 구좌파의 문화를 충격적으로 느낀 건 세 명의 대학 동문이 농민으로 살아가는 삶을 영상에 담은 〈땅의 여자〉라는 다큐 영화를 통해서였다. 요즘에도 틈틈이 베란다에 텃밭을 가꿀 만큼 농사에 관심이 많아 택한 영화였다. 한 명은 아이들의 마을 교사로 활동하고, 한 명은 할머니들과 전농운동을 하기도 하고, 한 명은 민노당으로 지역에 출마하기도 한 세 여성 농민의 이야기를 보면서 나는 원했던 힐링을 얻은 게 아니라 눈이 퉁퉁 붓도록 울고 말았다.

그중 한 명이 민노당으로 선거에 출마한다. 물론 경상도라 당선 가능성은 없다는 걸 자신도 알고 있다. 그즈음 남편이 당뇨 진단을 받는다. 남편은 아내에게 선거에서 떨어지면 또 실망하니까 나가지 말라고 한다. 하지만 그녀는 "나가기 싫다고 안 나갈 수 있나요. 당이 나가라고 하는데"라면서 선거에 출마하고, 이에 우울증까지 겹친 남편은 스스로 목숨을 끊고 만다. 그 여성 후보의 희생은 너무나 아름다웠지만, 당이 나가란다고 나가는 그 희생정신을 나는 도무지 이해할 수 없었다. 최근 이 영화에 대한 다른 사람들의 감동과 격려 댓글을 보며 나는 또 한 번 놀랐다. 21세기에 들어선 지가 벌써 강산이 변하고도 남을 만큼인데, 집단을 위해 개인을 희생하는 집단주의 문화가 여전히 이토록 강하다니 도무지 이해할 수 없었다. 세 여성 농민의 삶은 너무나 해맑고 아름다웠지만 구좌파와 신좌파의 엄청난 문화적 갈등을 보며 충격을 받았다.

통합진보당이 만들어질 때 이해찬 의원이 이끄는 '시민주권'이란 모임에서 강의를 한 적이 있다. 그 자리에서 나는 결국 신좌파와 구좌파 사이에 문화적 갈등을 어떻게 극복하느냐가 과제인데, 쉽지 않을 것 같다고 우려를 표했다. 아니나 다를까, 통합진보당에서 참여계와 진보신당계가 분화되어 따로 정의당을 만들었다.

엘리트 운동권 구좌파의 시각으로 보면, 이념적으로나 문화적으로나 노무현이 같은 편이라서 찍었는데 대통령이 되고 보니 배신당한 느낌이 들었을 수도 있다. 그래서 마구 때린 것일 수도 있다. 보수언론도 때리고 같은 편인 줄로 알았던 진보언론도 때리니, 정치에 별 관심이 없는 국민은 노무현이 잘못했다고 생각했을 것이다. 선거 때가 아니면 국민은 정치를 관심 있게 보지 않는다. 따라서 평상시 대통령의 지지도는 언론의 반영 그 이상도 이하도 아니다. 그래서 노무현의 지지도가 낮았던 것이다. 최장집 교수는 지지도가 낮고 선거에서 패했으니까 참여정부는 실패했다고 주장했다. 노 대통령의 지지도는 그의 서거 후에야 올라간 것처럼 보였다. 하지만 사실 2008년 촛불집회 때 이미 노무현 대통령의 지지도는 50%였다. 임기 직후 벌써 재평가를 받은 것이다. 어쨌든 노 대통령 서거 이후 구좌파들도 추모행렬에 동참했다. 그러나 한 1년쯤 지나고 나서는 "추모와 평가는 별개"라는 말을 하기 시작했다.

구좌파의 시각으로 볼 때 경제적 분배를 제대로 하지 못했다는 점에서 노무현의 업적은 보잘것없는 것이었다. 하지만 참여정부는 1년 만에 우리 국민의 정치만족도를 아시아 최하위(25%)에서 1등(75%)으로 만들어놓았다. '새 정치'를 하겠다는 게 노무현의 공약이었다. 노무현 후보가 분배 정책을 한다고 공약했다면 성장 이데올로기에 머물러 있던 당시 한국 유권자가 그를 찍었을 리가 없다. 여론적 지지가 없으니 양극화 의제를 제기하고도 해결할 수단이 없었던 것이다. 2006년 신년연설에서 노 대통령이 복지계획을 내걸고 증세에 대해 사회적 합의를 만들어달라고 호소했을 때, 최장집 교수와 그 제자들은 무얼 하고 있었는지 묻고 싶다. 제3세대 시민권으로 옮겨갈 준비가 안 돼 있던 구좌파 지식인에게는 정치개혁이 의미가 없었을지도 모른다. 지지도가 낮아서 실패했다는 노무현이 지금은 역대 대통령 중 지지도가 1위다. 그런데 그들은 아직도 노무현이 실패했다고 주장한다. 자신들이 틀렸음을 인정하면 정체성에 혼란이 오기에 받아들일 수 없는 것이다.

물론 구좌파는 20세기의 진보적 가치, 즉 경제적 평등을 위해 사익을 추구하지 않고 올인했다. 진보언론과 운동권의 길을 택해서 사회정의를 위해 싸운 이들에게 구좌파로서의 가치는 모든 것에 우선한 '옳음'이다. 옳음을 위해 자신의 일생을 바쳤기 때문에 이게 자신의 정체성이 돼버렸다. 자기가 틀렸다는 걸 인정하는 건 자신의 정체성을 부정하는 것과 다름없기에 인정하기가 쉽지 않을 것이다. 절대로 성찰이나 사과를 하지 않는 구좌파의 태도가 내게는 또 하나의 문화적 충격이지만 다름으로 이해는 한다.

집단주의와 권위주의, 그리고 왕따

왕따는 집단주의 문화의 산물이다. 집단주의는 효율성을 위해 위계적으로 편성되기에 필연적으로 권위주의를 낳는다. 진보언론이 보수언론 못지않게 노무현을 싫어하는 데에는 문화적 갈등도 한몫했다고 생각한다. 과거의 대통령은 권위로 대통령의 존재를 인식시켜줬는데, 노무현은 권위라고는 조금도 없어 진보적 언론인들에게는 우습게 보였을 수 있다. 그러나 노사모와 신좌파는 노무현을 진정으로 사랑하고 존경했다. 노무현이 권위적이지 않다고 해서 신좌파 시민이 그 권위를 인정하지 않은 건 아니다.

　노무현 대통령을 지지하는 사람들은 직장 내에서도 커밍아웃을 하지 못한다. 우리 사회 곳곳에 친노 왕따 문화가 있기 때문이다. 심지어 내가 대중과 SNS를 하거나 팟캐스트에 나오는 것조차 싫어하고 욕하는 교수들이 있다. 그 이유는 '교수의 권위를 떨어뜨려 교수들을 단체로 욕 먹인다'는 것이다. 내가 대중과 소통하느라 연구를 게을리한다면 얼마든지 욕할 수 있다고 본다. 그러나 나는 강의를 하나 면제받을 만큼 연구 실적이 많은 사람 중 하나다. 내가 누구나 할 수 있는 정치평론을 하는 것도 아니고, 경험적 연구에 기초한 연구 결과를 대중과 공유하고 있다. 그런데도 권위적인 문화에 젖은 사람은 내 행동을 이해하기 어려운 듯하다. 게다가 교수 한 사람이 교수 집단 전체를 욕 먹인다는 사고는 집단주의적 발상의 전형적인 예다.

　정봉주 전 의원에 따르면, 사실 광고 효과는 정규 라디오 방송이나 TV보다 팟캐스트가 더 높다고 한다. 나만 해도 팟캐스트 광고를 듣고 베개, 보험, 중고 자동차 등을 구매하니 광고 효과가 결코 적지 않을 것이다. 그러나 권위주의 문화에 사로잡힌 사람이라면 팟캐스트에 광고하는 걸 이해하지 못할 것이다.

　왕따 현상은 질투심이 하나의 원인이 되기도 한다. 정봉주 전 의원은 민주당이 정청래, 표창원 두 의원을 징계한 심리에는 이들이 친문이기 때문이기도 하지만 시기와 질투심이 저변에 깔려 있는 것 같다고 말했다. 평소에 질투하다가 좀 잘못한 게 나오니까 울고 싶은데 뺨 때려주는 격으로 집중 공격했다는 것이다. 질투심이야말로 집단주의 문화의 대표적 유산이다. 개인주의 문화에서는 나를 다른 사람과 비교조차 하지 않는다. 김연아에게는 늘 김연아가 경쟁 대상이었다. 자기 스스로를 이기는 게 개인주의자들의 특징이기 때문이다. 그런데 집단주의자들은 남과 비교하기 때문에 질투심이 많다. '사촌이 땅을 사면 배가 아프다'는 속담도 집단주의 문화에서 나온 것이다.

　기본적으로 집단주의는 인간의 본성에 내재되어 있는 것인지도 모른다. 사회심리학자인 타지펠 교수의 유명한 실험연구가 있다.[16] 실험 대상자들에게 점이 많은 그림을 보여주고 점이 몇 개인지 질문한다. 점이 '몇 개 이상'이라고 답하는 사람과 '몇 개 이하'라고 답하는 사람으로 그룹을 나눈다. 혹은 그림을 두 개 보여주고 어떤 그림을 더 좋아하는가에 따라 그룹을 나누기도 한다.

---

16) Tajfel. h. (Ed.), (1978), *Differentiation between social groups: Studies in the social psychology of intergroup relations*. London : Academic Press.

그런 다음 실험참가자들에게 상대 집단의 구성원과 자기 집단의 구성원에 대해 평가를 하라고 하면, 내 집단에 대해서는 호감을 보이고 상대 집단에 대해서는 비호감을 드러내는 경향이 있다. 처음 만나 임의적 집단으로 나뉘었을 뿐인데도 자신이 속한 집단 사람들을 더 선호하는 것이다. 이 실험 결과는 집단주의 문화가 인간의 DNA에 장착되어 있음을 보여준다.

이런 집단주의가 정치적으로 확대되어 나타난 것이 히틀러의 유대인 학살이고, 트럼프와 유럽 포퓰리스트들의 백인 우월주의라고 할 수 있다. 사실 왕따 역시 정도의 차이가 있을 뿐, 집단주의라는 같은 원인에서 비롯된 것이다. 과거에는 사람을 죽였지만, 지금은 죽이지는 못하고 폭력을 행사하거나 불이익을 주는 것이다. 친노 왕따도 언어공격과 따돌림을 통해 집단적으로 고통을 주는 아주 부도덕한 행동이다. 학교에서든 정치에서든 왕따 행위는 사회적으로 규제받고 지탄받아야 한다. 정부는 필요하면 법적 제재를 통해서라도 이를 엄단할 의무가 있다고 생각한다.

집단주의가 왕따를 만들어내고 왕따는 이중 잣대를 사용한다. 내 집단에는 호의적으로, 그 외 집단에는 비판적으로 말이다. 진보언론은 노무현과 문재인이 최고의 권력이었기에 언론으로서 자신들의 의무를 충실히 했을 뿐이라고 주장할 것이다. 하지만 안철수가 1등을 달리던 때, 그에게 진보언론이 휘둘렀던 무딘 칼날을 보면 꼭 그렇지만도 않다는 생각이 든다. 2016년 총선을 앞두고 정청래 의원이 최고위원이던 당시, 주승용 의원에게 한 공갈 발언이 문제가 됐다. 당시 주승용 의원은 최고위원을 사퇴하겠다고 협박하며 문재인의 당대표 퇴진을 수시로 요구했다. 정청래 의원이 사석에서 정말로 사퇴할 거냐고 물어봤단다. 그랬더니 "내가 미쳤냐. 최고위원 되려고 얼마나 돈을 많이 썼는데 사퇴를 하냐?"고 했단다. 정청래 의원의 공갈 발언은 틀린 말이 아니었다.

공갈한 사람이 더 나쁘지 '왜 공갈치느냐'고 한 정청래 의원이 더 나쁜가? 사실 '공갈'이라는 용어는 사전에도 등재된 표준어다. 다만 '공갈하다'가 표준어이고 '공갈치다'는 그것을 속되게 이르는 말인데, 소위 진보언론은 사설에서 '언어의 품격' 운운하며 정청래 의원을 나무라기도 했다. 그에 비하면, 좌파 언론이 반문 의원들의 비민주적이고 패권적인 계파 행동을 문제 삼는 건 본 적이 없다.

소위 진보언론은 자신들과 신좌파 간 문화와 이념의 차이로 친노와 친문에게 가혹했던 것은 아닌지 한번 성찰의 기회를 가지면 좋겠다. 그래도 아니라고 생각한다면 더는 할 말이 없다. 이 책의 목적은 서로의 차이를 드러내놓고 다름을 인정하자는 것이지 비난하고 분열하자는 게 아니기 때문이다. 진보언론이 성찰을 해봐도 아니라고 생각한다면, 나는 그들의 판단을 전적으로 존중할 생각이다. 그렇게 떳떳하면 한겨레신문의 하어영 기자는 〈전국구〉에 다시 출연해 내 비판에 반론할 것을 부탁한다. 언론인은 남에 대한 비판을 업으로 삼는 사람들인데 자신들에 대한 비판에는 왜 그리도 인색한지 이해가 되지 않는다. 내가 민주사회 최고의 권력이라고 할 수 있는 언론인에 대한 비판을 서슴지 않는 이유는, 그들도 자신에 대한 비판을 너그럽게 받아들이리라 생각했기 때문이다. 내가 나에 대한 비판을 고깝게 받아들이기보다는 성찰의 기회로 삼듯이 말이다.

정봉주 전 의원이 방송을 하는 도중 내게 이런 글귀를 보내주었다. 내 방송이 연대의 시작이 아니라 더 큰 분열을 가져올까 봐 걱정했더니, 그런 나를 위로하기 위해서다. 독일 유대인 철학자 장 아메리는 이렇게 말했다고 한다.[17]

피해자와 가해자가 자신들의 극단적인 대립 속에서도 공동의 과거를 극복하는 데 성공하려면 그에 대해 침묵하고 망각하는 대신 희생자와 학살자 사이에 해소되지 않은 갈등을 드러내고 현실화해야 한다. 진정한 화해란 역사적 실천의 해결되지 않은 갈등을 현실화함으로써, 더 분명히 말하면 그것의 해결을 통해야만 가능할 것이기 때문이다.

진보언론과 친노는 서로 가해자도 피해자도 아니다. 그런데

---

17) 장 아메리,《죄와 속죄의 저편》, 길, 2012.

도 상대편으로 인해 서로가 상처받았다. 양쪽 모두 자신도 모르게 가해자가 된 것이다. 이런 점이 있기에, 그저 침묵하기보다는 해소되지 않은 갈등을 드러내 현실화하고 싶었다. 무엇이 잘못되었는지 터놓고 이야기해보고, 다름을 인정하고 손잡고 싶어서였다.

친노는 누구인가

왕따를 당하는 사람에게는 책임이 없는가. 친노에게도 책임이 있다고 생각한다. 책임을 물으려면 친노의 정의가 선행되어야 한다. 예전에 김영삼 대통령을 따르는 사람들은 상도동계, 김대중 대통령을 따르는 사람들은 동교동계로 불렸다. 이에 비해 친노는 인간적 관계를 의미하는 가신 그룹이 아니다. 많은 사람이 참여정부 시절 청와대나 부처에서 일했던 이들을 친노라고 부르는데, 그렇게 치면 정동영, 천정배, 이헌재, 한덕수도 다 친노다.

또, 오랫동안 노 대통령과 함께했던 사람만 친노일까? 그러면 이광재, 안희정은 해당하지만 유시민, 조기숙은 친노가 아니다. 유시민은 대통령 선거 임박해서, 나는 임기가 시작된 후 청와대에 들어가면서 대통령과 동지관계가 되었기 때문이다. 그리고 명계남, 문성근처럼 무관의 아웃사이더는 친노가 아닐까? 사실 국민은 이 두 분을 골수 친노라고 생각한다. 정봉주 전 의원은 2007년에 자신과 생각이 달라 노무현 대통령을 비판했다. 하지만 국민은 지금 정 전 의원이 친노라고 생각한다. 어떤 가치관을 가지고, 국민을 위해서 어떤 일을 하느냐에 따라 친노인지 아닌지를 구분하기 때문이다.

결국, 지금 현재 자신의 기득권보다는 시민의 권리를 더 중요하게 생각하는 사람이면 다 친노가 된다. 따라서 민주당 의원 전부가 친노가 되어야 한다. 노무현은 김대중의 사상과 정책을 계승했고, 민주당은 김대중과 노무현을 계승하는 정당이다. 모든 의원이 친김대중, 친노무현이 되면 계파가 사라진다. 그런데 문재인은 친노/반노 프레임을 이렇게 털고 가지 못했다. 끊임없이 반노/반문 프레임에 시달리면서 언론이 시키는 대로 해왔다. 친노를 해체하라고 하면 실제 그렇게 했기에 문재인 옆에는 친노가 극소수밖에 남아 있지 않다. 한때 친노였던 사람들도 이제는 공천을 받기 위해 자리 잘 챙겨주는 정치인에게 줄을 섰다.

정치는 세력으로 하는 것이다. 그런데 친노가 가장 큰 자산인 문재인은 스스로 친노를 해체했기에 세력이 없다. 왕따를 당해도 나서서 그를 옹호해줄 사람이 없는 것이다. 반문들의 친문 패권 운운은 허위사실로 고소·고발을 해도 될 마타도어(흑색선전)일 뿐이다. 이런 지경인데도 몇 안 되는 친문조차 반박도 하지 않고 침묵으로 일관한다. 나서서 반항했다가는 언론이나 반문 의원들에게 집중 공격을 받기 때문이다. 왕따를 옹호하는 제1의 방어자가 가해자의 가장 큰 공격을 받는다는 점은 이미 앞에서 설명한 바 있다. 혹은 맞서 싸우다 당 지지도 떨어질까 봐 걱정하는 것 같다. 솔로몬의 재판에서 "아이를 그냥 저 여인에게 주십시오"라고 말했던 친엄마처럼. 내가 반문 계파와 언론에 맞서 싸울 수 있는 가장 큰 이유는 다른 의원의 도움을 얻어야 하는 현역도 아니고, 앞으로도 정치권에서 한자리할 생각이 없기 때문이다.

지금 문재인의 선대위에는 친문이 없다. 본부장급은 비문계에서 영입했다. 지난 4년간 열심히 문 대표를 도운, 친문이라고 할 수 있는 사람은 몇 되지도 않거니와 그나마 있어도 부본부장을 맡고 있다. 이는 선거 전략으로서 별로 좋지 않다. 후보와 본부장의 호흡이 잘 맞지 않을 가능성이 있기 때문이다. 그럼에도 문재인은 2012년 대선 때부터 계속 그렇게 해왔다. 그렇다고 본부장은 허울이고 부본부장이 실권을 갖는 것도 아니다. 형식과 내용을 일치시키는 것이야말로 문재인의 트레이드마크라고 할 수 있다. 따라서 상대적으로 충성심이 부족한 본부장들이 실권을 쥐고 있으면서 캠프가 잘 돌아갈지, 당연히 우려가 앞선다. 하지만 문재인이 언론의 프레임 안에서 움직이는 게 그가 정치적 감각이 없거나 어리석기 때문은 아니라고 생각한다. 친노가 세력화를 해도 싸워 이길 가능성이 작으니까 피하는 것이 아닐까. 현재는 친노 왕따 프레임에서 빠져나올 만한 힘이 없다고 생각하기 때문은 아닐까.

뭔가 잘못되었을 때 언론이 친노라고 공격하는 정치인 중 상당수는 친노가 아니다. 대표적인 예가 서영교 의원이다. 서 의원이 청와대에서 근무하게 된 데에는, 내가 떠나면서 후임 수석과 선임 홍보수석실 비서관에게 특별히 부탁한 것이 영향을 미쳤을 것이다. 당에서 부대변인이었던 서영교가 싹싹하게 일도 잘하고 나와 호흡도 잘 맞았다. 내가 청와대를 떠날 무렵 청와대 근무를 하고 싶다기에 후임에게 부탁을 하고 떠났다. 참여정부 근무 경력 때문에 서 의원이 친노로 분류되지만, 실제로 봉하에서 모이는 친노 행사에서 서 의원의 얼굴을 본 적은 거의 없다. 친노가 되면 언론과 당내 반문 세력의 공격을 받기 때문에 골수 친노가 아니면 대다수 의원은 친노임을 드러내지 않으려고 한다.

그런데 만일 서 의원이 친노였다면, 지난 총선 때 심사 과정에서 뒷말이 있었음에도 공천을 받을 수 있었을까? 김현 전 의원은 세월호 유가족을 돕다가 폭행 사건에 연루됐다는 것만으로도 공천에서 배제되었다. 후에 무죄임이 밝혀졌을 만큼 터무니없는 공격이었는데도 말이다. 그때 밖에서 김현을 혹독하게 비판했던 표창원 의원이 이제는 친노와 친문의 비애를 알게 됐는지 궁금하다.

서 의원의 딸이 의원실 유급인턴 경력을 법학대학원에 진학하는 데 사용한 것이 문제가 되자, 언론은 졸지에 그를 친노로 포장했다. 특정인을 공격하기 위해 친노를 만들어내는 것도 친노 왕따의 한 가지 수법이다. 그러나 친노라는 계파가 없으니 스캔들에

연루된 의원이 친노가 아니라고 항변할 방법도 없다.

　최근 한 방송사에서 탄핵 후 방영할 프로그램을 준비하는데 나를 인터뷰하고 싶다고 사전 연락이 왔다. 그런데 며칠 후, 프로그램 방향이 변했다며 미안하다는 소식을 전해왔다. 윗선에서 안 된다고 했는지 난감해하는 기색이었다. 2002년에도 비슷한 일이 있었다. 어느 순간 신문 기고나 방송 출연 요청이 딱 끊어졌다. 그뿐만 아니라 내가 자진해서 기고를 하겠다고 했는데도 거절당했다.

　당시에 나는 중앙일보와 동아일보에 고정칼럼을 기고하고 있었다. 그땐 내 성향을 아무도 몰랐고, 나도 공정한 논평가가 꿈이어서 어느 쪽으로도 치우침이 없었기에 그런 기회를 얻었던 것 같다. 그런데 대선전이 진행되면서 노무현이 진보언론으로부터 부당하게 당하는 걸 직접 목격하게 되었다. 노무현 후보에게 불리해지도록 내 칼럼이 제목도 이상하게 붙고 내용도 삭제되거나 수정되는 일을 겪었다. 현장에서 노무현 차별을 처음 경험한 것이다. 판단에 자신이 없으면 약자 편에 서는 게 정의라고 늘 생각해왔기에, 그때부터 노무현의 편을 조금 더 들게 되었다. 그러자 특정 주제에 대해 임시 칼럼을 쓰겠다고 해도 모두 거절당했다. 예전에는 선뜻 받아주었지만 대선 기간에는 매번 거절했다. 그나마 고정칼럼은 계속 나갔는데, 중간에 자를 수가 없으니 어쩔 수 없이 그랬을 것이다.

대선전이 후반부로 접어들자 라디오 방송에서조차 부르는 곳이 없었다. 그때는 김대중 정부 시절이었고 평상시에는 그렇게 나와달라는 곳이 많았는데, 별안간 모든 기회가 사라진 것이다. 대선 날 저녁 6시 개표 방송이 시작되면서 출구조사에서 노무현 후보의 승리가 예측되었다. 갑자기 내 전화통에 불이 나기 시작했다. 내일 당장 출연해달라는 방송사의 요청이 줄을 이었고 고정칼럼을 계속 맡아달라고도 했다. 사실 그간 방송 출연 기회가 많이 사라진 것에 대해 의심은 했지만 물증은 없었다. 그래서 한번 역으로 찔러보았다. "저는 대선 기간에 할 말이 많았는데 왜 한 번도 저를 부르지 않으셨나요?" 그랬더니 "죄송합니다"라는 답이 돌아왔다. 나도 설마 해서 한 질문이었는데 그 답을 듣고는 화들짝 놀랐다. 그때도 공영방송사에 자체 블랙리스트가 있었다는 말이다. PD가 스스로 알아서 차기 대통령이 될 줄 알았던 이회창 씨에게 줄을 섰거나, 지도부가 그런 방침을 세웠거나 둘 중 하나라고 생각한다.

노무현에게 조금이라도 호의적인 사람은 말할 권리를 잃어버리는 게 한국 사회라는 걸 그때 분명히 깨달았다. 사실 지금도 내가 팟캐스트를 열심히 하는 이유는 다른 영향력 있는 지면이나 방송에서 발언할 기회를 가질 수 없기 때문이다. 정말로 공정하면서도 기계적인 중립을 맞춰보려고 노력하던 당시에도 그랬는데, 지금은 편파적으로 공정한 내가 기존 언론에겐 얼마나 불편한 존재이겠는가.

　친노라서 가장 차별을 받는 건 명계남, 문성근이다. 과거에는 한국 영화가 명계남이 출연하는 영화와 출연하지 않는 영화로 나뉜다고 할 만큼 명계남은 영화의 감초였다. 그러나 지금은 생계가 어려울 만큼 기회가 없다. 문성근의 소원도 영화와 드라마에 다시 출연하는 것이다. 정봉주 전 의원은 정치 분야에서도 전문가이지만 예능성이 강해 종편에서 가장 좋아할 만한 패널이라고 할 수 있다. 그런 그가 이제야 방송 섭외를 받는다는 점도 이상하기 그지없다. 새누리당 강용석 전 의원은 여러 가지 불미스러운 일에 연루되면서도 방송에 나와 이미지 세탁만 잘 하지 않았는가. 정봉주가 강성 친노는 아니지만 시민들의 압도적 지지를 받는 그의 정체가 정권 입장에서는 부담이 되었기 때문이라고 추측해본다. 최근에 채널A가 〈외부자〉에 정봉주 전 의원을 섭외한 이유도 박근혜-최순실 게이트의 여파로 언론의 자유가 조금 더 확장되었기 때문이 아닐까.

　왕따를 당하는 친노에게도 스스로 세력화를 함으로써 왕따를 극복하지 못한 책임은 분명히 있다. 그런데 그 세력화가 지금까지는 쉽지 않았다. 친노는 미디어에 발언권도 없었고, 뭔가 일만 터지면 친노라고 덮어씌워 매도되니 국민에게는 나쁜 이미지가 전달되었다. 친노·친문이 되면 작은 실수에도 큰 굴레가 씌워지니 감히 누가 손을 들고 나서겠는가. 죽도록 일해도 친노·친문에겐 공천이나 자리에 대한 보상이 없었다. 반면 당내 갈등이 일어나면 친노·친문에게 책임을 묻는다. 면죄부를 주자는 게 아니라 친노·친문이 할 수 있는 방법이 별로 없었음을 인정해야 한다. 이들에게 딱 하나 남은 방법은 자신들이 받는 고통을 국민에게 고백하는 것이다. 그래서 더 많은 방어자가 세력화되어 국민 중 친노가 절반을 넘어가면, 대한민국 민주주의는 선진국 대열로 들어설 것이고 친노 왕따는 사라질 것이다.

선거 전략과
집권 전략은 다르다

나는 처음부터 친노들이 나서서 참여민주파를 세력화해 친노 왕따 문제를 정면돌파했어야 한다고 생각한다. 친노란 가신 집단이 아니고 가치 집단이기 때문에 노무현과 관계가 있든 없든, 신좌파의 이상을 실현하기 위해 힘을 모으고 정치 세력화를 했어야 했다. 즉, 말 그대로 '깨어 있는 시민의 조직된 힘'을 만들어내고, 그 힘으로 세상을 바꿀 수 있도록 이들에게 정당에 참여할 수 있는 공간과 결정권을 보장했어야 한다. 물론 노무현이라면 그렇게 했을 것이다. 하지만 한명숙도, 문재인도 친노 배제 공천을 함으로써 친노를 해체했을 뿐만 아니라 그 자리를 정치꾼들로 채웠다. 타 계파의 불평과 이를 확대 보도한 언론의 압력에 굴복한 것이다. 왕따를 당하지 않으려면 세력을 키워 자신이 속한 계파를 다수파로 만들면 된다. 다수파가 되어 소수자를 포용하는 게 왕따 정치를 청산하는 가장 좋은 방법이다. 그러나 친노 정치인 누구도 그렇게 하지 못했다.

하지만 이게 결과적으로 2017년 대선엔 전화위복이 되었다고 생각한다. 의도한 건 아니지만, 늘 소수파에 머무는 친문 정치인들을 방어하기 위해 더 많은 친노·친문 시민이 만들어지고 있기 때문이다. 특히 순수한 마음으로 정치하는 친노들이 사적인 권력욕으로 정치하는 9단의 상대 계파를 권력투쟁으로 이기는 건 애초에 불가능했을지 모른다. 오히려 이들과 갈등을 빚는 바람에 민주당이 공중분해 됐을지도 모른다. 조직적으로 움직이는 반노에게 분열의 명분을 주지 않으면서 지금까지 친노·친문이 당의 중심을 잡고 있는 것도, 역설적이지만 친노·친문을 해체했기 때문이 아닐까. 민주당 당원의 절대다수는 물론 친노·친문이다.

특히 올 대선은 영국의 브렉시트Brexit, 미국의 트럼프 당선에 이어 프랑스 대선에서도 포퓰리즘 바람이 심상치 않다. 포퓰리즘은 기득권에 대한 반발 분위기를 조성한다. 만일 문재인이 마이웨이를 외치며 친문 패권 정당을 만들었다면 지금처럼 문재인을 향한 시민의 지지가 높지 않았을지 모른다. 지난 대선에 출마했었다는 이유로 힐러리처럼 기득권으로 보일 수도 있었기 때문이다.

이런 결과는 문 전 대표의 성품이 가져온 것일 뿐 의도한 건 아니라고 본다. 그럼에도 포퓰리즘 국면에서는 결과적으로 매우 좋은 선거 전략이 되었다. 우리 국민은 운동경기에서도 강자에게 환호하기보다는 약자를 응원하는 경향이 있다. 선거에서도 마찬가지다. 약자의 역전극을 지켜보기 위해 응원하며 힘을 모아준다. 유력한 대선 후보인 문재인이 현재 민주당의 당대표와 원내대표가 당선되는 데 기여했으면서도 남들이 문재인을 기득권이나 패권이라고 몰아붙일 수 없는 묘한 상황이 만들어진 것이다.

더욱 기쁜 일은 〈전국구〉 팟캐스트에서 왕따의 정치학이 유명해지면서 오히려 신좌파 시민들이 똘똘 뭉쳐 문재인 지키기를 하게 되었다. 문재인은 지지도 1등, 충성도(지지 후보를 바꿀 의향이 없는 것) 1등이며 확장성도 계속 올라가고 있다.

그러나 문재인이 대통령에 당선된다면 이런 전략으로 계속 갈 수 있는지에 대해서는 회의적이다. 우리 사회는 여전히 권위주의자가 많은 사회라는 사실 때문이다. 좌에도 우에도 많다. 리더십 연구의 대가 맥그리거 번스James Mcgregor Burns 교수는 미국 루스벨트 대통령을 연구했다. 그가 루스벨트 대통령이 교활한 여우와 용맹스러운 사자의 모습을 다 가졌기에 성공했다고 주장했는데, 나는 김대중 대통령이 이런 리더십에 가장 가까웠다고 생각한다. 즉, 이런 리더십이 권위주의 문화에서 먹힌다는 말이다.

미국 역대 대통령 중 레이건은 별명이 '테플론teflon 대통령'

이었고 오바마는 '벨크로velcro 대통령'이었다. 테플론은 음식이 팬에 들러붙지 않도록 하는 코팅이다. 어떤 문제가 생기면 레이건은 박근혜처럼 유체이탈 화법을 주로 사용하며, 사과를 하지 않거나 기억나지 않는다는 식으로 대응했다. 그러면 국민이 "맞아, 저런 노인네가 뭘 알았겠어. 우리 불쌍한 대통령"이라면서 보호해 줬다. 벨크로는 알다시피 등산복 같은 데 붙이는 찍찍이인데, 이는 주위의 먼지를 다 끌어들인다. 오바마가 사과할 때마다 미국민은 "그래, 당신이 잘못했죠? 다 당신 탓입니다"라고 했다는 뜻이다. 즉, 권위주의자들은 사과를 잘 하는 대통령을 우습게 본다.

오바마도 임기 중에 어려움을 많이 겪었기에 퇴임 무렵의 지지도가 임기 중보다 더 높았다. 노무현 대통령과 똑같이, 임기 중에는 걸핏하면 오바마 탓이라는 말을 들었다. 그 이유는 오바마 대통령이 사과를 잘 했기 때문이다. 신좌파는 내 행동이 남하고 달라서 그 사람을 기분 나쁘게 했다면, 비록 내가 잘못하지 않았더라도 마음의 상처를 준 것에 대해 사과한다. 사과가 내 정체성을 손상하지 않기 때문이다.

누가 리더가 되든 대통령은 우리 사회의 탈물질주의자가 다른 민주주의 국가에 비해 얼마나 소수인지를 깨달아야 한다. 노무현 대통령이 후보로서는 성공했지만 대통령으로서는 그렇지 못했던 이유도 마찬가지다. 노 대통령은 당신의 실패를 통해 국민을 학습시키는 것이 목적이었지만, 차기 대통령은 노 대통령의 실패를 교훈 삼아 이기는 길로 가야 한다.

유럽 각국의 국민 중 탈물질주의자의 비율을 측정하면 그 나라의 민주주의 정도를 알 수 있다고 한다. 둘의 상관관계가 뚜렷하기 때문이다. 예를 들어, 북유럽의 민주주의가 가장 발달했다고 하는데 그 나라 국민 중 탈물질주의자의 비율은 60~70%에 달한다. 우리나라는 탈물질주의자의 비율이 경제발전 수준에 비해 굉장히 낮은 나라 중 하나다. 가장 큰 이유는 경제 성장을 압축적으로 이룩했기에 어린 시절 전쟁과 빈곤을 겪은 성인의 수가 여전히 압도적이기 때문이다. 1997년 이후 경제위기와 극심한 양극화를 겪고 있는 데다, 평균수명이 늘어나면서 세대교체가 빨리 이루어지지 않는 것도 또 다른 이유다. 차기 대통령은 누가 되든지 김대중 대통령의 다음 말씀을 기억해 국민 눈높이에 맞는 리더십을 펼치기를 기대한다.

"국민보다 반 발 앞서나가는 리더가 성공합니다."

한국,
21세기 신좌파 운동을 열다

조기숙 기본적으로 왕따는 집단주의의 산물이에요. 집단에 적
응하지 못하는 사람 하나를 놓고 모두가 덤벼들어 벌
을 주거든요.

정봉주 그러면 다시 말해서 집단에 적응하지 못하는 왕따들이
쭉 모여 있는, 이게 이른바 신좌파 아니에요?

조기숙 집단에 의해 억압받고 통제받는 걸 싫어하는 개인주의
자들이니까요.

정봉주 집단주의에서는 상하 명령체계를 존중해야 하는데 친
노들은 "우린 그런 거 필요 없어. 우린 평등하게 소통하
며, 하고 싶은 이야기 다 할 테야!"라고 한다는 거죠?
그렇다면 친노를 '왕따들의 집합체'라고 해야겠네.

조기숙 서구의 학교에서는 왕따 문화가 그렇게 심하지는 않아
요. 기본적으로 개인주의 문화가 팽배하기 때문에.

정봉주 왕따는 정말 위험한 일이에요.

조기숙 그렇죠. 집단주의 문화권에서 왕따가 많이 나타나요.

정봉주 군부독재가 바로 대표적인 권위주의 문화, 집단주의 문화거든요? 그러니까 왕따 문화는 바로 그 잔재라고 할 수 있겠군요.

조기숙 그렇죠. 그런데 군부독재에 맞서 싸우던 엘리트 학생 운동가들도 똑같이 권위주의적인 체제를 갖고 있었다는 거죠. 어찌 보면 김대중 대통령도 권위주의적인 리더였어요. 박정희의 권위주의에 맞서 싸우려면 권위주의가 훨씬 효과적이었거든요.

정봉주 김대중 대통령과 김영삼 대통령 둘을 보면 신좌파적 성향은 오히려 김영삼 대통령한테 더 있었던 게 아닐까요? 왜냐면 소통을 중시했으니까.

조기숙 별로 안 그랬어요. 김영삼 대통령 때 참모들이 지각하잖아요? 그러면 그 자리에서 "너 나가!" 이랬대요. 회의에 못 들어갔대요. 굉장히 권위주의적이죠. 노무현 대통령 때는 완전히 달랐어요. 제가 딱 한 번 지각을 한 적이 있어요. 그날 오전에 행사가 없다고 해서 몸이 너무 안 좋아 늦잠을 자고 있었어요. 그런데 갑자기 전화가 와서 빨리 들어오라고, 행사가 있다고 그러는 거예요. 알고 보니 제가 빠지면 안 되는 너무나 중요한 행사더라고요. 지각을 해서 면목이 없던 저는 행사장에 살며시 들어가면서 대통령과 눈을 마주치지 못했어요. 자리에 앉고 나서 살그머니 고개를 들었는데, 대통령과 눈이 딱 마주친 거예요. 그 순간 대통령이 방긋 웃으시더라고요. 저는 화를 내실 줄 알았는데, 어찌나 미안하든지 쥐구멍에라도 들어가고 싶은 심정이었죠.

정봉주 화내는 건 일종의 권위주의 문화죠.

조기숙 그렇죠. 대통령이 웃으시는 건 "괜찮아, 지각할 수도 있지" 하는 문화죠. 노무현 대통령은 타인에게 정말 너그러웠어요. 공적인 불의에는 분노했지만 사적으로는 타인에게 인자했지요. 다 이해하고 다 용서하고. 자신에게만 엄격했죠.

정봉주 가만 보면, 나한테는 이 구와 신이 섞여 있는 것 같아.

조기숙 섞여 있을 수 있어요. 왜냐하면 우리 연배가 신구 사이에 끼어 있잖아요.

정봉주 우리 또래 운동권 동료들을 만나면 엄청 권위적이에요. 민주동우회 동문회 같은 데 가면 이미 그들과 나 사이에 문화적 차이가 20년은 나는 것 같아요. 저는 계속 젊은 친구들과 소통하면서 문화를 바꿔왔잖아요. 그런데 지금도 동문회에 가보면 "너 몇 학번이었지?" 그러면서 위계질서를 강조해요. 옛날에는 위계질서가 무척 엄했잖아요. 그때 생각을 하는 거죠. 지금 와서도 그 문화에서 빠져나오지 않으니까 옆에서 보는 저는 무척 답답해요. 과거에 안주하는 모습들로 보이고. 지금까지는 이걸 개인적인 성향으로만 분석했는데, 교수님 말씀하시는 거 보니까 구좌파와 신좌파의 이행기에 있기 때문에 그런 거네요?

조기숙 우리는 권위주의를 경험한 세대죠.

정봉주 권위주의도 경험했고, 또 2002년 노무현 대통령을 알게 되던 때가 우리 나이 마흔 갓 넘었을 때니까 신좌파가 시작되는 문화적 소용돌이 속에 있었던 거죠. 그걸 못 받아들이면 계속 과거에 머물고 도태되는 거고요.

조기숙 문화는 집단 간 성향 차이도 있고 개인차도 있어요. 개인의 성격personality 유형에 따라 약간 권위주의적이고 위계적인 걸 좋아하는 유형이 있고, 수평적인 걸 좋아하는 유형이 있어요. MBTI라고 성격 유형 테스트가 있는데, 노무현 대통령은 수평적인 걸 굉장히 좋아하는 유형으로 나와요.

정봉주 그게 성장 과정에서 경험하는 경제적 풍요하고도 연관이 있나요?

조기숙 그렇죠. 어렸을 때, 특히 10대 때 물질적으로 풍요롭게 자란 사람은 결핍이 적으니까 탈물질주의자가 될 가능성이 크다고 해요. 개인주의적이고, 평등 지향적이고, 물질보다는 가치를 중시하죠.

정봉주 최강욱 변호사한테 이렇게 물어본 적이 있어요. "나는 네가 참 이상하다. 서울대 법대도 나왔겠다 저쪽 진영 가서 얼마든지 잘살 수 있을 텐데, 왜 여유 있는 삶을 포기하고 이렇게 진보적 가치를 중시하는 삶을 살아가니?" 그랬더니 그가 어렸을 때 어렵게 살아서 그렇다고 하더라고요. 그러더니 나한테 이렇게 말하는 거예요. 참고로, 우리 집은 무척 잘살았거든요. "저는 선배님이 더 이상해요. 그렇게 풍요로운 집에서 자기만 생각하는 삶을 살면 될 텐데, 왜 이렇게 힘든 길을 가고 있는지 말이에요." 지금 교수님 말씀 들으니까 최강욱이 이상한 거네요?

조기숙 유럽의 68세대 부모님은 어렸을 때 전쟁을 경험했기 때문에 6·25를 경험한 우리 부모님들 세대와 비슷해요. 풍요를 경험해도 어렸을 때의 악몽에서 벗어날 수가 없어서 여전히 물질주의자로 남아 있는 거예요. 그러나 이들의 자녀는 어려서부터 풍요를 맛보았기 때문에 물질은 별로 중시하지 않아요. 그러니까 어렸을 때 어려웠던 최 변호사가 가치를 중시하는 삶을 사는 건 훨씬 훌륭한 일인 거죠. 정 의원님 같은 경우는 가치

지향적 삶이 자연스러운 거고요.

정봉주 나는 물질적으로 풍요로웠기 때문에 결핍에 대한 강박 관념 없이 자연스럽게 신좌파로 갈 수 있는 반면, 최강 욱 같은 경우에는 자라온 환경 탓에 권위적일 수 있는 데 평등하고 자유로운 삶을 택한 거로군요.

(···)

한류에 빠진 한 프랑스 가수 지망생 얘기를 해줄게요. 그는 한국을 방문해서 4차, 5차 박근혜 탄핵 촉구 촛불 집회에 참석했대요. 그런데 그가 말하길 한국 사람들 은 이상하다는 거예요. 집회, 그러니까 스트라이크 strike라는 말 자체가 뭘 때리고 기존 질서를 부순다는 의미를 담고 있잖아요? 실제로 자기네 나라에서는 집 회에 일단 100~200명만 와도 폭력성을 드러내고, 그 걸 막는 쪽에서도 그런가 보다 한대요. 폭력에 대해 상 당히 너그럽다는 얘기죠. 그런데 어떻게 저 많은 사람 들, 100만이나 되는 사람들이 모여서 때려부수는 일도 없는 건지 너무 이상하다는 거예요. 게다가 휴지까지 줍는 걸 보고 깜짝 놀랐대요.

조기숙 우리가 늘 서구를 뒤따라간다고 생각했지만, 21세기에 와서는 우리가 여러 면에서 선진국들을 앞서기도 해요. 저도 우리나라에 신좌파가 이렇게 일찍 도착한 것을 보고 깜짝 놀랐어요. 2008년 오바마 대통령은 2002년 노무현의 방법을 벤치마킹해 대통령이 됐는데, 그 점도 그렇고요. 우리가 미국보다 6년이 빨랐던 데에는 인터넷 강국이라는 점이 있죠. 이제 보니까 트럼프가 당선된 게 딱 우리 10년 전 이명박 당선될 때랑 분위기가 비슷해요. 노무현에 식상해서 이명박을 받아들였듯이 오바마에 식상한 국민이 트럼프를 받아들인 거죠. 몸에 좋은 음식이 넘쳐나면, 고마운 걸 모를 뿐 아니라 식상해서 불량식품에 눈이 가듯이요. 우리나라가 인터넷이 발달한 나라이다 보니 21세기 문화가 그냥 훅 들어온 거예요.

정봉주 수평적 관계, 대등한 소통. 이게 다 노무현 대통령이 주장했던 거 아니에요? 검사와의 대화 같은 것만 봐도 그렇죠.

조기숙 권위주의 문화의 소유자는 강자한테 약하고 약자한테 강하잖아요. 이런 문화를 가진 집단에서는 밟아줘야 대화가 돼요. 그런데 신좌파는 누구하고나 평등하게 소통하잖아요? 권위주의 문화의 소유자는 노무현 대통령을 향해 "대통령이 채신머리 없게, 그게 뭐야" 하

며 욕을 해요. 그런데 그런 대통령이 멋있다고 생각하
면 신좌파죠.

정봉주　그럼 난 신좌파네!

Part 3

호남 왕따와
친노 왕따,
그 불가분의 관계

국민의당은 결국 호남과 민주당을 이간질하고 지역주의를 부추김으로써 호남에서 교두보를 마련하는 데 성공했다. 그렇다면 이들이 호남 왕따로 국민을 분열시켜 자신들의 권력을 유지한 역대 대구 출신 대통령들과 무엇이 다른가?

5장

참여정부 호남 홀대론은
어떻게 시작되었나

노무현의 이상,
우동영 좌미애

　　　　　　노무현, 그리고 친노 중에서도 문재인
의 호남 홀대론이 나오게 된 배경은 크게 네 가지로 압축된다. 첫
째는 대북송금 특검의 도입이고, 둘째는 열린우리당의 분당이며,
셋째는 인사 차별, 그리고 넷째는 여전히 지역개발에서 소외됐다
는 것이다. 시간순으로는 대북송금 특검이 먼저 일어난 사건이지
만 열린우리당 분당이 훨씬 더 중요하고 호남 홀대론과 밀접하기
에 열린우리당의 분당 배경과 그 이유에 대해 먼저 살펴보겠다.

　　2002년 지방선거에서 김대중 대통령의 여당이 참패하면서
노무현 후보의 지지도가 추락하고 후보교체론이 나오기 시작했

다. 당시 민주당의 당대표가 금고 열쇠를 가지고 사라져 노 후보는 선거대책위원회를 띄울 수도 없는 상황이었다. 그러던 차에 정동영, 추미애가 선뜻 공동 선대위원장을 맡아 선대위가 출범하게 되었다. 노 대통령은 이 두 분에 대한 고마움을 두고두고 잊지 않았다. 열린우리당이 민주당으로부터 분당한 이후에도 추 의원을 데리고 와서 "'우동영, 좌미애'로 입각을 시켰으면 멋있었을 텐데" 하며 눈물을 글썽였다. 정봉주 전 의원에 따르면 추 의원도 팟캐스트 〈전국구〉에 출연해서, 노 대통령과 광주민주화항쟁 기념식에서 마주쳤을 때 서로 눈빛을 주고받으며 오해가 풀렸음을 알았다고 했단다. 노 대통령은 후에도 추 의원에게 사람을 여러 번 보내 삼보일배하다가 다친 무릎이 나았는지 안부를 물었다고 한다.

이 둘에 대한 감사함을 간직한 탓에 노 대통령은 2002년 대선에서 최악의 위기 상황에 맞닥뜨린다. 정몽준 의원이 노 대통령에게 자신을 차기로 지명해달라고 요구했다는 설이 있다. 그래서인지 명동에서 마지막 유세 때 노 대통령과 정몽준 의원이 연단에 오르자 지지자들이 차기 대통령 정몽준을 연호했다고 한다. 노 대통령은 "앞서나가지 마십시오. 우리 당에는 정동영도 있고 추미애도 있습니다"라며 두 사람을 연단으로 올라오게 해서 같이 손을 올려 인사를 했다. 여기에 화가 난 정몽준이 지지철회를 선언하며 집으로 가버렸다. 그다음에 무슨 일이 있었는지는 설명하지 않아도 다들 잘 알 것이다.

그렇게 해서 당선되었기에 노 대통령은 호남을 당선의 은인이라고 생각해왔다. 무엇보다 노 대통령이 호남을 은인으로 생각하고 그 은혜를 갚기 위해 임기 내내 차곡차곡 준비를 한 데에는, 정동영 의원 그리고 나와 얽힌 인연이 있다.

노무현과의 인연

2001년 가을, 정동영 의원 절친의 소개로 정 의원을 처음 만났다. 정치 논평을 하면서 세운 원칙 중 하나가 정치인을 사석에서 만나지 않는다는 것이었다. 인간관계를 맺으면 논평이 객관적일 수 없다고 생각했기 때문이다. 당시 정 의원은 김대중 대통령 앞에서 동교동계의 좌장인 권노갑을 정면으로 비판해 당에서 왕따를 당하고 있을 때였다. 정 의원 절친은 정 의원이 너무 힘든 일을 겪고 있으니 만나서 격려의 말이라도 해달라고 했고, 나는 차마 그 간곡한 부탁을 거절할 수가 없었다.

정 의원은 겸손하고 따뜻했다. MBC에서 잘나가던 스타 앵커였고 국회의원 선거에서는 전국 최고 득표율로 당선됐던 사람이다. 그런데도 상대에 대한 배려가 각별했다.

동교동에 밉보인 정 의원은 다음 해에 치러지는 2002년 서울

시장 선거에서 김민석에게 밀려 후보로 나설 생각도 못 하고 있었다. 2001년 12월경에 두 번째 만났는데, 서울시장 후보 문제는 이미 끝났으니 민주당 대선 경선에 나가려는데 어떻게 생각하느냐고 물었다.

나는 정치인을 처음 만나면 의도적으로 심한 말을 한다. 노무현 후보 시절에도 똑같은 방식으로 대해서 노 후보가 나에 대해 악몽을 지니고 있었다. 그 후 노 대통령이 되어 다시 만났을 때, "저 지난번에 조 교수에게 상처받았어요. 기억하세요?"라고 되물을 만큼 나를 무서워했었다. 그렇게 상처를 준 사람을 옆에 참모로 두고, 또 돌아가실 때까지 가장 자주 만나 함께 책을 썼던 분이 노무현 대통령이다. 이것도 내가 노 대통령을 영원히 존경하는 이유 중 하나다. 정치인은 기본적으로 갈등을 조정하는 사람이기 때문에 포용력이 없으면 정치를 하면 안 된다는 게 내 생각이다. 정치인의 됨됨이는 쓴소리를 얼마나 진지하게 듣느냐에 달려 있다고 생각한다. 나의 비판을 포용하면 일단은 합격점을 주지만 나를 포용하지 못한다면 일반인에게는 더할 테니까 만날 필요가 없다고 생각했다.

나는 정 의원의 질문을 단칼에 잘라버렸다. "한 게 뭐가 있다고 나오세요? 이번에는 무조건 노무현이에요. 두고 보세요. 노무현이 뜰 겁니다." 나는 2000년 5월부터 이런 주장을 했는데 그 이유는 뒤에서 밝히겠지만 지역주의 선거에 대한 연구로부터 도출

된 것이었다. 2000년 1월에 위클리 경향과의 인터뷰에서 "올 총선은 투표율이 낮을 것"이라고 전망한 이유도 김대중 대통령의 당선으로 지역주의가 약화될 것이며, 지역을 대체할 만한 주요 쟁점이 등장하지 않았다고 판단했기 때문이다. 수도권에서는 고학력자를 중심으로 투표율이 떨어지고 있었다. 무투표자를 움직이려면 새로운 쟁점이 필요했기에 이들이 뭘 원하는지 생각해보았다. 이들이 투표를 하지 않는 이유는 지역정당에 식상해 찍을 정당이 없다고 생각했기 때문이다. 따라서 지역주의를 극복할 정치인이 등장하면 투표를 하지 않던 유권자들이 움직일 것이다. 그때부터 누가 지역주의에 맞서 싸워왔는지 정치인들을 하나하나 살펴보았다. 노무현밖에 없었다. 2000년 4월 다시 부산에 출마해 떨어지는 그를 보면서 5월부터 "다음 대선엔 노무현이 폭발할 것"이라는 주장을 하게 됐다.

정동영 의원에게는 당 정풍운동을 열심히 해야 그나마 차기에라도 기회가 있을 거라며, 정치인은 쌓은 업적이 있어야 그걸로 대선에 나오는 거라고 말했다.

정 의원의 친구가 나를 전철역까지 데려다준다고 해서 그 차를 타고 이동하는데 정 의원이 친구에게 전화를 했다. 그는 내가 옆에 있는 걸 몰랐을 것이다. "조기숙 교수 되게 똑똑하더라. 앞으로 사부로 모셔야겠다" 하는 음성이 들렸다. 그런 반응에 놀란 건 내 쪽이었다. 정동영 의원이 겸손할 뿐만 아니라 포용력이 넘치는 사람이라는 점에서 안심이 되었다. 이렇게 해서 우리의 인연이 시작되었고 2002년 대선 기간에 정 의원 부부, 정 의원 절친 부부, 우리 부부 등 여섯 명이 소중한 우정을 쌓아갔다.

정 의원은 마음이 매우 착하고 여린 사람이다. 사람들이 부탁을 하면 거절을 잘 하지 못하는 것으로 보였다. 그래서 내가 심하게 쓴소리를 한 적도 있다. 정 의원은 나이도 어린 나에게 그런 소리를 듣고도 싫은 내색을 전혀 하지 않았다. 무엇보다 내가 정 의원을 높이 사는 건 남에 대해 뒷담화를 하는 걸 한 번도 본 적이 없다는 점이다. 상대가 정 의원을 오해해 전화로 소리소리 지르며 난리를 칠 때조차 그는 조용히 해명했다. 상대가 전화를 끊은 후에는 억울해서 투덜거릴 만도 한데, 옆에서 듣고 있던 내게 그 사람에 대해서 험담 한마디 하는 법이 없었다. 한번은 내가 당시 가장 악명 높던 한나라당 의원에 대해 험담을 하려 했는데, 그가 다른 이야기로 돌리며 내 입을 막아버렸다. 남에 대한 뒷말을 하는 것도 싫어하고 듣는 것도 좋아하지 않았다. 그래서 정 의원과 노무현 대통령 사이에 오해가 생기고, 그것이 수습할 수 없는 지경이 될 때까지도 나는 전혀 눈치채지 못했다. 정 의원이 정치인으로서 신념이 부족했던 것에는 아쉬움이 있지만 심성만큼은 비단결처럼 좋은 사람이다.

나는 차차기를 위해 정동영 의원이 2002년 대선 경선에 참여하는 것까지는 좋은 생각이라는 데 동의했다. 이미 광주에서 노무현 후보가 1등을 할 것이라고 예측했던 터라 정 의원이 선전할 것이란 기대는 없었다. 광주 경선이 끝나자마자 정 의원으로부터 전화가 왔다. 꼴찌를 했다는 것이다. 그래도 호남인데 그렇게까지 되리라곤 예상을 못 했기에 나도 충격을 받았다. 지금 생각해보면 동교동계에 직격탄을 쏜 정 의원을 전남 당원들이 용서하지 못했으리라는 생각이 든다. 정 의원은 더는 망신당하기 싫으니 여기에서 그만두고 싶다고 말했다. 나는 절대 반대했다.

"이번 선거는 대선 날 투표함 열기 전까지는 결과를 아무도 모릅니다. 만일에 대비해 경선을 지속하는 게 좋을 것 같습니다. 게다가 다른 후보가 음모론을 제기하기도 하고 하나둘 사퇴하는 마당에 정 의원까지 사퇴하면 경선의 김이 빠지고, 노무현 후보가 당선되더라도 정통성에 대한 문제 제기가 있을 수도 있습니다. 그냥 남아 있는 게 여러모로 좋을 것 같습니다."

정 의원은 당시 나와 가장 가깝게 의논을 했지만 주위에 나 말고도 친한 친구들이 많았다. 다양한 사람의 조언을 듣고 최종 선택은 본인이 했다고 생각한다.

정동영과 나의 관계는 노무현과의 호의적인 관계에서 시작되었기에 정동영 의원은 경선 지킴이가 되었고, 노무현 후보가 2002년 내내 천당과 지옥을 오갈 때 나는 정 의원을 통해 노 대통령에게 조언을 해주는 관계가 되었다. 노무현 대선캠프에서 들어와달라는 여러 번의 요청을 모두 거절했는데, 그 이유는 내가 밖에서 객관적 논평가로 활동하는 게 노 후보에게 조금이라도 더 도움이 되리라는 판단에서였다. 실제로 나는 어느 쪽에도 치우침이 없이 여론을 전달하려고 노력했다. 또한 국민에게도 내가 보는 진실을 전하는 게 논평가로서의 사명이라고 생각했고, 그게 노무현 후보에게도 도움이 된다고 믿었다.

노무현 후보가 김영삼 전 대통령을 만나러 간다고 했을 때, 나는 한 TV 프로그램에서 만난 유시민 씨에게 절대로 가지 않게 하라고 부탁을 했었다. 그러나 노 후보는 김영삼으로부터 선물 받은 시계까지 차고 그를 찾아갔고, 이후 지지도가 급격히 떨어졌다. 본인의 인기가 폭발한 게 반지역주의 정서 때문인데 김영삼을 찾아갔으니 지역주의 회귀로 보인 것이다. 나는 그런 점을 칼럼에 쓰며 노 후보의 성찰을 촉구하기도 했다. 2002년 2월에 동아일보에 게재한 〈이인제의 빛〉이라는 칼럼은 경선 후보 중 한 명인 이인제가 동교동계로부터 독립했다는 걸 밝히기 전에는 후보 될 자격이 없다는 내용이었는데, 노 후보 지지자들이 이 칼럼을 복사해 대의원들에게 돌렸다고 한다.

노무현 후보의 지지도가 회복되지 않자 나는 TV 토론에서 후보직을 사퇴하고 정몽준과 단일화를 하라고 요구했다. 노무현에 실망해서 떨어진 지지도를 올리기 위해서는 씻김굿 같은 게 필요하다고 생각했기 때문이다. 노무현이 후보 자리를 내놓음으로써 당을 위해 살신성인하는 모습을 보이면 화가 나서 돌아섰던 지지자들도 새롭게 지지할 명분을 찾게 될 것이라 생각했다. 당시엔 정몽준 의원도 정당개혁에 대해 소신을 피력하던 때라서, 최소한 그가 이회창보다는 낫다고 생각했다. 노 후보가 정몽준과의 단일화 경선을 받아들일 때도 나는 정동영 의원을 통해 일일이 조언했다. 그즈음 내가 특정 후보의 선거에 너무 깊이 개입했다 싶어 더는 중립적 논평가로서의 자격이 없다고 생각했다. 그래서 MBC 〈100분 토론〉의 자문위원을 사임했다. MBC에서는 캠프 인사도 아닌데 그럴 필요 있느냐며 자문위원들이 나와서 마지막 방송을 녹화하자고 했지만 나는 정중히 거절했다.

원칙을 지키는 삶은 참으로 편하다. 정몽준 의원이 선거 전날 지지를 철회할 줄 누가 알았겠는가. 선거 날 새벽에 나는 오마이뉴스에 〈배신의 뒤끝을 심판하자〉라는 글을 써서 젊은 층의 투표를 독려했다. 만일 MBC 자문위원을 중간에 사퇴하지 않았다면 그런 글을 쓸 수 없었을 것이다. 때로는 혹독하게 노무현을 비판했었기에 내 글은 뜻밖으로 받아들여졌다. 그 일로 인해 대검에서 선거법 위반 혐의로 조사를 받았다. 조선일보의 〈정몽준, 노무현 버렸다〉는 제목의 유명한 사설도 때마침 선거 날에 실렸기에, 나는 검찰을 향해 나를 기소하려면 조선일보 주필도 함께 기소하라고 주장했다. 나의 주장이 받아들여져서인지 검찰이 승자 편에 섰기 때문인지, 아무튼 나는 기소유예를 받았다.

이렇게 파란만장한 대선의 해를 정동영과 내가 파트너가 되어 노 대통령을 도왔기에, 노 대통령은 나를 호남 사람으로 알았고 정동영 의원과 호남을 더욱더 은인으로 생각했다.

노무현이 반대한
민주당의 분당

노무현 대통령이 당선되자 미국에서는 도대체 노무현이 누구냐며 온갖 추측이 난무했다. 2003년 봄에 민간단체인 아시아재단은 세 명의 한국 교수를 초청해 미국의 수도인 워싱턴DC와 시카고, 샌프란시스코에 걸친 순회 세미나를 열었다. 나도 그 세 명 중 하나로 초청되어 갔다. 미국의 정부 인사, 언론, 학자, 시민단체, 싱크탱크 등에서 높은 관심을 보이며 우리의 발제를 들으러 왔다.

그때 나는 노무현의 당선 배경, 향후 한국 정치의 전망 등에 대해 발표했는데 한국에서는 곧 신한국당의 개혁적 의원 일부, 민주당, 개혁당이 합쳐져 새로운 여당이 뜰 거라고 말했다. 이때까지만 해도 나는 민주당을 약간 뜯어고치는 수준의 신당이었지 창당은 안 된다는 생각이 확고했다. 내가 그런 예측을 한 배경에는 국민 사이에 그런 욕구가 있음을 읽었기 때문이다. 노무현 정부의 성공을 위해서는 정계의 이합집산이 불가피하다고 생각했다. 그래서 민주당 분당에 대해 반대하는 칼럼을 당시 친노 인터넷 사이트라고 할 수 있는 서프라이즈에 게재했다. 당시 민주당 당대표와 원내총무를 박상천, 정균환이 맡고 있었는데 정동영 의원은 이분들이 공천권을 절대 내놓지 않을 것이므로 정당개혁을 위해서는 분당을 해야 한다고 주장했다. 나는 실력만큼 공천 지분을 나누면 되지 않겠느냐며, 한꺼번에 바꾸려다 실패할 수도 있으니 점진적으로 개혁하는 게 좋다는 입장을 개진했다. 그때 추미애 의원을 우연히 만났는데 "글 잘 봤습니다. 분당은 안 된다는 말씀이죠?"라며 재확인했다. 추 의원에게 분당 반대에 대한 입장이 강하게 입력되었다는 인상을 받았다.

탈지역주의, 상향식 공천, 정치쇄신을 기조로 한 정동영, 천정배, 신기남의 정풍운동은 여전히 진행되고 있었다. 정 의원도 내 생각에 동의하는 듯이 보였다. 그래서 처음부터 분당이 대안은 아니었다. 그러다 '난닝구' 사건이 터졌다. 구민주당 대의원인지가 러닝셔츠를 입고 진입해 이미경 의원의 머리채를 휘어잡는 사건이 발생했다. 그때 처음으로 '이 사건은 왜 우리에게 신당이 필요한지를 말해준다'는 칼럼을 경향신문에 게재했다. 이때부터 민주당은 본격적인 분당에 돌입하게 되었다. 팟캐스트에서 이런 이야기를 나눈 적이 있는데, 조은나래 아나운서도 열린우리당을 노무현 대통령이 만든 걸로 알고 있었다. 보통 새 총재나 대통령이 당선되면 자신의 권력기반을 공고히 하기 위해 이름을 바꾸거나 신당을 만들었던 예를 여당의 역사에서 자주 봐왔기 때문일 것이다. 신한국당이 한나라당으로, 한나라당이 새누리당으로, 그리고 새누리당이 자유한국당으로 변해온 것처럼.

그런데 열린우리당으로 왔어야 할 개혁 정치인 두 사람이 민주당에 남게 되었다. 조순형과 추미애 의원이었다. 당시만 해도 조순형 의원은 개혁적이고 공부를 열심히 하는 의원으로 유명했고, 또 둘 다 노 대통령을 많이 도와준 사람이었다. 나는 추 의원이 오지 않은 이유는 김대중 대통령과의 의리 때문이라고 생각했다. 신당 창당 이후 노무현 대통령 내외분이 우리 부부를 초청해서 처음으로 청와대에 들어간 적이 있는데 왜 추미애, 조순형 의원에게 오라고 사인을 주지 않았느냐고 대통령에게 따졌다. 그랬더니 노 대통령의 답변은 이랬다.

"내가 두 사람에게 오라고 사인을 주는 순간 열린우리당은 내가 만든 게 됩니다. 나는 정당은 지속돼야 발전한다고 믿습니다. 그래서 분당에 끝까지 반대했습니다. 개혁파들이 정당개혁 제대로 해보겠다니 막을 수는 없지만 내가 의원들에게 사인을 줄 수는 없지요."

대부분의 대통령은 당을 장악하기 위해 신당을 만든다. 하지만 노무현을 보통사람과 같다고 가정하면 그를 이해하는 데 실패할 수밖에 없다. 노무현은 원칙주의자이며 민주당 소속으로 대통령에 당선되었기에 분당은 안 된다고 생각했을 것이다. 그러나 천

신정(천정배·신기남·정동영)이 개혁을 해보겠다고 분당을 하니 노 대통령도 따라갈 수밖에 없었다. 47석의 미니 여당이었는데도 말이다. 많은 사람이 노무현이 열린우리당의 분당을 주도했다고 착각하는 또 하나의 이유는 2004년 2월 방송기자클럽 초청 대통령 기자회견에서의 발언 때문이라고 본다.

"국민이 총선에서 열린우리당을 압도적으로 지지해줄 것을 기대한다."

"대통령이 뭘 잘해서 열린우리당이 표를 얻을 수만 있다면 합법적인 모든 것을 하고 싶다."

이 발언은 대통령의 선거중립 의무를 위반했다며 야당이 압도적으로 우세한 국회에서 탄핵을 소추하는 빌미가 되었다.

노무현 대통령이 분당에 개입하지 않았다는 결정적인 증거는 그가 일체의 공천권을 행사하지 않았던 데에 있다. 만일 노 대통령이 직접 신당을 만들었다면 자기 사람을 심어서 당을 장악하기 위함이었을 것이다. 그러나 노 대통령은 공천의 전권을 당시 정동영 의장에게 주고 일절 개입하지 않았다. 여기에는 그럴 만한 합리적인 이유가 존재한다.

열린우리당의 첫 총선과
탄핵 정국

열린우리당은 47석의 초미니 정당이었기에 내부가 취약했다. 그래서 명분을 확보하기 위해 공천심사위원 전원을 외부 사람으로 구성했다. 위원장은 서울대 행정대학원의 김광웅 교수였고 간사 겸 대변인이 나였다. 김광웅 교수도 정동영 의장의 인맥이었고 나도 정동영 사람이었다. 당내에서 공천을 주관했던 사람은 정 의장의 절친인 김한길 의원과 당시 청와대에서 비서관을 하다 나온 김현미였다. 김현미 또한 정 의장의 최측근이었는데 이때 김현미는 비례대표 공천을 받아 원내에 진입했다. 당시 의장이었던 정동영이 공천심사위원도 모두 선정했을 것이다. 노무현 대통령은 후보 시절에 만났을 때 내가 엄청 심한 말을 해서 나에 대한 트라우마를 가지고 있던 때였기에 나와 청와대는 일체의 소통이 없었다. SNS에서 나를 영남 패권주의자로 몰아붙이는 고종석에게 "나는 인간관계로는 친노가 아니다. 정동영의 사람"이라고 답한 것도 바로 이 때문이다. 하지만 친노는 원래 가신 집단이 아니라 가치를 같이하는 사람들의 모임이다. 그렇다면 나는 친노가 맞다.

당시 열린우리당의 국회의원 공천 방식은 상향식으로 개방된 국민경선이었다. 그게 바로 창당의 이유였다. 외부에서 온 심사위원들은 음주운전 기록과 전과 등을 검증해 부적격 후보를 걸러내는 일만 했다. 경쟁이 극심한 지역구의 경우는 면접을 통해 서너명으로 후보를 압축하기도 했다. 지금 생각하면, 사람에 대해 잘 모르니 전략공천은 물론이고 대다수의 공천이 김한길 의원의 설명을 믿고 대부분 사후 추인하는 형태로 진행되었던 것 같다. 물론 신청 후보가 없는 곳에는 단수공천도 했다. 나중에 열린우리당이 공중분해 될 때 나는 공천에 일절 개입하지 않았던 노 대통령을 원망하기도 했다. 왜냐하면 당시 신청자가 한 사람밖에 없는 수도권 지역구가 하나 있었는데, 지역이 열린우리당의 승리에 유리한 곳이기에 전략공천을 위해 비워두었다. 그 한 명의 신청자가 좀 약하다는 게 김한길 의원의 설명이었다. 하지만 전략공천을 하려 해도 그 지역과 연고는 있어야 했기에 끝내 후보를 구하지 못해 선거 막바지에 그 신청자에게 공천을 주었다. 뒤에 알고 보니 그 지원자는 노무현 대통령의 비서관 출신이었다. 그 정도로 청와대는 열린우리당 공천에 일절 개입하지 않았다.

어쨌든 정봉주 전 의원은 당시 열린우리당의 지지도가 낮아서 중진이 민주당에 남았기에, 열린우리당은 신진 세력에게는 하나의 등용문이었다고 회상했다. 탄핵 역풍으로 이른바 '탄돌이'들이 대거 탄생했다는 것이다. 실제 당시 탄핵 정국에서 열린우리당은 지지도가 치솟았다. 그러나 나는 탄핵으로 인해 열린우리당이 과반 의석을 확보했다는 데에는 동의하지 않는다. 탄핵 직후 여론조사에 따르면 열린우리당의 예상 의석은 170~180석으로 나왔다.

나더러 원내에 진입하라는 요청을 이미 한 차례 거절했음에도, 정 의장은 작심을 하고 다시 요청했다. 그는 우리 부부를 좋은 곳으로 초청해 저녁을 대접하면서 나한테 원내에 꼭 들어오면 좋겠다는 뜻을 밝혔다. 나는 정치가 체질에 맞지 않는다며 정중히 거절하면서 지금 지지도는 거품이니 속으면 안 된다며, 거기에서 최소 20석은 빼야 한다고 말했다.

2004년 탄핵 사태가 일어나기 직전, 미국 연구소의 초청으로 워싱턴DC에 가서 왜 노무현의 임기 초 지지도가 낮은지에 대해 발제를 한 적이 있다. 그때 청중이 열린우리당이 몇 석이나 차지할 것 같은지 물어보았다. 나는 과반수라고 답을 했는데 그 답변이 중앙일보 기사에도 나와 있다. 즉, 나는 탄핵 때문에 과반수가 된 것은 아니라고 생각한다. 그보다 한참 전인 2003년 11월 MBC 스페셜과의 인터뷰에서도 신당이 등장할 것이고 신당은 2004년 총선에서 과반 의석을 확보할 것이라고 이미 예측한 바 있다. 그때 녹화를 마치고 돌아가는데 PD가 손가락으로 머리를 빙빙 돌리는 제스처를 했다. 내가 미쳤다는 의미였다. 그렇지만 나는 확신했다. 국민의 지역정당에 대한 환멸, 정치개혁에 대한 욕구를 알았기 때문이다. 노무현 후보의 선거 구호도 '새 정치, 낡은 정치'로 하라고 정동영 의원을 통해 전달했고, 그것이 받아들여져 승리했다. 그랬기에 나는 탈지역주의 개혁정당이 나타나면 국민이 과반 의석을 만들어줄 것이라 믿었다.

　당시 탄핵 역풍은 단지 거품이었을 뿐이다. 언론이 대대적으로 보도하며 문제를 키운 정동영 의장의 노인 폄훼 발언도, 2004년 총선 국면에서 지지도가 하락한 원인은 아니다. 결과적으로 볼 때, 울고 싶은데 뺨 때려준 효과는 있었을지 모르겠지만 말이다 (2017년 3월 현재의 민주당에 대한 압도적인 지지 역시 투표장에 갈 때까지 그대로 유지된다는 보장은 없다. 전적으로 선거 전략에 달려 있다. 탄핵 결과에 따른 지지도는 격앙돼 있는 감정적 지지이지만 투표를 할 때는 매우 계산적이 된다. 따라서 거품이 들어간 지지도를 그대로 믿으면 필패한다).

　그런데 진보진영이 그렇게 전략 개념이 없는지는 그때 처음 알았다. 영남 지역 후보들이 정동영 의장에게 노인 폄훼 발언에 대한 책임을 지라며 사퇴를 요구한 것이다. 정동영 최측근들도 이에 동조했다. 아니, 더 강하게 요구했다. 만일 정 의장이 사퇴하지 않아 선거에서 진다면 정계 은퇴를 해야 할 거라며, 그런 상황을 어떻게 책임지겠느냐고 따지고 나섰다. 나는 어차피 빠질 표가 빠지는 것이기 때문에 사퇴할 필요가 없다고 맞섰다. 만일 탄핵이 없었으면 같은 150석이라도 질이 달라졌을지는 모른다. 영남에서 좀더 얻고 호남에서 반타작했을지 모르는데, 탄핵 때문에 영남에서 거의 참패하고 호남에서 약진한 결과가 나왔다고 생각한다. 탄핵으로 인한 위기감으로 지지자들이 정파적으로 결집한 결과 질이 달라졌을지는 몰라도 정동영 발언 때문에 150석이 된 것은 아니라는 말이다.

　다른 측근은 정 의장이 의장직을 사퇴해야 한다고 주장했고 나는 그렇게 되면 호남이 무너진다고 반대했다. 결국 의장직을 지키는 쪽으로 결론을 내렸다. 그렇게 결론을 낸 날 아침, 나는 갑자기 열린우리당에 입당한다는 기자회견을 했다. 정동영이 당 의장 사퇴를 위해 기자들을 불러놓았는데, 내가 그 소식을 듣고 새벽에 당사로 달려와 사퇴를 무산시켰기 때문이다. '이제 불러놓은 기자들에게 뭐라고 하지?' 싶은 순간 내가 결단을 내렸다. 김대중 대통령 때도 재보궐 선거에 출마해 '우미애, 좌기숙' 하면 좋겠다던 제안을 거절했고, 정동영 의장으로부터도 비례대표 제안을 두 번이나 거절한 터였지만 몇 초 만에 정치권 진입을 결정해버린 것이다.

　"이번 선거에서 여당이 과반수가 안 되면 헌재에서 탄핵이 받아들여질 겁니다. 이는 역사의 정의와 시대정신을 배반하는 것입니다. 국가가 이런 절체절명의 위기에 처했는데 한가하게 상아탑에 머물 수 없어 오늘 입당을 선언합니다."

　그만큼 그 선거는 우리 국민 대다수에게 중요했다. 1~2분도 생각할 겨를이 없이 기자회견장으로 뛰어갔기에 무슨 말을 했는지 기억도 잘 나지 않는다. 대략 이와 같은 입장 표명을 하고 전략기획단장을 맡았다. 탄핵으로만 가던 선거 전략을 폐기하고 '의회 권력 교체'라는 구호로 방향을 틀었다. 열린우리당 예상 의석이 과반 아래로 떨어지기 시작했다며 언론과 인터뷰를 통해 호소했다. 실제로 143석까지 추락하던 열린우리당의 예상 의석은 며칠 후 다시 회복되기 시작했다.

그러나 선거는 얼마 남지 않았고 영남 후보의 당 의장 사퇴 요구는 여전히 지속되었다. 당 의장직과 비례대표를 버리는 문제로 측근들이 또다시 갑론을박을 벌였다. 다른 측근은 비례를 지키고 당 의장을 버려야 한다고 주장했고, 나는 입각도 있고 재보궐 선거도 있으니 버리려면 비례를 버려야 감동이 있다고 주장했다. 결국 얻은 타협책이 비례대표 순번을 버리고 당 의장을 지키는 것이었다. 물론 갑론을박하는 가운데 최종 결단은 정 의장이 했다. 그것만으로는 부족하니 단식을 하자는 의견이 받아들여져, 일체의 선거운동을 중단하고 당사 마당에서 정 의장의 단식이 시작되었다. 그때가 선거 2~3일을 앞둔 시점이었다.

선거 날 오전 세수도 안 하고 홀가분한 마음으로 남편과 산책을 하고 있는데, 갑자기 청와대에서 들어오라는 전화가 왔다. 이 중요한 날 대통령이 왜 별로 친하지도 않은 나를 부르는지 궁금했다. 부랴부랴 달려가 보니 정 의장과 노 대통령이 함께 기다리고 있었다. 내가 연신 휴대전화를 보며 뉴스 문자로 들어오는 투표율을 체크하는데 노 대통령이 "휴대전화 내려놓으세요. 모든 걸 운명에 맡깁시다"라고 해서 휴대전화를 핸드백에 집어넣었다. 노 대통령이 나를 부른 이유를 설명하기 시작했다.

"나는 차기를 정동영 의장이 했으면 좋겠습니다. 정 의장에게 내가 빚을 많이 졌고, 너무 고맙게 생각합니다. 특히 나는 호남에 빚을 많이 졌는데 이 빚을 갚는 건 호남에서도 또 대통령이 나올 수 있다는 걸 보여주는 거라고 생각합니다."

노 대통령이 왜 그 자리에 나를 불렀는지 나중에 곰곰이 생각해봤다. 대선 기간에 정동영 의장과 내가 협력해서 노 대통령의 선거 전략을 도왔고 우리가 둘 다 호남 사람인 줄 아셨기에 그를 차기로 지목하면서 나를 증인으로 불렀던 같다. 노 대통령은 돌아가시기 직전까지 내가 호남 사람인 줄 알고 있었고, 신건 국정원장이 구속될 때도 온종일 내게 전화해 호남 민심을 물어보았었다. 내가 몇 번이나 서울 사람이라고 말씀을 드렸지만 끝까지 기억하지 못했다. 나와 정동영의 관계가 초기에 너무 강력하게 입력되어 있어서 그랬던 것 같다.

그 자리에서 정 의장의 입각 논의도 이뤄졌다. 노 대통령은 노인 발언으로 화가 나 있을 어르신들과의 관계도 회복할 겸 보건복지부가 어떠냐고 제안했다. 후에 비전2030이 나오면서 뒤늦게 깨달은 거지만, 그때 이미 노 대통령은 양극화를 해결하기 위해 우리의 의제를 복지 정책으로 옮겨야 한다는 생각을 해놓았던 것 같다. 복지를 정동영의 트레이드마크로 해서 다음 대선에 내보내고 싶었던 것이다. 정 의장은 통일부를 하고 싶다고 말했다. 노 대통령은 김근태 의원이 통일부 장관을 원했지만 정 의장이 원하면 자리를 바꾸면 된다며 선선히 받아들였다.

뒤늦게 깨달았다. 노 대통령은 공천권을 행사할 필요가 없었다는 점을. 차기를 정동영으로 이미 정했기에 대통령은 자신이 할 수 있는 모든 것을 다해 도와주고 싶었던 것이다. 그래서 공천권 전부를 정동영 의장에게 넘긴 것이다.

의리남 노무현

노 대통령이 정동영을 차기로 정했다는 소식을 공유하기 위해 세 부부가 만났다. 그 자리에서 정 의장 부인이 이런 말을 했다. "사실 호남분들은 노 대통령에게 좀 섭섭해했어요. 이 사람을 총리 시키리라고 기대했거든요."

나는 이렇게 말했다. "노 대통령도 그 말씀을 하셨어요. 그런데 차기 주자가 총리를 맡는 건 아무래도 현 정부의 공과 과에 대한 책임 때문에 부담이 되니까, 자신의 전문 분야를 키우는 장관을 하는 게 대선 수업에는 더 좋다고 하셨죠."

부인의 입을 통해 나온 발언이었지만 그때부터 노 대통령에 대한 정 의장의 섭섭함이 싹트고 있었는지도 모르겠다. 정봉주 전 의원도 노 대통령의 입장에 동의했는데, 그 이유는 이해찬 총리로부터 들은 총리 역임 소감 때문이었다.

"정치를 계속하려는 사람에게는 총리가 참 안 좋은 자리다. 총리는 시작할 때 언론에 한 번 나오고 퇴임할 때 한 번, 그렇게 딱 두 번 나온다. 국민은 총리가 뭘 하는지도 모르고. 그런데 문제가 생기면 총리가 다 뒤집어쓴다."

노 대통령이 이런 마음을 친노들과 공유했기에 노사모에서 국참(국민참여연대) 계열, 즉 이기명, 명계남 이하 많은 사람이 정통(정동영과 통하는 사람들)의 모태가 되어 조직을 꾸렸다. 이 사실을 모르고 노사모 일부는 이분들에게 배신자라고 돌을 던지기도 했는데 그건 오해라고 생각한다. 그 자리에서 노 대통령은 이런 말도 잊지 않았다.

"아무리 현직 대통령이라도 차기를 만들어내지는 못합니다. 차기는 오로지 정치인 본인의 능력으로 치고 올라오는 겁니다. 나도 김대중 대통령이 점지를 했다면 오히려 불리했을지 모릅니다. 이인제 씨도 김영삼 대통령이 배후라는 소문이 돌면서 지지도가 추락하지 않았습니까? 내가 할 수 있는 일은 입각의 기회를 주는 것 정도밖에는 없습니다. 결국 차기가 되느냐 못 되느냐 하는 건 전적으로 정 의장이 어떻게 하느냐에 달려 있습니다. 우리가 10년 집권을 했기 때문에 차기가 만만치 않을 겁니다. 그러니 조 교수도 옆에서 많이 도와주십시오."

2004년 봄은 내게 처음으로 찾아온 연구년이었다. 대선을 끝내고 조용히 미국으로 떠날 생각이었지만 총선이 걱정되었다. 정 의장도 그때는 나와 자주 의논할 때라서 출국을 한 학기 연기하고 총선 시기에 한국에 남았는데, 그 일은 결과적으로 보람이 있었다. 미국에서 탄핵을 겪었더라면 도와주지도 못하면서 마음고생만 할 뻔했다.

드디어 우리 가족은 2004년 8월 말 조지워싱턴대학교가 있는 워싱턴DC로 연구년을 보내기 위해 떠났다. 2003년, 2004년 두 차례 그곳에서 발제를 하면서 싱크탱크 사람들과 교류를 해보니 특히 2004년에는 한국 정부에 대한 그들의 냉소적인 태도를 느낄 수 있었다. 총선에서 열린우리당이 과반 의석을 확보하면 한국이 이라크 파병도 하지 않을 것이고 이미 파병한 부대도 철군할 것이라고 주장하기도 했다. 그곳에 있으면서 기회가 있을 때마다 세미나에 참여해 여론을 청취해보고 싶은 생각이 들었다.

미국에 도착한 지 4개월이 지난 2004년 말쯤이 되어서야 가구도 사고 살림살이도 장만해 집 같은 집을 겨우 만들었다. 그런데 해가 바뀌자마자 청와대에서 홍보수석으로 오라는 전화가 왔다. '어떻게 온 연구년인데…' 하는 생각이 제일 먼저 들었다. 더욱이 고2짜리 아들을 설득하고 협박해서 스미소니언 박물관을 함께 순례하겠다고 약속하고 데리고 온 터였다. 그래서 청와대에서 온 전화를 두 번이나 거절했다. 그러자 정동영 당시 통일부 장관으로부터 전화가 왔다. 내가 청와대에 들어가는 게 자신의 차기 준비에 얼마나 중요한지를 설득했다. 무엇보다 지난해 총선이 있었고, 내년인 2006년에는 지방선거가 있으니 일 잘하는 사람이 올해 꼭 있어야 한다고 했다.

남편이 반대해서 어렵다며 남편 핑계를 댔다. 실제로 남편이 결사적으로 반대하기도 했다. 하지만 결국 정 의장의 간곡한 부탁에 남편도 내가 떠나는 데 동의했다. 대신 반년짜리 연구년을 보내러 왔던 남편은 6개월 더 휴직을 하고 아이들을 맡아주기로 했다. 우리 애들이 미국에 조기 유학 중이라는 일부 언론의 보도는 전혀 사실이 아니다. 내가 나머지 6개월의 연구년을 보내러 돌아올 때까지 식구들이 나를 기다리고 있었을 뿐이다. 완강했던 남편의 마음을 돌려세운 건 우리가 여기서 정권을 빼앗기면 두 대통령의 개혁이 물거품이 될 것이라는 정 장관의 논리였다. 나도 이 때문에 마음이 움직였다.

1월에 비보도를 전제로 내가 홍보수석으로 온다는 게 언론에 알려졌는데, 내가 한 달이 지나도 나타나지 않자 누가 반대를 한다느니 비토를 한다느니 말이 많았다. 사실은 그 후에도 내 마음이 계속 왔다 갔다 했었다. 청와대가 내가 생각하는 만큼 개혁적인 사람만 있는 게 아니고 평생 정치 백수처럼 지내는 사람도 수석으로 임명되는 걸 보며 가지 않겠다고 했었기 때문이다. 곧 선거에 나갈 사람이라 몇 달만 계급장 달아주는 것이라는 설득에 다시 마음을 돌려 2월 18일에 첫 출근을 했다. 첫날 오찬 때 만난 노대통령은 뜻밖의 말을 했다.

"가족과 좋은 시간 보내는데 불러들여 미안합니다. 정동영 장관이 잘하기는 하는데 박근혜 씨 옆에 서면 연설하는 모습도 좀 구식으로 보이고 아직 부족한 점이 많습니다. 조 교수가 여기서 공부와 준비 좀 많이 해가지고 나가서 그를 도와주십시오."

이미 알고는 있는 이야기였지만 정동영을 위해 나를 청와대까지 불렀다는 노 대통령의 말씀에 나는 다시 한 번 깜짝 놀랐다.

그런데 돌이켜보면, 정 의원과 나의 관계가 소원해진 건 내가 청와대에 들어간 이후부터인 것 같다. 노 대통령을 위해 나의 모든 것을 던져 방어하는 것을 보며 내가 친노가 되었다고 생각했기 때문일까. 내가 언론의 구설에 많이 오르내리자 정동영 측근이 나에게 청와대를 떠나라고 공격하는 지경까지 왔다. 당시 정 장관은 나를 보호하지 못해 미안하다고 말했다. 그의 따뜻한 마음을 누구보다 잘 알기에 그 일로 마음 상하진 않았다. 하지만 보수언론보다 더 섭섭하게 비판하던 진보언론과 열린우리당 정치인, 시민단체 인사들에게 나는 엄청나게 실망했다. 결국엔 정권 재창출이고 뭐고 내가 가족을 희생하고 새벽 6시부터 새벽 1시까지 할 만한 일은 아니라는 결론에 이르렀다. 딱 1년이 되는 날 청와대를 떠나 다음 날 아침 일찍 미국행 비행기에 몸을 실었다. 하루라도 빨리 가족을 만나고 싶었다.

김선일 사태로 외교부 장관 사퇴 여론이 높았을 때 노 대통령은 반기문 장관의 사표를 받고 정 장관을 외교부 장관에 기용할까

하는 생각도 잠시 했었다. 정 장관이 외교무대에서 활약하면 차기에 더 도움이 될지 어떨지를 내게 물어보기도 했다. 그간 반 장관의 일방적인 친미적 태도가 마음에 들지 않아 교체를 생각하고 있던 터였다. 그런데 지금 그런 결정을 한다면 누가 봐도 김선일 사태의 문책 인사로 여겨질 것이고, 그건 곤란한 일이라고 생각했다.

"그 자리에 누가 있어도 그보다 잘 할 수 없는 일이라면 책임을 묻지 않는다."

이게 대통령의 원칙이었다. 김선일 사태는 불가항력적인 일이었으므로 외교부 장관이 책임질 일은 아니라고 생각했다. 정 장관도 외교부로 옮기는 것에 대해 별로 열정을 보여주지 않았다.

2006년 초 정 장관은 지방선거를 치르기 위해 당으로 돌아가겠다며 통일부 장관직 사의를 표했다. 사실 그가 당을 비운 후 열린우리당은 말 그대로 '아사리판'이 되고 말았다. 당 의장이 몇 개월에 한 번씩 바뀔 정도였다. 그러나 대통령은 선거를 맡는 건 부담이 되니 좀더 내각에 있으라고 만류했다. 원하는 부서가 있으면 자리 이동도 고려할 태세였다. 정 장관 측근들은 정 장관이 당을 장악할까 봐 못 가게 하는 것이라고 오해했다. 하지만 어떻게 그런 오해를 할 수 있는지 지금 생각해봐도 이해가 되지 않는다. 아무러면 노 대통령이 정 의원이 당을 장악하는 게 무서워 반대했을까. 공천권을 전적으로 맡겼던 분이 아닌가 말이다. 이런 식으로 정동영 의장 쪽은 노무현 대통령에 대한 불신을 조금씩 키워가기 시작했다.

그러나 내가 기억하는 노 대통령은 끝까지 정 장관에게 의리를 지켰다. 임기 말 대통령이 퇴임 후 진보 싱크탱크를 만들기 위해 준비 중이어서 청와대에 가서 만날 기회가 몇 번 있었다. 그때 내가 대통령에게 따졌다.

"왜 열린우리당을 없애는 데 동의하셨어요? 내년(2008년) 총선 어떻게 하시려고요? 이렇게 가면 야당은 전멸입니다. 열린우리당이라도 지켰어야 총선에서 친노들이 살아남죠."

대통령이 나직이 나를 설득했다.

"그러면 정 의장에게 우리가 원망을 듣습니다. 우리가 할 수 있는 한 도울 뿐이지, 원망 듣는 일은 하지 맙시다. 그래서 탈당 안 하겠다던 이해찬, 유시민도 내가 설득해서 보냈습니다. 끝까지 원망 듣지 않게 조 교수도 잘 도와주십시오."

노 대통령에게 말은 하지 않았지만 그때는 이미 나와 정 의장이 서로 전혀 소통을 하지 않던 때였다. 열린우리당을 깨고 민주당과 합당하겠다고 하는 자리에서 내가 언성을 높이며 비판했기 때문이다. 그 후 우리는 소식이 끊어졌고 열린우리당은 사라졌다. 그래도 대선 기간 내내 정동영을 옹호하는 글을 서프라이즈에 쓰며 후회 없이 활동했다. 노 대통령의 당부를 지켜야 한다고 생각했기 때문이다. 그런데 정 후보의 광고가 대부분 이명박의 BBK를 비난하는 네거티브한 것으로 나오기 시작했다. 인터넷은 그렇다고 해도 신문까지 이렇게 가면 큰일이었다. 소원해진 후 처음으로 정 후보에게 전화를 했다.

"이렇게 네거티브만 하면 투표율 떨어집니다. 진보는 투표율이 높아야 이기는 거 모르세요?"

자신은 잘 모르니 모 의원과 통화해보라고 했다. 2004년 때 열린우리당 선거 전략 콘셉트를 탄핵으로만 잡아서 지지율이 떨어지는 걸 방치하던 의원이었다.

"설마 신문에도 네거티브 광고하시는 건 아니죠?"

수화기 저쪽에서 아무 대답이 없었다.

"신문도 그렇게 하셨어요?"

"네."

정동영이 최저의 투표율을 기록하며 처참하게 패하리라는 건 이미 그때 예견된 일이었다. 그 여파로 애꿎은 정봉주 의원만 감옥에 갔고, 이제는 방송인이 되어버렸다. 그것도 정치발전에 좋은 일이긴 하다. 수많은 시민에게 정치 교육을 하고 있으니까.

노무현 대통령은 처음부터 끝까지 정동영 의원의 당선을 위해 할 수 있는 최선을 다했다. 하지만 대선에 패함으로써 참여정부의 많은 업적은 물거품이 되었다. 노 대통령에게 딱 한 가지 잘못이 있다면 후계자를 한 명만 키웠다는 점이다. 그래서 대선에 패하자 자신의 노후를 보호해줄 안전장치를 갖지 못하게 됐다. 나는 이 일로 대통령을 또 원망했다.

"왜 차기를 정동영만 키우셨어요? 대안을 좀더 만드시지…."

대통령이 퉁명스럽지만 솔직하게 답했다.

"그럼 이해찬으로 합니까? 유시민으로 합니까? 유시민은 안티가 많아서 어려워요. 내가 대통령이 될 수 있었던 건 2002년 초 한겨레21 여론조사에 나왔듯이 안티가 가장 적어서였어요."

노 대통령은 이 조사 덕분에 자신이 대통령에 도전할 용기를 가졌고 또 당선까지 될 수 있었다며 늘 감사하게 생각했다.

노무현과 정동영 사이에서 나는 내 학문적 결과가 시키는 대로 움직였다. 결과적으로 정동영과의 우정은 깨지고 친노로 남게 되었다. 봉하에서 책을 쓰기 위해 자주 갔을 때 노 대통령은 지나가는 말로 넌지시 묻곤 했다.

"요즘은 정 의원 자주 안 만납니까?"

나는 무심히 답했다.

"우리 헤어진 지 오래됐어요. 2007년 열린우리당 깬다고 해서 한 판 싸우고 그 후에 거의 연락 안 하는데요?"

노 대통령은 여전히 정 의원의 안부가 궁금했었던 것 같다. 그래서 나와는 물론이고 노 대통령과의 인연도 끊어진 정 의원이 너무 안타까웠다.

정동영의 오해

2016년 초 몇 년 만에 없는 시간을 쪼개서 정 의원이 씨감자를 키우는 마을로 찾아갔다. 국민의당 입당을 만류하기 위해서였다. 정 의원 부부를 다시 만나 장시간 대화를 나누면서 노 대통령과 정 의원 두 사람의 관계가 어디서부터 꼬이기 시작했는지 좀더 자세히 알게 되었다.

정 의원은 하나도 변하지 않았다. 하루 전날 문재인 대표가 정 의원의 민주당 입당을 설득하기 위해 왔다가 허탕을 치고 갔는데, 그 일에 대해 마음이 짠하다고 말했다. 따뜻하고 인정 많은, 좋은 사람 그대로였다. 손님들이 많이 찾아와서 대화는 주로 정 의원 부인과 나누었고, 정 의원은 사이사이 들어와 거들었다. 정 의원은 원래 남을 원망하는 말을 잘 하지 않기에 부인이 내게 들려준 말이 정 의원 생각이기도 한 건지 부인 혼자의 생각인지는 잘 모르겠다.

정 의원이 민주당 입당을 거절한 이유를 한마디로 정리하면 노 대통령이 정동영이 대통령 되는 걸 조직적으로 막았다는 것이다. 나는 어이가 없어서 말을 끊었다.

"제가 산 증인이잖아요. 노 대통령은 초기부터 정 의원님을 차기로 정했어요. 이후 내내 얼마나 도와주셨는데 그런 말씀을 하세요? 또, 그렇게 정치권 들어가기 싫어했던 제가 누구 때문에 청와대를 갔는데요."

　오해의 출발은 지방선거 전날 집집마다 배포된 재산세 고지
서였다. 부동산 과표가 현실화되면서 재산세가 두세 배 올랐던 것
이다. "아무리 내가 못나도 그렇게까지 참패할 수가 있나요?" 정
의원은 세금 고지서 외에는 설명하기가 어렵다고 생각한 것 같다.
나는 고지서가 선거 전날 뿌려진 게 이슈가 되어 선거에 영향을
미치긴 굉장히 어렵다고 본다. 어떤 사건이 보도되고 입소문을 타
서 영향력을 미치는 데에는 최소 3일이 필요하다. 정봉주 전 의원
은 요즘같이 SNS가 발달했을 때나 3일이지 과거에는 최소 일주일
은 있어야 여론화가 된다고 주장했다. 어쨌든 정동영 의원 쪽에서
는 재산세 고지서가 선거 전날 발부된 걸 청와대의 조직적인 선거
방해 음모라고 오해했던 것이다. 이게 원인은 아니겠지만 왜 정부
에서 정무적으로 조심하지 않았나 싶어 안타깝기도 했다. 그런데
다시 생각해보니 꼭 그렇지만도 않았다. 고지서가 정기적으로 뿌
려지는 날이 있을 텐데, 그걸 선거 때문에 며칠 연기한 게 알려진
다면 더 큰 정치적 문제가 되지 않았을까?

　당시 나는 미국에서 선거를 지켜봤는데, 무엇보다 전략의 문
제로 열린우리당이 참패할 것을 이미 알고 있었다. 대통령 임기
중에 치러지는 지방선거는 어차피 참여정부에 대한 심판 선거일
수밖에 없다. 따라서 참여정부가 그동안 뭘 했는지를 홍보해야 한
다. 나는 청와대를 떠나기 전에 당에서 지역구마다 상영할 수 있

도록 참여정부의 업적을 알리는 홍보영상물을 만들어놓고 꼭 사용하라고 신신당부를 했다. 그런데 정동영 의장은 물론 강금실 서울시장 후보나 전략기획본부장인 김한길 의원 모두, 다니면서 참여정부가 잘못했다고 사과만 했다. 사과하면 심판받는 게 당연하다. 프레임 자체가 잘못되었기에 내가 처음 예상한 것보다 더 크게 패했다.

우선 투표율이 형편없었다. 강금실 후보가 오세훈 후보에게 절반밖에 득표를 못 하고서도 "후보는 좋은데 노무현 정부 때문에 패했다"는 측근을 보며 '저러니 선거에 지지' 하는 생각이 들었다. 미국에서도 투표 독려 전화를 그렇게 했건만, 나를 빼고 우리 집 식구들은 물론 내 주위 누구도 투표하지 않았다. 당이나 후보 모두 꼴 보기 싫다는 답이 돌아왔다. 결국 그 선거는 보수언론의 프레임에 굴복해서 패한 것이다. 열린우리당 쪽은 투표를 하지 않고 보수 쪽은 높은 투표율을 보이며 결집했으니 패할 수밖에 없지 않겠는가. 재산세 고지서의 문제가 아니다.

또 다른 오해는 2007년 대통합민주신당 경선에서 있었던 '박스떼기' 사건이었다. 당시 처음으로 모바일 선거로 완전 국민경선을 치렀다. 후보 간에 지인들의 개인정보를 얻어 선거인단으로 등록시키는 경쟁 광풍이 불었다. 그런데 노무현 대통령의 주민등록번호가 정 의원이 접수시킨 경선인단에서 발각됐다. 명단을 박스로 떼다가 경선인단에 한꺼번에 접수시키면서 발생한 일이다. 정

의원 부인의 증언에 따르면 검찰이 사무실에 들이닥쳐 모든 서류를 가지고 가는 바람에 경선도 제대로 치르지 못했다는 것이다. 이 일을 청와대가 지시한 거라는 오해였다.

참여정부는 검찰에 영향력을 전혀 행사하지 못했다. 노 대통령은 당신이 임명한 검찰총장하에서 수사를 받다 결국 스스로 죽음의 길을 택했다. 자율권을 통해 검찰 스스로 개혁하기를 바랐기에 영향을 미칠 생각도 하지 않았지만, 사실은 그들에게 영향을 미칠 수 없다는 걸 알았기에 그 길을 택했던 것이다. 청와대가 검찰을 조종해서 누군가를 탄압할 수 있다는 생각은 참여정부에서는 불가능한 일이었다. 역대 정부에서라면 몰라도, 참여정부는 4대 권력기관을 독립시키지 않았나. 김영삼 대통령, 김대중 대통령의 아들들이 왜 임기 말에 털렸겠나. 그걸 보면서 노 대통령은 진즉에 검찰 장악을 포기했다. 오히려 대통령은 우리에게 임기 말에 털리지 않도록 몸조심하라고 당부했다. 한 예로, 미림팀의 X-file 수사는 의회가 특별법을 제정해서 특검을 임명해야 가능한 일이다. 이상호 기자는 이것을 청와대 민정수석이 막았다고 주장하는데 터무니없는 얘기다. 참여정부가 검찰을 통해 민주당 경선의 박스떼기를 수사했다는 정동영 부인의 인식도 그에 못지않게 허황되다.

또 한 가지, 정 의원 부인은 K 주간지에 보도됐던 '형님 밀약설'을 철석같이 믿고 있었다. 2007년도 대선 정국에서 이명박과 노무현 사이에 딜이 있었다는 것이다. 이명박의 BBK를 검찰에서 건드리지 않는 대신 노무현 대통령 퇴임 후 노무현 정권의 비리를 건드리지 말라는 내용으로 말이다. 만일 그게 사실이라면 형님과 가족까지 다 털리고 결국 대통령이 스스로 목숨을 버리는 일까지 일어났겠는가. 대통령의 죽음을 보고도 그런 유언비어를 믿는 이유를 나는 이해하기 어려웠다.

하지만 집에 돌아오면서 한 가지 집히는 게 있었다. 그동안 나는 정 의원의 행보를 이해하기 어려웠다. 그렇게 착하고 배려심 많은 사람이 어떻게 저렇게 자신을 망가뜨리는 정치적 행보를 할 수 있는지 이해가 되지 않았다. 만일 그 많은 선택이 자신이나 부인의 잘못된 선택 때문이었음을 직시했다면 정 의원은 견디지 못하고 벌써 정치권을 떠났을 것이다. 자신이 저렇게 된 것은 자신의 잘못이 아니라 노무현의 음모 때문임을 철석같이 믿었기에 지금까지 정치권에서 살아남은 게 아니었을까 하는 생각이 들었다.

"그렇게라도 해서 마음이 위로가 된다면 그렇게 믿으세요. 노 대통령은 정 의원에 대한 애정과 고마움을 잊지 않았기에 정 의원을 지금도 이해하고 용서할 겁니다. 나도 당신의 재기를 응원합니다!"

2007년 대선의 패배

정 의원과의 친밀한 관계가 깨지게 된 결정적인 계기는 열린우리당 의원이 연쇄 탈당하여 대통합민주신당을 만들기 전 의논을 하는 자리에서였다.

"열린우리당을 정 의장이 만들었는데 스스로 깨면 잘못을 시인하는 것 아닌가요? 국민이 왜 잘못한 사람에게 기회를 줘야 하죠? 이번에 지는 게 문제가 아니라 정당이 파괴돼서 다음 선거에는 시작할 기반도 사라질 거예요. 내가 정 의장의 선거 전략을 위해 책을 쓰고 있으니 참여정부의 공을 들고 나가서 싸우세요. 언론에 의해 가려진 공을 국민에게 알리고 비전2030이란 복지 프레임으로 싸우세요."

《마법에 걸리는 나라》는 순전히 정동영 후보를 위해 쓴 책이다. 최근 〈전국구〉 팟캐스트에서 내가 진보언론을 비판하자, 내가 문재인에게 한자리 얻으려고 문재인을 비판하는 진보언론에 날을 세운다는 얘길 들었다. 진보언론의 문제는 이미 2007년 책에도 나오고, 2012년에 쓴 《문재인이 이긴다》에도 나온다. 2007년만 해도 오마이뉴스는 다른 진보언론과 논조가 달랐기 때문에 당시엔 '한경오'가 아니라 '한경'만을 문제 삼았다. 2007년 출간된 《마법에 걸린 나라》에서 나는 조중동과 한경이 똑같이 참여정부 실패 프레임을 만들어서 공격하지만, 노무현은 곧 재평가될 것이라고 주장했다. 2017년 대선에서 문재인을 위해 새삼스럽게 진보언론을 비판하는 게 아니다.

언론에 보도되는 여론조사에 의하면 '노무현 대통령의 개혁 방향이 옳다'라는 항목에는 거의 70~80%의 국민이 '그렇다'고 답했다. 반면, '대통령이 우리 같은 서민의 어려움을 잘 안다'는 항목에는 '그렇다'는 답변이 가장 적었다. 왜 그랬을까. 대통령이 민생 행보를 거의 하지 않았기 때문이다. 대통령은 시장 가서 떡볶이 먹고 서민들과 소주 한잔하는 식의 감성적 터치를 싫어했다. 정책으로 그들의 삶을 바꿔주지 못하면서 쇼만 하는 건 국민을 속이는 일이라고 생각했기 때문이다. 결과적으로 여론조사에서 노 대통령에 대한 지지도가 높지 않았던 것은 감성 터치가 부족했기 때문이지 일을 잘못했기 때문은 아니었다. 그래서 나는 곧 그에 대한 재평가가 이뤄질 것이라고 확신했다.

많은 사람이 노 대통령 임기 말 지지도가 굉장히 낮았다고 오해하는데, 사실이 아니다. 한·미FTA를 2007년 4월 2일에 체결했고, 이후 노 대통령은 자신의 핵심 지지층 30%에 보수의 지지까지 받아서 지지율이 50%가 넘었다. 역대 가장 높았을 뿐만 아니라 임기 초보다 높았다. 구좌파들은 개방에 반대하지만 신좌파들은 개방을 지지한다. 이게 구좌파와 신좌파가 딱 갈리는 부분이다. 신좌파, 화이트칼라들은 대체로 개방을 좋아하고 노동자들은 반대한다. 노 대통령의 핵심 지지층 지지도가 대체로 33% 정도

되었고 이 지지는 임기 내내 안정돼 있었다. 사람들이 10%, 심지어 10% 이하 지지도를 기억하기도 하는데 그건 정상적 조사가 아니라 여론조작이다. 예를 들면 '노 대통령이 이런저런 발언을 했는데 찬성하느냐'에 응답하게 되어 있는데 그 발언은 언론이 왜곡한 것이 대부분이었다. 그러니 역으로, 왜곡된 발언에 대해 동의하는 사람이 10% 정도라고 볼 수도 있다.

노 대통령의 업무평가에 대한 지지도는 대체로 안정돼 있었다. 특히 내가 청와대에서 근무할 때는 지지도가 40% 이상으로 좋았는데 이라크 자이툰 부대에 다녀온 게 국민에게 감동을 주었기 때문이다. 대연정을 제안했을 때만 10~15%p 쭉 빠졌다가 대연정을 접으면서 다시 35%로 회복되었다. 그리고 2007년 10월에 정상회담과 10·4공동선언을 하면서 지지도가 다시 올라갔다. 그래서 역대 대통령 중 임기 말 지지도가 굉장히 좋았다. 정봉주 전 의원조차 내 얘기를 듣고 깜짝 놀라는 걸 보면 언론에 세뇌되는 게 얼마나 무서운 일인지를 분명히 알 수 있다. 거짓말로 전 국민을 속일 수 있다.

더욱 놀라운 사실은 김대중 대통령 임기 말 지지도가 19%였다는 점이다. 그런데 노무현은 김대중을 밟지 않고 이겼다. 만일에 노무현이 김대중을 밟았으면 절대 이기지 못했을 것이라고 본다. 폭스TV를 보던 중, 오바마 대통령이 이란과 핵무기 딜을 했는데 힐러리도 그걸 비판했다는 뉴스가 나왔다. 폭스TV가 완전히

새빨간 거짓말을 하는 방송이라는 사실을 모른 채 나는 국제홍보
론 수업시간에 힐러리가 오바마를 비판해서 이제 대통령 되기는
글렀다고 말했다. 무엇이 팩트인지를 떠나 내가 하고 싶은 얘기
는, 자기 당 후보가 현직 대통령을 비판하면 당내 분열이 일어나
결코 이길 수 없다는 것이다. 이번 2017년 대선에서도 자유한국
당과 바른당은 분열 때문에 절대 집권하지 못할 것이다.

언론에서 '홍삼 비리' 어쩌고 떠들어대니까 국민은 김 대통령
을 원망해서 지지율 19%를 보였지만, 노 대통령은 이를 임기 말
검찰의 농간이라고 봤다. 역대 권력형 범죄에 비하면 얼마 되지도
않는 액수인데 대통령 아들을 빌미로 검찰이 선거에 개입한 것이
다. 호남의 바닥 정서는 다르다는 것을 노무현 후보는 이해했고,
또 본인도 검찰과 언론의 농간에 속아 분열되면 안 된다는 것을
알았다. 노무현이 이기니까 학자와 언론은 김대중 대통령의 지지
도가 낮았음에도 전망적 투표로 이겼다고 주장했다. 그런데 우리
나라는 단임 대통령제라서 모든 대선에서 유권자들이 전망적 투
표를 한다.[1]

정동영이 노무현을 밟지 않고 네거티브보다는 비전2030을
내세워 복지 대 성장 구도로 갔다면 어땠을까. 물론 판을 뒤집진

---

1) 조기숙, 〈'정당지지'에 기초한 선거예측 종합모형: 19대 총선의 구조를 중심으
로〉, 《한국정치학회보》 47집 4호, 2013, 71~92쪽.

못했을지 모른다. 그러나 투표율이 올라갔을 것이고 지더라도 아슬아슬한 패배를 했을 것이다. 그랬다면 그 후 5년간 그는 유력한 대선 후보로 남았을 것이다. 그래서 5년 후에는 복지를 선점한 정동영이 박근혜를 이길 수 있었을지도 모른다. 열린우리당을 깬다는 정동영과 격렬하게 토론을 벌이고 헤어질 때, 그가 이제 나를 다시 보지 않겠구나 하는 느낌을 받았다.

그때 정 의원은 노 대통령과 이 문제를 논의하다가 자신이 얼마나 큰 상처를 받았는지 호소했다. 호남 출신이 돼보지 않은 사람은 그분들의 피해의식을 잘 이해하지 못한다. 정 의원을 소개해준 절친이 서글픈 곡조의 흑인 영가를 부르며, 이것이 호남 사람들의 마음을 표현한 것이라고 한 적이 있다. 나는 초등학생 때부터 자발적으로 호남 사람으로 살아왔지만, 그리고 친구도 대부분 호남 사람이지만 아직도 내가 그들의 아픔을 다 모른다는 생각을 하며 정말 가슴이 찢어질 듯했다. 그래서 노 대통령에 대한 정 의원의 의심이 이해가 되지 않는 것은 아니다. 게다가 나는 열린우리당에서 정당개혁단장을 맡았을 때 개혁당과 구민주당 사이의 협상을 진행하면서 영호남의 문화 차이를 많이 느끼기도 했다. 노 대통령과 정 의원도 문화적 갈등을 겪은 게 아닐까 생각해본다.

노 대통령은 화가 나면 크게 소리를 지르고 엄청 화를 내기도 했다. 나도 수석보좌관회의에서 대통령에게 엄청 혼이 난 적이 있다. 그런데 대통령은 그대로 넘기지 못하고 꼭 달래준다. 그때도 주말에 부름을 받아 가서 여사님과 셋이서 점심을 먹었다. 대통령은 "요즘엔 나도 모르게 소리를 지르게 된다"며 미안함을 표시했다. 나는 사실 그런 일에 별로 상처를 받지 않는다. 나도 다른 사람을 잘 비판하지만 말이나 행동을 비판할 뿐, 사람이 싫어서 하는 게 아니기 때문이다. 노 대통령 역시 큰소리를 내지만 뒤끝이 없다. 반면 정 의원은 말도 사분사분하게 하고 부드럽다. 내 호남 친구들 중에도 고집 센 사람이 거의 없다. 배려심도 많고 싹싹하고 다정하다. 대통령을 만나서 열린우리당을 깨는 문제를 의논했을 때 노 대통령이 "나라도 당을 지키겠다"라며 화내고 소리를 질렀다고 한다. 노 대통령이 너무 무서워서 심장이 멎을 뻔했다고 정 의원은 호소했다. 그런 일을 처음 겪은 사람 같아 보였다. 그 일로 정 의원은 대통령에 대한 신뢰를 완전히 잃어버렸는지도 모른다. 두 사람 사이에서 나는 영호남의 문화적 갈등을 뼈저리게 느꼈다.

노 대통령은 민주당 분당에 책임이 없다. 그뿐 아니라 내 논문에도 경험적 분석[2]이 나와 있듯이, 유권자가 전망적 투표를 한 2007년 대선에서 정동영이 패배한 데 대해서도 책임이 없다.

---

2) 조기숙, 〈정당재편성 이론으로 분석한 2007 대선〉,《한국과 국제정치》제27권 4
   호 (겨울), 2011, 187~218쪽.

화합의 시작은
다름을 인정하는 것

조기숙   구좌파가 나쁜 게 아니에요. 경제적 평등을 추구하는
거잖아요. 구좌파적 입장을 견지하면서 문화적으로 변
화하면 얼마든지 신좌파가 될 수 있어요. 또 지금은 양
극화와 흙수저 문제가 너무 심각하잖아요. 그래서 요
즘은 신좌파 중 일부도 경제 민주화를 주장해요. 그동
안 신좌파는 경제 문제에는 관심이 없었지만, 상황이
상황이니만큼 나 몰라라 할 수가 없는 거죠. 이러면 신
좌파와 구좌파의 접점이 생겨요.

유럽이나 미국 같은 데서도 구좌파의 핵심은 육체 노
동자들이에요. 문화적으로는 보수적이라는 특징이 있
죠. 군대나 의사처럼, 사람의 목숨을 다루는 곳에서는
보수적인 문화가 들어설 수밖에 없어요.

정봉주   위계질서가 딱 서죠.

조기숙   육체 노동자들도 자칫하면 손가락 잘리고 몸을 다치기 때문에 보수적인 문화가 되죠. 그래서 미국의 민주당 핵심 지지자 중 노동자들이 레이건이나 트럼프에게로 이탈하는 거예요. 사람이 위험에 자주 노출되면 두려움의 뇌가 발달해요. 이 두려움의 뇌가 인간을 보수적으로 만들거든요.

정봉주   강력하게 질서를 잡아야 하는 곳에서는 위계질서와 규칙이 중요해지지요. 사실 막노동 사회에선 질서의식이 매우 엄격해요. 실장한테 덤볐다가는 죽는 수가 있어요.

조기숙   그렇죠. 왜냐하면 이 사람들은 일을 할 때 연장을 사용하니까. 막 풀어놨다가 화난다고 아무거나 하나 집어들면 누가 다칠 수도 있고 죽을 수도 있으니까요.

20세기에는 화이트칼라랑 블루칼라가 한 편이었어요. 그런데 21세기가 되면서 문화적 차이 때문에 갈라서기 시작해요. 왜 사무직과 노동직이 문화적으로 차이를 보일까? 이런 궁금증을 가지고 있었는데, 그 차이의 원인을 밝혀낸 논문은 아직 못 봤어요. 그런데 지금 의사나 군대 이야길 나누다 보니 생각이 좀 정리되네요. 화이트칼라와 블루칼라가 왜 문화적으로 분열하는가, 이거 빨리 논문으로 써야겠어요.

정봉주   저도 이해가 돼요. 같은 노동자라 하더라도 생산 현장의 노동자와 서비스 현장의 노동자가 다르거든요. 서비스 현장의 노동자들이 훨씬 자유롭고 평등하죠. 그러고 보니 저는 대학 때부터 약간 신좌파였나 봐요. 왜냐면 그때도 수정주의자니 개량주의자니 회색분자니 이런 비판을 많이 받았어요. 운동권이 운동을 할 때 인쇄물을 찍어내려면 돈이 있어야 해요. 그런데 돈 벌고 이러는 건 부르주아적 행태라고 하면서 막 경원시하잖아요.

조기숙　운동권 내에 원리주의가 좀 있죠.

정봉주　동아리 운영하려면 돈이 필요하다, 공부 열심히 해서 장학금을 타고 그 절반은 활동비로 내자. 내가 이렇게 주장하면 다들 너무 싫어하더라고요.

축제 때는 귤을 팔기도 했어요. 데모할 때 활동자금으로 써야 한다고. 그 돈을 모아서 지도부에게 줬더니 이런 활동을 하면 안 된다면서 안 받는 거예요. 그런데 그 친구들 지금 대기업 다니면서 1번 찍기도 하고…. 이 바닥에서 끝까지 살아남은 건 저밖에 없어요.

조기숙　유연한 사람은 오히려 배신하지 않고 살아남을 수 있어요. 원리주의자인 김문수, 이재오 이런 분들 보세요. 하루아침에 바뀌었죠. 극과 극은 통한다고 그러잖아요. 그것도 저는 뇌와 관련이 있다고 봐요.

정봉주　　유시민 작가 표현에 따르면 전두엽에 이상이 생기는
　　　　　생리 현상이지 이걸 사상적으로 설명하면 안 되는 거
　　　　　예요. 하하.

조기숙　　최근에 뇌과학에 대한 다양한 연구 결과를 보면요. 사
　　　　　람들이 자기 입으로 "나는 여기에 찬성해"라는 말을
　　　　　하기 전에, 질문을 끝까지 듣지도 않고 본능적으로 스
　　　　　위치를 누른대요. 뇌는 일부 타고나잖아요. 그러니까
　　　　　진보냐 보수냐는 타고나고, 환경에 의한 학습으로 좀
　　　　　다듬어지는 것 같아요. 그러니 상대를 너무 바꾸려고
　　　　　하지 말고 인정해줘야 하죠.

정봉주　　선천적 요인과 후천적 요인이 적절하게 조합돼서 인간
　　　　　뇌가 만들어진다는 거죠. 문화의 다름, 참 어려운 문제
　　　　　네요.

6장

호남 홀대론으로
누가 이익을 보는가

호남–충청 연대가
필요했던 이유

　　　　　　현대 정치에서 호남은 왕따의 원조다. 호남 왕따를 해결하는 하나의 방법으로 나는 1995년 광복 50주년 한국정치학회 기념학술대회에서 호남–충청 지역 연대에 의한 정권교체를 최초로 주장했다. 많은 이들이 지역주의 투표가 나쁘다고 유권자를 비난할 때, 지역주의 투표의 원인은 지역 차별에서 비롯된 것이기에 유권자를 비난하거나 가르친다고 하더라도 문제가 해결되지 않는다고 생각했다. 차별을 극복하는 가장 좋은 방법은 소외받는 지역들(약자)이 힘을 합쳐서 차별하는 지역(강자)을 선거에서 이기면 된다는 게 나의 논리였다. 그렇게 정권교체를 한

번 경험하면, 역지사지의 마음이 생겨 지역 차별도 사라지고 자연스럽게 지역주의 투표도 완화된다는 주장이다. 따라서 지역 연대는 승리 전략일 뿐만 아니라 도덕적으로도 바람직한 전략이라는 게 내 논문의 핵심이었다.

정치학자들은 이익 투표를 가장 바람직한 투표 행태라고 생각한다. 예컨대 노동자가 진보정당에 투표하고 자본가가 보수정당에 투표하는 걸 합리적이고 이성적이라고 생각한다. 그런데 지역적으로 차별받는 유권자가 자신의 지역을 대변하는 정당을 지지하는 게 뭐가 문제인가? 지역 차별을 했던 사람이 나쁘지, 그 차별에 저항해 지역주의 투표를 하는 건 이익 투표이므로 합리적 선택이라고 할 수 있다. 따라서 1997년 대선에서 호남-충청 연대 전략이 승리 전략일 뿐만 아니라 도덕적인 전략이다. 지역주의 투표는 현상의 반영이지만 지역 갈등이 존재한다는 것 자체는 바람직하지 않다. 다른 갈등과 달리 지역적 갈등은 종국에는 전쟁으로 치닫는다는 것이 역사적 교훈이기 때문이다. 차별받는 지역이 정권을 잡으면 지역주의도 자연스럽게 소멸될 것이므로 국가의 미래를 위해서도 바람직하다.[1]

---

1) 조기숙, 〈선거제도와 선거행태의 변화〉, 《광복50주년 기념논문집》 한국학술진흥재단 편, 1995.

지역 균열이 여타 균열과 달리 질이 나쁘다고 보는 데에는 그럴 만한 이유가 있다. 보통 선진국의 선거에서는 계층 균열이 가장 뚜렷하게 나타나는데 부르주아, 프롤레타리아, 중산층, 노동자 등이 투표 선호에서 갈라지는 건 오히려 이성적이라고 생각하고 바람직하다고 본다. 그 이유는 이들이 한 지역에 섞여 살기 때문에 이런 갈등이 전쟁으로 치달을 이유는 없기 때문이다. 반면, 지역 갈등을 위험하다고 하는 이유는 미국의 남북전쟁, 한국의 6·25전쟁, 수단의 남북전쟁처럼 갈등을 전쟁으로 해결하려는 경향이 있기 때문이다.

1997년 김대중 대통령은 황태연 교수의 '지역등권론'을 기반으로 정계에 복귀했고, 한국 역사상 최초로 정권교체를 통해서 민주화를 이뤘다. 황태연 교수가 내 논문을 참조했는지는 알 수 없지만 김대중의 당선은 정조 이래 최초의 개혁 대통령이라는 점에서 엄청난 의미를 가진다. 자민련과 손을 잡은 정권교체였기에 반쪽짜리 개혁 정부였지만, 그런 어려운 상황에서도 김대중 대통령은 역사적으로 길이 남을 수많은 업적을 이뤘다.

정권교체 이후 1998년 첫 지방선거에서는 여당 연대가 수도권 광역 지자체장을 모두 석권했다. 그러나 2000년 총선에서는 별 쟁점이 떠오르지 않았다. 국민에겐 이미 금융위기를 극복했다고 선언했고(사실 금융위기의 후유증은 참여정부 내내 계속됐는데, 총선 전에 금융위기 극복을 선언한 것이 김대중 정부의 최대 실수라고 나는 생각한다), 빨갱이 사냥 때문에 김 대통령은 진보를 내세우지도 못했다. 총선을 앞두고 자민련과의 연대가 깨졌지만 개혁을 내세운 것도 아니었다. 당시 여당의 구호는 '안정이냐 견제냐'였다. 독재국가 시절에 이미 들었던 터라 식상한 구호였다. 그나마 총선 연대가 낙선운동을 벌여 투표율을 조금 올렸기 망정이지 투표율도 높지 않았다. 김 대통령이 이끄는 여당은 겨우 100석을 확보했는데, 이마저도 호남에 기반을 둔 소수 정당으로서는 대단한 약진이었다.

2000년 총선 직전 나는 《지역주의 선거와 합리적 선택》이라는 책을 냈다. 이 책에서 지역주의에 대한 다양한 연구 결과를 발표하면서, 1995년에 예측했던 대로 김대중 대통령의 당선으로 호남의 한이 풀렸으니 앞으로 지역주의 선거는 갈수록 희석될 것이라고 주장했다. 이와 더불어 1999년 논문에서는 소선거구제와 권역별 비례대표제를 결합하는 선거구제 개혁안을 제시하기도 했다. 내가 홍보수석으로 근무 중일 때, 노무현 대통령이 선거구제 변경에 동의한다면 대연정을 하겠다고 한나라당에 제안했다. 이때 강준만 교수가 나를 호되게 비난했다. 내가 소신을 버리고 말을 바꾸었다는 것인데, 그 이유는 지역주의가 약화된다고 했으면서 왜 선거제도를 개혁하자는 노 대통령을 옹호하느냐는 것이었다.

지역주의 투표가 계속 완화돼도 영남에서 민주당이 50%의 득표를 할 때까지는 영남 지역정당이 지속된다. 소선거구라는 제도 때문이다. 김대중 대통령은 영남에서 15% 정도의 득표를 했지만 노무현 대통령은 30%를 얻었다. 문재인 후보는 2012년 40% 이상 득표했는데, 당시 영남의 민주당 국회의원은 문재인과 조경태뿐이었다. 이처럼 선거제도가 바뀌지 않는 한 지역주의 투표가 약화되어도 지역정당이 사라지는 데에는 수십 년이 걸린다. 그동안에 지역정당이 존재하면 경쟁이 실종되므로 수준 이하의 국회의원이 당선되기도 한다. 그 예를 멀리서 찾을 것도 없이, 박근혜 정부의 부역자 노릇을 한 자유한국당 의원들의 민낯에서 확인할 수 있다. 지역정당이 사라지기 전에 나라가 추락할 수도 있다. 지역주의 투표가 완화된 만큼 선거제도 개혁을 통해 정당 지지가 의석으로 반영되도록 하자는 게 나의 주장이었다. 민주주의의 핵심은 경쟁인데, 경쟁이 없는 곳에서 당선된 영호남 기득권 정당과 의원들이 한국 정치를 후퇴시키는 주범이라고 보았다.

봉하에서 2009년 4월 노 대통령을 마지막으로 만났을 때, 노 대통령은 "죽을힘을 다해 앞으로 헤치고 나갔는데 뒤돌아보니 물을 가르고 온 것 같다"고 말했다. 그때 이미 노 대통령은 좌절과 절망에 빠져 있었다. 평생 지역주의에 맞서 싸워왔는데 이룬 것이 없다는 의미였다. 나는 이렇게 말했다.

"지역주의는 어느 사회나 세대교체에 의해 극복되기 때문에 최소 30년이 걸립니다. 미국은 100년도 넘게 걸렸습니다. 그나마 우리가 이렇게 빨리 극복하고 있는 건 전적으로 대통령님 덕분입니다. 초조해하지 마시고 조금만 더 기다려보세요."

　노 대통령에게는 나의 말이 별 위로가 되지 않는 듯 보여 안타까웠다. 내 예측의 전조는 2016년 총선에서 나타났다. 더불어민주당은 부산과 경남을 합쳐서 아홉 명(대구 1, 부산 5, 경남 3)의 의원을 배출했다. 나는 "영남에서 최소 5석은 얻을 것"이라고 예측했었는데, 실제로 결과가 좋게 나오자 정치학 이론의 정확성에 새삼 놀랐다. 노 대통령이 살아 계셨으면 얼마나 기뻐하셨을까.

30년, 지역주의 청산에
걸리는 시간

　　　　　　　　많은 정치인이 착각하는 게 하나 있다. 정당이나 후보가 어떤 집단에 유리한 정책을 내놓으면 유권자들이 그 정책을 보고 태도를 바꿔 새롭게 표를 줄 것이라는 생각이다. 예컨대, 민주당이 노인복지 정책을 내놓으면 새누리당만 지지하던 어르신들이 민주당에 표를 줄 것이라는 기대가 대표적이다. 선거 분야에 전문성이 없는 소위 진보 지식인들 대부분이 이런 생각을 가지고 있다. 나는 한마디로 이렇게 말하고 싶다. "꿈 깨시고 자신을 돌아보시라." 지식인들은 늘 자신에게 이익이 되는 합리적이고 이성적인 선택만 해왔는지 묻고 싶다. 노무현이 가장 많은 국민의 지지를 받는 역대 대통령이 되었음에도 자신은 참여정부 실패론이 틀렸다는 것 하나 인정하지 못하면서 유권자에 대해서는 왜 그런 엄청난 기대를 하는지 모르겠다.

보통 유권자는 20대에 최초의 선거를 하게 되는데 그 이후 30대까지는 이쪽을 찍었다 저쪽을 찍었다 왔다 갔다 할 수 있다. 하지만 40이 넘은 다음에는 투표 행태가 거의 변하지 않는다는 게 정설이다. 물론 전쟁이나 대공황, 대통령 탄핵 사태 같은 큰일을 겪으면 이야기는 조금 달라진다. 하지만 천재지변이 일어나기 전에는 10대 때 형성된 가치관과 그동안 두세 번 반복적으로 지지한 정당을 바꾸기란 쉽지 않다. 40세 이후 갑자기 다른 정당을 찍으려면 이전에 했던 자신의 선택이 잘못되었음을 인정해야 하고, 자신의 정체성을 부정하는 결과가 되기 때문이다. 같은 정당을 10~20년 찍다 보면 그 정당과 유권자가 하나가 되는데 이런 걸 '정당일체감'이라고 부른다.

나는 토론회에서 이런 이야기를 하면서 참여정부가 진보 지식인들이 원하는 만큼의 진보 정책을 할 수 없었던 이유는 여론이 받쳐주지 않아서라고 설명했다. 그랬더니 발제를 했던 진보경제학자가 나더러 "국민을 무시한다"고 말했다. 나는 그 사람이야말로 국민을 무시한다고 생각한다. 그 사람의 주장은 모든 국민이 자신처럼 정책 투표를 하지 않으면 잘못됐다는 가정에 기초하고 있기 때문이다.

탈물질주의 가치관이 젊은 세대에만 나타나는 이유를 설명할 때도 이미 강조한 바 있지만, 사람은 환경이나 상황이 변해도 10대 때 형성된 가치관을 바꾸는 게 쉽지 않다. 물론 일부 국민은 나이가 들어서 일생일대의 대전환을 이루기도 하지만, 그것은 지극히 예외적이다. 더욱이 안정된 사회에서는 부모의 정당일체감이 자녀에게도 전수되는 경향이 있다. 지역주의도 마찬가지다. 어떤 지역정당이 선거 때마다 좋은 후보를 발굴하여 타 지역정당을 끊임없이 흔들지 않으면, 젊은 세대도 부모의 투표 성향을 이어받아 지역주의 투표를 지속하게 된다. 따라서 호남에서 새누리당에 표를 주지 않았던 이유는 새누리당이 호남에서 별다른 노력을 하지 않았기 때문이다. 2016년 총선에서 이정현의 재선, 정운천의 당선은 새누리당이 이런 노력을 기울인 결과라고 할 수 있다.

노무현 대통령이 오거돈, 추병직 등 영남 출신 인재를 참여정부 장관에 임명하고 그 후 징발해 총선에 출마시킨 것을 강준만 교수가 심하게 비판한 적이 있다. 그런다고 그들이 당선될 것도 아닌데 왜 영남에 아부를 하느냐는 불만이었다. 심지어 오거돈 씨는 나중에 민주당을 배신하고 무소속으로 출마해 원성을 사기도 했다. 나도 당시에는 그것의 누적 효과에 대해 잘 몰랐기 때문에 적극적으로 논박하지를 못했다. 하지만 지나고 보니 그게 의미 없는 시도가 아니었다. 2007년부터 영남에서는 지역주의가 완전히 깨졌을 뿐만 아니라 젊은 층에서는 오히려 민주당 지지가 새누리당 지지에 비해 몇 배 높은 것으로 나온다. 그럼에도 영남에서 새누리당이 계속 당선되는 이유는 노년층의 인구가 젊은 층에 비해 압도적으로 많고, 노년층은 지역주의 때문이라기보다는 오랜 기간 형성된 보수정당에 대한 정당일체감으로 투표하기 때문이다. 정당일체감을 통제하면 경남 지역에서 지역주의 투표는 사라진 것으로 나타난다.

지역주의를 깨려면 민주당이 영남 지역에서 당선 가능한 후보를 공천함으로써 젊은 세대가 민주당에 표를 찍는 경험을 지속적으로 하도록 만드는 게 매우 중요하다. 그 표가 지금 당장은 의석으로 연결되지 못해도, 한 세대가 교체되는 30년 정도가 지나면 효과가 누적되어 50%를 넘기는 데 기여할 것이기 때문이다. 그 점을 생각하면서 노무현 대통령은 영남 지역의 인재를 민주당 쪽으로 영입해 불모 지역에 씨를 뿌렸던 것이다. 그 열매를 2016년 총선에서 일부 거둔 것이다. 노 대통령이 호남인들에게 오해받고 욕까지 먹어가면서 영남 인재를 참여정부에 동참시키고 출마시킨 이유가 바로 여기에 있다.

미국에서는 지역주의가 깨지고 경쟁이 살아나는 데 100년 이상의 시간이 걸렸다. 우리의 지역주의가 이렇게 빨리 깨지게 된 것은 소수 지역인 호남 출신으로서 기적적으로 대통령에 당선된 김대중 대통령과 영남에 씨를 뿌려 후대가 열매를 딸 수 있게 해준 노무현 대통령 덕분이다.

호남 왕따의 진정한 원인

왕따 문제를 해결하려면 그 원인을 알아야 한다. 많은 이들이 호남 차별의 원인으로 고려 시대 '훈요 10조'를 꼽는다. 그런데 이것은 태조 왕건이 남긴 것이라는 확정적 증거도 없으며 그걸 정확하게 받아 적었으리라는 보장도 없다. 무엇보다 태조 왕건이 "차령 이남 금강 밖의 지방은 산세가 거꾸로 달려 역모의 기상을 품고 있으니 그 지역 사람을 중히 쓰지 말라"고 했다는데, 그가 나주 사람을 중용했다는 점에서 모순된다. 그뿐 아니라 태조 왕건이 이야기했다는 그 지역이 실제로 현재의 호남을 지칭하는지에 대해서도 논란이 많다. 백보 양보하여, 설령 그것이 사실이라 하더라도 이는 엘리트층에 한정된 이야기이지 유권자의 투표 행태와는 무관하다고 할 수 있다.

호남 지역은 1971년 대선에서는 김대중 후보에게 압도적인 표를 몰아주었음에도, 약 한 달 뒤에 치러진 총선에서는 다수의 호남 유권자가 박정희의 공화당에 표를 주었다. 따라서 당시 투표는 지역 정서에 의한 것이었지 지역주의 투표라고 보기 어렵다. 이처럼 단순한 지역 정서에 기반을 둔 투표는 외국에서도 늘 나타나는 현상이다. 이런 투표는 감정적인 면도 있기에 어차피 지속되지 않고 일시적이라 정치적으로도 큰 문제가 되지 않는다. 사람은 원초적으로 같은 지역 출신에게 호감을 느끼는 게 당연하기 때문이다.

레이건은 1984년 대선에 현직 대통령으로서 재선에 출마해 민주당의 먼데일 후보와 맞붙어 압도적인 승리를 거뒀다. 먼데일 후보는 딱 한 주에서만 이겼는데 그게 자신의 고향 미네소타였다. 1971년 대선에서 김대중 후보에 대한 호남의 압도적인 지지는 먼데일이 고향에서 받은 지지와 다를 바가 없다.

우리 사회에서 지역주의 선거가 사회적으로나 정치적으로 문제가 된 것은 경북, 경남, 호남, 충청에 기반을 둔 4개 지역정당이 탄생한 1988년부터였다. 그 이전에는 국회의원 선거에서 호남도 영남과 마찬가지로 박정희의 공화당을 지지했다. 민주화운동 시기에는 민주 대 독재의 균열이 살아 있어 도시, 그중에서도 서울 강남에서는 야당을, 농촌에서는 여당을 지지하는 여촌야도라는 공식이 성립했다. 젊고 교육 수준이 높은 중산층이 도시에 살고 있기 때문이다. 지역정당이 탄생한 건 많은 유권자가 지역 차별이 민주화 이후 가장 중요한 쟁점이라고 생각했기 때문이지, 단지 지역 정서 때문만은 아니었다.

그러면 1988년에 왜 지역정당이 탄생했을까. 1987년 대통령 직선제로 노태우가 대통령에 당선되긴 했지만 어쨌든 우리가 민주화운동에서 목표로 삼았던 대통령 직선제를 성취했기 때문이라고 본다. 이것이 한국에서 나타난 제1세대 참정권운동이었다고 생각한다. 주요 균열이 민주 대 독재일 경우에는 국민이 독재와 맞서 싸우기 위해 야당을 합치라고 명령하므로 분열할 수도 없었다. 그러나 대통령 직선제를 쟁취한 후, 당시 가장 다급했던 민주 대 독재의 구도에 균열이 나타나기 시작했다. 우리는 인종, 언어에서도 다양성이 없는 데다가 분단과 산업화의 기적이라는 환경하에서 전 국민이 성장 이데올로기에 경도되어 있었다. 그런데 우리에게는 지역 차별이라는 균열이 잠재해 있었기에 이것이 지역정당의 등장에 결정적인 영향을 미쳤다고 생각한다. 내가 이런 주장을 1993년 정치학회에서 처음 했을 때만 해도 말이 안 된다고 반박이 심했었다. 하지만 이 주장은 요즘 교과서적 지식으로 통용된다.

지역주의 투표와 지역정당은 2차 대전 이후 사라졌는데, 이것이 1970년대에 서구 민주주의 국가에서도 재등장해 학자들을 당황케 했다. 그 이전에는 혈연·지연·학연 같은 건 전통사회에서나 존재하는 전근대적 균열이라고 믿었고, 따라서 대다수 학자가 지역주의 투표는 근대화와 함께 자연적으로 사라질 것으로 예측했기 때문이다. 나는 서구에서 축적된 연구 결과를 참조하여 지역주의 투표와 지역정당의 출연을 예측하는 모형을 만들어 2000년에 출간한 《지역주의 선거와 합리적 유권자》에 포함시켰다. 서구와 우리의 조건이 유사하다는 점에 나로서도 내심 놀랐다. 지역주의 투표의 가장 중요한 전제조건은 지역개발에서의 차별이 존재한다는 것이다. 권력자가 희소한 재원을 자기 지역에 유리하게 배분하기 위해 소수 지역을 차별하는 왕따 현상에서 비롯되는 것이다.

하지만 차별만으로는 지역주의가 발생하지 않는다. 지역 외에 더 중요한 다른 쟁점이 없었던 것도 한몫했다. 더 결정적인 요인은 소수 지역을 대표할 수 있는 정치인이 등장하는 것이다. 이때 그것이 기폭제가 되어 비로소 지역주의 정당이 만들어진다. 김대중 총재가 그 역할을 했다.

결국 지역주의 투표는 호남 왕따라는 지역 차별에서 비롯되었고, 호남 왕따의 가장 큰 원인은 김대중 후보에게 위협을 느낀 박정희가 인사나 개발에서 호남을 차별하며 지역적 편견을 유포함으로써 소수자로 만든 것이었다. 호남에 대한 편견은 박정희가 만든 게 아니라 원래 사회적으로 존재했다는 주장도 있다. 하지만 그런 편견을 정치적으로 이용하고 확대한 게 대구 출신의 세 대통령이다. 이들은 지속적으로 호남 왕따의 전략을 이어갔다. 특정 지역을 왕따시키고 차별하면, 특히 그 지역의 지도자가 국민적 지지를 받는 야권의 구심점이라면, 권력을 유지하는 데 이보다 더 좋은 분리 전략이 없기 때문이다. 대표적인 예가 전두환 정권이다. 전두환이 이끄는 신군부는 김대중 총재를 광주민주화항쟁 때 북한과 내통한 빨갱이라는 이유로 사형을 언도했다. 김대중 대통령은 국제적 압력에 힘입어 사형은 모면했지만 끝내는 망명길에 올라 조국을 떠나야 했다.

다른 나라의 왕따 현상이 대부분 그렇듯 왕따의 원인은 피해자에게 있지 않다. 히틀러의 홀로코스트를 연구한 한 학자는 유대인이 그렇게 무기력하게 집단살해를 당했다는 사실이 믿기지 않을 정도로, 일체의 조직적인 저항이 없었고 그럴 여력도 없었다고 주장했다.[2] 어렸을 때 홀로코스트의 이유가 유대인이 머리가 좋고 능력이 뛰어나 고리대금업을 하면서 약자를 지독하게 괴롭혔기 때문이라고 언뜻 들은 기억이 난다. 하지만 이거야말로 가해자가 만들어낸 마타도어일 것이다. 지금은 유대인이 미국 상층부와 월스트리트를 지배한다고 하지만 당시에는 그런 능력을 전혀 갖고 있지 않았다고 한다. 호남에 대한 편견도 TK 권력자들이 도전자인 김대중을 약화시키기 위해 의도적으로 만들어낸 마타도어다. 그중에서 최악의 마타도어가 김대중은 빨갱이라는 것이다.

호남 왕따는 영남의 권력 집단이 장기 집권을 위해 만들어낸 국민 분리 전략의 산물이다! 어떤 이유로도 합리화될 수 없다.

지역주의 선거의
비대칭성

지역 균열이 국가의 발전에 부정적이기는 하지만 지역주의 선거가 모두 나쁜 것은 아니다. 특히 차별

---

2) 로버트 S. 위스트리치, 《히틀러와 홀로코스트》, 을유문화사, 2004.

받는 지역의 지역주의 선거는 차별이 없어질 때까지 지속되어야 한다고 믿는다. 미국의 차별받는 흑인이 지속적으로 민주당에 투표하는 것과 같은 이치다. 게다가 우리나라에서는 '지역주의 선거의 비대칭성'이 존재한다. 즉, 영남의 지역주의 투표와 호남의 지역주의 투표 양태가 서로 다르다는 것이다. 일부 학자는 호남을 저항적 지역주의, 영남을 패권적 지역주의라고 부르기도 했다.

정치학이나 사회학에서 가장 중요한 변수는 교육 수준이다. 교육 수준은 뇌의 기능과 관련이 있고, 사람의 인지 발달과 민주주의의 발전은 매우 밀접하다는 게 학자들의 연구 결과다. 지역주의 선거의 비대칭성이란 호남에서는 교육 수준이 높을수록 민주당을 지지하고, 영남에서는 교육 수준이 낮을수록 신한국당을 지지했었다. 즉, 호남에서는 교육 수준이 높을수록 지역주의 투표를 했다면, 영남 지역에서는 교육 수준이 낮을수록 지역주의 투표를 했다는 의미다. 지역주의 투표라 해도 호남과 영남이 같지는 않다는 얘기다.

영남의 지역주의 투표는 감정적인 면이 많았다고 볼 수 있는데, 호남의 대통령이 집권해서 영남을 역차별할 것에 대한 두려움 때문에 발생했다고 본다. 그런데 이 비대칭성이 깨지기 시작한 게 2000년 총선부터였다. 호남 출신의 성공한 수도권 유권자들이 김대중 대통령이 이끄는 여당을 더는 찍지 않는 현상이 발견되었다. 호남 대통령을 뽑았으니 한도 풀렸고, 금융위기로 인해 계층 간 갈등이 대두될 즈음 수도권의 고학력·고소득자들이 제일 먼저 자신의 이익을 위해 계층 투표를 시작한 것이다. 수도권 선거에서 뛰었던 과거 민주당 관계자들이 실제 그런 이탈을 현장에서 체감했다고 고백했다. 이때부터 진보니 보수니 하는 이념이 투표 선택에 중요한 요인으로 등장하기 시작했다.

2002년 대선에서 노무현이 호남에서 압도적인 표를 얻은 것을 많은 이들이 지역주의 투표의 결과라고 생각하는데, 나는 꼭 그렇지만은 않다고 본다. 일부는 호남에 기반을 둔 민주당 후보에 대한 지역주의 투표도 있었겠지만, 일부는 노무현이 진보적이었기 때문에 진보적 유권자로서 민주당 후보를 찍었을 수도 있다. 왜냐하면 2002년 대선에서는 지역과 이념이 중첩되어 나타났기 때문이다. 실제로 각 지역 이념의 평균을 내보면 호남이 영남의 유권자들보다 더 진보적인 경향이 있다. 그건 광주민주화항쟁과 김대중 대통령을 통한 학습의 결과라고 생각한다.

그런데 우리나라 유권자가 진보냐 보수냐 하는 이념을 말할 때는, 대다수 진보 지식인이 이해하는 것처럼 서구의 자본과 노동의 대립으로 보지 않는다. 대북 정책에서 강경책을 지지하면 보수, 포용 정책을 지지하면 진보로 나뉜다.[3] 이념은 우리의 역사와

---

3) 조기숙, 〈2008 촛불집회 참여자의 이념적 정향: 친북반미좌파 혹은 반신자유주의?〉, 《한국정치학회보》 제43집3호, 2009, 125~148쪽.

환경에서 만들어지지, 산업화를 겪을 당시 서구의 맥락에서 형성되는 게 아니기 때문이다. 우리 사회에서 민노당이 대중정당이 될수 없었던 또 다른 이유이기도 하다. 김대중 대통령의 대북포용정책으로 인해 호남 유권자들 다수가 포용 정책을 지지하면서 진보적이 되었다고 본다. 이런 측면에서 노무현 대통령에 대한 호남의 압도적인 지지는 반드시 지역주의 투표의 결과가 아니라 이념투표의 결과이기도 했다.

2000년 총선부터 지역주의가 약화되면서 지역주의 투표의 비대칭성이 깨지기 시작했다. 2004년 총선에서 분당된 구민주당에 대한 지지가 지역주의 투표로서 교육 수준과 역의 상관관계가 있었다면, 호남 출신 고학력자는 열린우리당을 지지했다. 즉, 호남 지역주의도 영남 지역주의처럼 합리성을 상실하고 감정적으로 변해가기 시작했다는 것이다. 호남의 지역주의 투표가 더는 저항적이지도, 인지 능력의 결과도 아닌 형태로 변화하기 시작했다. 과거에는 호남 출신이라는 변수가 지역주의 투표로서 의미가 있었지만 최근에는 호남 거주 유권자와 수도권 거주 호남 출신 유권자 사이의 동조화 현상이 깨졌다고 할 수 있다. 그 결과 2016년 호남의 투표가 전국으로부터 고립된 결과로 나타난 것이다.

국민의당은 안철수를 필두로 민주당에서 퇴출 위기에 놓인 호남 다선 의원들이 탈당해서 만든 정당이다. 열린우리당의 분당엔 그렇게 분노했던 호남 지식인들이 국민의당이 분열해 나온 것은 왜 반기는지 이해가 되지 않는다. 하지만 결과적으로, 그들이 국민의당으로 떨어져 나간 것은 민주당이 전국정당이 되고 제1 야당이 되는 데 큰 도움이 되었다. 제1세대 시민권운동에 동참했던 호남 의원들이 참정권을 획득한 이후 보수화되는 건 자연스러운 현상이라고 앞에서 밝힌 바 있다. 이들은 민주당 내 신좌파 세력이라고 할 수 있는 친노·친문과 문화적·이념적 갈등을 보였다. 따라서 이들의 탈당은 민주당이 신좌파의 정체성을 갖는 21세기 진보정당으로 재연합하는 데 결정적으로 기여했다.

국민의당으로 간 호남의 다선 의원들은 친노의 호남 홀대론이라는 존재하지도 않는 허상을 만들어내 문재인 대표가 이끄는 민주당을 공격했다. 만일 역대 정부나 현 정부에서 호남 홀대가 있었다면 일차적인 책임은 호남의 다선 의원인 이들 기득권 세력에 있다고 할 수 있다. 그들은 호남의 이익을 대변하기 위해 국회에 보내진 사람들이다. 그런데 호남이 홀대를 받는 동안 도대체 무슨 일을 했는가. 특히 김욱 교수는 친노의 호남 홀대론을 이야기하는 책에서 그 증거로 2013년과 2014년 통계를 제시했다.[4] 뒤에서 밝히겠지만 호남은 김대중 정부에 이어 참여정부에서 가장 큰 수혜자였다. 어떤 증거로도 호남 홀대보다는 호남 편향 수혜가 발견된다. 그렇다고 그것이 부당하다고는 생각지 않는다. 그동안

---

4) 김욱,《아주 낯선 상식》, 개마고원, 2015.

의 홀대가 보상될 때까지 나는 호남이 특혜를 받아야 한다고 생각한다. 만일 김욱 교수가 그 책을 통해 박근혜 정부에서 다시 호남 홀대가 시작되었다는 것을 밝히는 것이 목적이었다면, 그게 바로 호남과 친노의 분열에서 비롯되었다는 생각은 왜 못 하는지 묻고 싶다.

2012년 대선에서 안철수가 호남과 문재인을 이간질하는 동안 문재인은 자신을 국민에게 알릴 기회를 잃었고, 경선 기간에는 호남에서 전투를 치르느라 충청에는 가보지도 못했다. 결국 호남이 문재인에게 압도적인 지지를 보내줬음에도 문재인은 아쉽게 패했다. 국정원과 군까지 동원된, 엄밀히 말해 부정선거에서 패한 것이다. 처음부터 호남과 문재인의 불필요한 분열이 없었다면 문재인이 승리했을 것이며, 그랬다면 박근혜 정부에서 호남이 홀대를 당하는 일도 없었을 것이다. 문재인이 박근혜를 여유 있게 앞섰다면 부정선거를 할 엄두도 내지 못했을 것이기 때문이다. 미국의 흑인은 자신들의 이익을 위해 민주당 대통령 후보와 조용히 협상할 뿐, 공화당 찍겠다고 협박하진 않는다. 공화당 찍어봐야 자신들에게 이익이 되지 않는다는 것을 알기 때문이다. 조용히 협상하는 이유는 대놓고 협상하다 백인들을 자극해 그들이 공화당으로 결집할 것을 두려워하기 때문이다. 그렇게 흑인들이 조심했음에도 2016년 미국 대선에서는 백인 남성만 공화당으로 결집한 게 아니라 백인 여성의 53%가 트럼프를 찍었다. 빼앗기는 것에 대한 가진 자들의 두려움이 더 갖기 위한 못 가진 자들의 마음보다 더 절실하기 때문인지 모르겠다.

국민의당은 결국 호남과 민주당을 이간질하고 지역주의를 부추김으로써 호남에서 교두보를 마련하는 데 성공했다. 호남에서 자신들의 기득권을 지키기 위해, 호남 왕따의 방어자였던 친노와 호남의 사이를 갈라놓은 것이다. 이들이 호남 왕따로 국민을 분열시켜 자신들의 권력을 유지한 역대 대구 출신 대통령들과 무엇이 다른가? 국민의당은 자신들의 권력을 위해 호남인 스스로 왕따를 자초하게 했고, 대구 출신 역대 대통령들은 외부에서 호남인을 왕따시켰다는 차이가 있을 뿐이다. 둘 다 호남 왕따 현상이라는 점에서는 차이가 없다. 전국과 동떨어진 호남의 투표 결과를 보면서 호남인들은 소외감으로 또 한 번 상처를 입었을지 모른다.

그러나 패권 정당인 영남당은 한국 정치 발전에 부정적 영향만 미쳤지만, 국민의당은 중요한 정치적 기여를 한 부분도 있다고 본다. 영남에서는 새누리당에 대항하는 민주당이 있어 선거 경쟁이 전혀 없지 않았다. 반면, 호남에서는 보수정당의 노력이 거의 없었기에 유권자가 다른 대안을 가질 수 없었다. 2016년 총선에서 김종인을 영입하고 셀프공천으로 모욕감을 준 민주당을 심판하고 싶었던 호남 유권자들에게 국민의당이 새로운 대안이 되어주었다는 점에서는 긍정적인 기여가 있었다고 본다. 우리 가족 누구도 비례대표 투표를 민주당에 주지 않았으니, 적어도 비례대표

투표에서는 호남이 전국 투표의 길잡이가 되었다.

참여정부 호남 홀대론은
허구

        호남 유권자나 김대중 정부 인사들이 노무현 정부에 대해 섭섭하게 생각하는 첫 번째 사건이 대북송금 특검이다. 여소야대의 국회에서 거대 야당 한나라당이 갓 취임한 대통령에게 처음으로 보낸 선물이 대북송금 특검법이었다. 민주주의는 대화와 타협의 정치라 생각한 노 대통령으로서는 첫 법안에 대해 거부권을 행사하는 일이 쉽지는 않았을 것이다. 당시 상황을 이야기해달라는 내 부탁에 이병완 비서실장은 노 대통령이 특검법안을 받은 이유를 다음과 같이 설명했다.

    만일 특검법에 거부권을 행사했다면 한나라당은 새 정부에서 국회 회기가 시작되자마자 국정조사를 벌였을 것이다. 김대중 정부의 고위관료와 정몽헌 현대그룹 회장을 오라 가라 하는 건 물론이고 김대중 대통령을 증인으로 신청하고도 남았을 것이다. 게다가 이것이 만일 검찰로 가는 날에는 어디에서 어떤 뇌관이 터질지 모르는 일이다. 정치자금이 투명해진 건 노무현 정부 들어서였다. 김대중 정부 시절만 해도 정치자금이 투명하지 않았다. 그런 상황에서 수사 범위가 정해지지 않은 검찰의 수사를 믿을 수가 없었다. 민주정부가 검찰을 장악할 힘도 없고, 김대중 대통령도 검찰 장악을 못 해 임기 말에 세 아들이 망신을 당했다고 생각했던 노 대통령은 처음부터 검찰을 장악할 의사가 없었다.

검찰은 노 대통령의 최측근인 안희정, 강금원을 감옥에 보냈지만 한나라당의 차떼기, 책떼기의 자금이 어떻게 사용되었는지에 대해선 일절 조사하지 않을 만큼 편파적이었다. 대통령은 그런 검찰을 믿을 수가 없었던 것이다. 만일 특검을 받지 않는다면 검찰조사는 조사대로 하면서 2004년 총선은 대북송금에 대한 공세로 갈 것이 뻔했다. 결국 노 대통령은 많은 참모가 반대했음에도 이 문제를 가장 빨리 터는 쪽을 택했던 것이다.

여기까지가 이병완 실장의 해석이다. 내 기억도 대충 비슷한데 하나가 더 있다.

노 대통령은 경제 관련 토론회에 참모들이 나갈 때면 절대로 김대중 정부의 카드대란에 대해 원망하거나 핑계를 대지 말라고 지시했었다. 내가 청와대에 있는 동안 노 대통령한테서 김 대통령이나 전 정부에 대해 싫은 소리를 들은 건 딱 한 번뿐이다. 대북송금 특검에 대해 내가 자주 투덜대자 내게만 이야기를 해서 이병완 실장은 모르는 일인지도 모르겠다.

"김대중 대통령이 '대북송금은 내가 지시했다. 통치의 일환으로 했으니 더는 묻지 말아달라'라고 한마디만 해주셨어도 특검법을 거부할 수 있었을 겁니다. 하지만 박지원 실장은 통치 행위라고 주장하는데 김대중 대통령은 모르는 일이라고 하니 통치 이론이 성립하지가 않습니다. 김 대통령이 끝내 부인하는데 특검마저 거부하면 결국 검찰수사로 가겠지요."

김대중 대통령의 거부로 노무현 대통령이 대북송금 특검 문제를 모두 뒤집어썼다는 걸 그때 처음 알았다. 나의 기억이 맞다는 이야기를 최근 독일에서 수학 중인 남경국으로부터 들었다. 남경국은 당시 한겨레 객원기자로 대선 취재를 했었다. 노무현 당선자가 김 대통령을 만나 질문을 했으나 대북송금은 모르는 일이라는 답을 들었고, 그래서 할 수 없이 특검을 수용하게 된 거라고 정황을 들려주었다.

분명한 건 노 대통령이 전 정부와의 차별화나 자신의 이익을 위해 특검법을 받은 게 아니라는 점이다. 일부 호남 엘리트는 특검법을 보낸 한나라당이나 통치 행위 주장을 거부한 김대중 대통령이 아니라 노무현 대통령에게 모든 책임을 돌리는데, 내게는 이 현실이 노무현 왕따 현상으로 보인다. 취임사 준비를 하면서 이 문제로 당시 당선자와 대판 언쟁을 벌이기도 했다(대통령이 나를 무서운 사람으로 기억할 일이 또 있었구나). 그때 대통령은 "검찰은 믿을 수가 없다"는 말을 했었다. 이 부분은 이병완 전 실장의 기억과 일치한다.

하지만 지나고 보니 노 대통령이 옳았다고 생각된다. 남북관계가 조금 더디 가기는 했지만 어차피 미국의 반대로 급속한 진행이 어려운 형편이었다. 대북송금 문제를 투명하게 털어냄으로써 신뢰를 얻었기에 북한·미국과의 질긴 협상을 국민이 인내하며 기다려줬다고 생각한다. 북한 폭격까지 고려했던 미국의 부시 행정부가 결국엔 남한의 대북 정책을 지지했는데, 이런 투명한 과정을 통한 국민적 합의가 없었다면 그런 성과를 거두기 어려웠을 것이다.

노 대통령은 김정일 국방위원장과의 정상회담을 성공적으로 이뤄내 기대했던 것보다 더 많은 선물 보따리를 들고 돌아왔다. 나는 이 모든 성과가 특검법을 받아들인 힘든 결정의 결과였다고 생각한다. 결코 전 정부와의 차별화나 어떤 정치적 목적에서 내린 선택이 아니었다. 노 대통령처럼 죽음을 걸고 가치를 지키는 사람이, 대선 과정에서도 김대중 대통령과의 차별화를 일절 시도하지 않은 사람이, 지역주의를 깨기 위해 그 엄청난 역경을 감수했던 분이 도대체 무슨 사적 이익을 위해 대북송금 특검을 받아들였겠는가.

이와 함께 양 정부 사이를 이간질하는 또 하나의 사건이 있다. 바로 국정원 도청 사건이다. 이 때문에 신건 전 국정원장이 구속되기도 했는데 내가 청와대 재직 시에 일어난 일이라 이 일의 전후 사정을 누구보다 잘 알고 있다.

어느 날 정무 분야 긴급 수석보좌관회의가 열렸다. 정기회의는 청와대 회의실에서 하지만 긴급회의는 대통령 집무실에서 열린다. 검찰이 국민의정부 신건 전 국정원장을 도청 혐의로 구속 수사한다는 소식이 들어왔다. 국민의정부에서도 도청이 있었다는 사실이 놀라웠지만, 그 사건으로 검찰이 전 국정원장을 구속하려 한다는 소식이 더 충격적이었다.

노 대통령은 걱정스럽게 물었다.

"왜 꼭 구속을 해야 한답니까? 우리 정부에서는 불구속 수사가 원칙 아닙니까?"

민정수석이 보고를 드렸다.

"증거가 명확한데도 본인이 부인하고 있기 때문에 증거인멸의 우려가 있고, 또 죄질이 아주 나쁘다고 판단했답니다."

노 대통령은 아주 난감한 표정을 지었다.

"이렇게 되면 김대중 대통령도 우리에게 섭섭한 마음을 가질 것이고 호남 민심도 동요할 텐데, 제가 어떻게 하면 될까요? 구속하지 말아 달라고 검찰에 공개적으로 부탁을 할까요?"

"그렇게 했다가 만일 검찰이 말을 듣지 않으면 대통령님의 체면이 말이 아닐 텐데요."

내가 걱정스럽게 한마디 거들었다.

"검찰이 대통령님 말씀을 안 들을 겁니다. 오히려 외압에 흔들리지 않고 소신 수사를 했다며 자신들의 위상을 세우려고 나올 듯한데요. 오히려 대통령님이 그들에게 역이용당하게 될 겁니다."

민정수석의 생각이었다. 우리는 한참을 갑론을박했지만 뾰족한 해법을 찾지 못했다. 누가 제왕적 대통령 운운하는가? 헌법과 법을 지키는 대통령은 정말로 힘이 없다는 사실을 뼈저리게 느끼며, 원칙대로 검찰의 수사를 지켜보는 수밖에 없다는 결론을 내렸다.

그 후 검찰의 수사 발표가 있을 때까지 며칠 동안 대통령은 거의 식음을 전폐하시다시피 했다. 말라서 얼굴이 퀭해 보였다. 대통령은 입이 마르는지 물만 들이켰다.

"조 수석, 호남 민심을 잘 살펴보십시오. 정말 난감합니다."

나를 호남 사람이라 생각했던 노 대통령이 각별히 부탁했다.

결국 검찰은 도청 수사의 전모를 밝히며 신건 국정원장을 구속 기소했다. 검찰의 발표가 있던 날 대통령은 온종일 내게 수시로 전화를 하셨다.

"어떻습니까?"

"아직은 별 특이사항 없습니다."

"휴, 계속 좀 점검해보십시오."

대통령의 한숨 소리가 전화기 너머로 크게 들려왔다. 나도 모르게 눈물이 쏟아졌다. 보고하러 들어왔던 비서가 나를 보고는 자기도 눈물을 흘렸다. 인터넷 댓글과 기사를 읽으며 여론을 살폈지만, 우리가 할 수 있는 일이 없다는 데에 큰 좌절감을 느꼈다.

사건 직후에는 큰 동요가 없는 것 같았다. 그러다가 시간이 지나면서 조금씩 비판의 목소리가 흘러나오기 시작했다. 노 대통령이 김대중 정부와 차별화를 함으로써 위기를 극복하기 위해 이용했다는 주장이다. 이런 오해와 거짓 시나리오는 주로 선거 때 불씨에 휘발유를 끼얹은 듯이 퍼져 나갔다. 호남에서 구민주당과 열린우리당의 경쟁이 있는 한, 피할 수 없는 운명이었다.

참여정부의 호남 홀대론은 이런 식으로 만들어진 허구다. 이런 소문이 끊임없이 확대 재생산되는데도, 아직까지 흔들리지 않고 노 대통령을 믿어주는 호남 유권자가 50%가 넘는다는 사실이 나는 오히려 기적이라고 본다.

노무현의 호남 사랑:
인사

노 대통령의 호남 사랑을 알 수 있는 발언은 김대중 정부에서도 발견된다. 김대중 대통령이 최초로 호남 출신 국방부 장관을 임명했더니 언론이 흔들어대기 시작했다. 노무현은 2001년 당직자 간담회에서 다음과 같이 호소했다.

"(김대중 정부 출범) 6개월이 지나지 않아서 호남 독식, 인사 편중, 신문이 긁어대기 시작하고 민심이 흉흉해지기 시작했습니다. IMF 구조조정 때문에 할 수 없이 떨려난 사람들은 호남이 들어서 영남 작살냈다고 돌아섰습니다. 간절히 호소했습니다. 영남은 37년간 해먹지 않았느냐 호남이 5년 해먹으면 얼마나 해먹겠냐 한 번도 못 해먹은 국방장관 한번 호남이 해먹겠다는 데 그걸 인사 편중이라고 너무 흔들지 말자 호소했습니다"[5]

참여정부가 인사에서 호남 차별을 했다는 주장만큼이나 황당한 것도 없다. 참여정부의 인사위원회에서는 역대 고위직의 출신 통계를 표로 만들어 대조해가면서 탕평책을 하려고 노력했다. 노무현 대통령은 앞에서도 밝혔듯이 호남을 은인으로 생각하고 그 은혜를 갚으려고 백방으로 노력했다. 노 대통령은 2003년 11월 7일 광주·전남도민과의 대화에서도 다음과 같이 말했다.

"나를 대통령으로 만들어준 호남에 대해 반드시 의리를 지키겠다."

박명림 교수도 다음과 같이 말했다.[6]

"친노 세력은 3당 합당으로 괴멸된 비호남 야당을 부활시키고, 호남과 연대하여 대통령을 배출한 뒤 가장 친호남적인 지역균

5) 이호석, 〈노무현 정신의 뿌리는 광주입니다: [주장] 호남경제-인맥 부흥 위해 헌신한 대통령〉, 《오마이뉴스》, 2016. 1. 8.

6) 박명림, 〈안철수 정치의 기로〉, 《중앙일보》, 2016. 3. 11.

형·인사·예산 정책을 실시한 정부였다. 객관적 조사를 하면 '친노의 호남 홀대론'은 허구다. 입법·사법·행정부의 수장이 동시에 호남 출신인 정부는 건국 이래 노무현 정부가 유일했다. 총리 2인, 여당 대표 2인, 국가정보원장을 포함한 고위직에 호남 출신이 가장 많은 정부도 노무현 정부였다."

노 대통령은 대법원장, 헌법재판소장, 국무총리, 감사원장을 한때 모두 호남 출신으로 채운 적도 있었다. 그 밖에 국정원장, 대통령 비서실장, 법무부, 행자부 각 부처 장·차관 등 노무현 정부에 기용된 호남 출신 인사들은 헤아리기 어려울 정도다. 내가 2012년에 《문재인이 이긴다》라는 책에 영호남 장관을 계산해서 포함한 적이 있었는데 SNS로 호남 트친·페친들의 항의가 빗발쳤다. 호남 인사를 많이 빼놓았다는 것이다. 김욱 교수의 책만 봐도 역대 정부에서 호남 출신 고위공직자의 비중이 김대중 34.7%, 노무현 24.3%, 이명박 16.2% 박근혜 13.8%로 나온다.[7] 인구 대비 결코 적지 않은 비율이다.

참여정부에서 호남과 함께 특혜를 받은 지역이 영남일 것이다. 강준만 교수도 노 대통령이 영남의 자기 식구들을 챙기려고 했다고 오해를 했다. 하지만 노 대통령의 참모들은 나이가 어려

7) 김욱, 《아주 낯선 상식》, 개마고원, 2015.

장관 경력을 쌓을 수가 없었고, 굳이 특혜를 본 사람을 들자면 오거돈이나 추병직 같은 정통 관료가 많았다. 이미 키워진 인재를 진보진영으로 끌어들여 세력을 키운 것이다. 앞에서도 설명했듯이 영남에서 20대들이 한 번이라도 민주당을 찍어보는 경험이 중요하기 때문이다. 모든 게 지역주의를 깨기 위함이었고 그 수혜자는 지역적 차별을 당했던 호남이 될 것이라고 믿었기에 노 대통령은 떳떳이 그리했다. 호남 유권자들이 이해할 것이라 믿었던 게 잘못이다. 그러나 임기 말에는 상대적으로 소외된 인천이나 강원도 지역의 인사를 배려하느라 많은 노력을 기울였다.

호남인들의 뭔지 모를 속상한 기분, 일테면 '왜 맨날 대선 후보는 영남이야?' 같은 기분은 이해한다. 김욱 교수도 정동영은 왜 지역구를 서울로 옮겨야 하고, 천정배는 왜 대통령이 될 수 없느냐고 물었다. 그건 호남이 영남에 비해 인구가 적기 때문이다. 지역 차별 때문이 아니라 지역주의 때문이다. 호남에 지역구가 있어도 대통령에 당선될 수 있다면 지역구를 옮길 필요가 없다. 키가 작게 태어난 사람이 출생을 원망한다고 뭐가 변하겠는가. 게다가 정 의원이 대통령이 되지 못한 건 본인의 전략적 선택이 잘못되었기 때문이다. 정 의원은 호남에서 문재인보다도 훨씬 낮은 득표를 했다. 출신 지역이 문제가 아니다.

천정배 의원은 지역구를 잘 지키다가 경기도지사로 출마했으면 무조건 당선됐다고 생각한다. 서울시장 재보궐 선거에 패배한 한명숙 의원도 있는데, 본인이 무엇하러 성급하게 지역구 의원을 사퇴했는지 이해하기 어렵다. 사심으로 정치해선 성공하기 어렵다. 천 의원은 정치생활은 잘 해왔지만 그만 한 번의 명분 없는 실수로 만회하기 어렵게 되었다. 만일 영남 정치인이 천 의원처럼 행동하다 의석도 잃고 고향으로 돌아가 무소속으로 출마했다면, 당선될 수 있었을까? 그럴 가능성은 없었다고 본다. 호남이니까 그래도 돌아온 정치인들을 받아주고 또 받아주는 것이다. 호남 출신 정치인이 대통령이 될 수 없었던 건, 그동안 민주당에서 적지 않은 패권을 누렸기 때문이라고 생각한다. 등 따습고 배부르면 결기가 부족해지는 게 사람이다.

그러나 앞으로는 민주당이 전국정당이 되었기에 호남 출신 누가 나와도 대통령이 되는 데 문제가 없다고 생각한다. 나는 송영길, 김광진 의원 등을 눈여겨보고 있다. 이들은 선배의 과오를 되풀이하지 않기를 바란다.

노무현의 호남 사랑 :
지역개발

지역개발 측면에서 호남이 소외당했다는 주장은 인사 소외보다 더 황당한 주장이다. 인사에서는 호남

편중이 참여정부에 비해 국민의정부 때 더 높았지만, 지역개발에서는 참여정부가 국민의정부를 훨씬 능가했기 때문이다. 노무현 대통령은 대한민국의 예산을 다루는 기획예산처 장관에 전남 나주 출신 장병완 의원을 임명했다. 호남 편중 예산과 지역개발을 염두에 둔 포석이라고 할 수 있다. 노 대통령은 그동안 호남 차별을 상쇄하기 위해서는 일시적인 특혜를 주는 게 균형발전에 부합한다고 생각했다. 2003년 11월 7일 광주·전남도민과의 대화에서 노 대통령은 다음과 같이 말했다.

> 광주에 올 때마다 제 고향보다 더 고향처럼 그렇게 느껴집니다. (중략) 균형발전 실현이 제 목표 중 가장 큰 목표입니다. 그것을 통해 국민통합을 이루고자 합니다. 그래서 오늘 광주 문화중심도시 계획을 발표했습니다. 광주는 세계 일류 문화도시가 되어야 합니다. 국제적인 문화도시가 될 것입니다. 큰 잠재적 시장을 가진 문화 산업 분야에서 광주가 큰 역할을 하게 될 것입니다. (중략) 그릇을 만듭시다. 그릇을 만들어야 예산을 세울 수 있습니다. 그동안 많은 기여를 한 광주·전남이 앞으로 어떻게든 큰 보상을 받아야 합니다.[8]

---

8) 호남의 인사와 예산에 대한 직접 인용 글, 통계, 그래프 등은 '이호석, 2016, 앞의 글'에서 인용했다. 편의를 위해 인용표시는 이곳에만 한다.

박명림 교수의 칼럼에 따르면 김대중 정부에서 지역총생산은 호남 평균이 28.82%로 전국 평균보다 9.37% 낮았다. 반면 노무현 정부에서는 호남 평균이 39.86%로 성장해 전국 평균보다 5.84% 더 높았다. 특히 노무현 정부에서 전남과 충남이 전국 최고 수준으로 성장했다고 밝혔다. 박 교수는 "민주개혁 세력의 연대는 보수가 압도적인 한국 현실에서는 민주발전과 국가균형의 최소 요건"이라고 주장했다.[9] 지난 대선에서 친노와 호남이 있지도 않은 호남 홀대론에 휘둘려 분열하지 않았다면 박근혜 정부에서 호남이 차별받는 일은 일어나지 않았을 것이다.

이러한 주장을 증명하는 증거는 다양하게 존재한다. 〈그림 6-1〉은 2002년부터 2007년까지 참여정부 시기에 광주시가 확보한 연도별 국비 지원액이다.

2002년 5,282억 원이던 국비는 5년간 꾸준히 증가세를 유지했으며, 2007년도에는 1조 5,715억 원으로 세 배 이상 늘어났다. 노 대통령은 5년 재임 기간에 지역 예산을 해마다 꾸준히 올렸다. 광주시에 따르면 타 시도의 정부예산 평균 증가율은 6~7%인 데 비해 광주시의 증가율은 20.7%에 달한다고 한다. 광주시는 이렇게 확보한 국비로 첨단산업과 문화수도 육성, 노인 의료복지 서비스 사업, 광주 제3 외곽순환도로 건설, 광주~완도 간 고속도로 연

---

9) 박명림, 2016, 앞의 글.

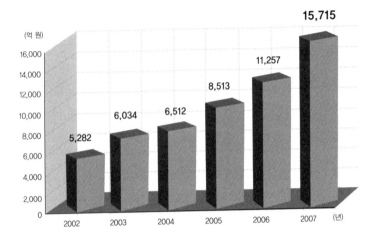

(억 원)

16,000

14,000

12,000

10,000

8,000

6,000

4,000

2,000

0

5,282

6,034

6,512

8,513

11,257

15,715

2002   2003   2004   2005   2006   2007   (년)

〈그림 6-1〉 연도별 광주시 국비 지원액

장 등 복지 분야와 지역발전의 토대가 되는 기간사업을 지속적으로 추진할 수 있었다고 설명했다.

　나는 광주 친구가 많은데 대학생 때까지만 광주에 살았지 지금은 모두 서울에 살아서 상을 당하거나 할 때가 아니면 광주에 갈 일이 별로 없었다. 다행히 사회에서 만난 선배 한 분이 광주에 살아 해마다 광주를 방문할 수 있어 참 좋다. 음식이 맛있어서 남편과 나는 전라도 여행을 매우 즐기는 편이다. 그 선배는 요즘 광주가 너무나 살기 좋아졌다고 말한다. 우리 부부도 은퇴 후에 광주에서 살면 어떨까 하는 생각을 한다. 그만큼 광주는 살기 좋은 도시가 되었다. 특히 KTX 호남선이 개통되면서 용산역에서 빠르면 1시간 30분, 아무리 늦어도 2시간 이내에 도달 수 있으니 하루 생활권이다. 광주 선배는 나와 점심을 먹기 위해 서울에 왔다 당일에 내려가기도 한다.

이해찬 의원이 총리 시절 호남 KTX는 경제성이 없어 조기 착공이 곤란하다고 해서 논란이 있었다. 이 발언으로 호남분들이 상처를 받았다고 들었다. 참여정부의 일원으로서 심심한 위로를 드린다. 2005년 호남고속철도 조기 착공에 대해 관련 부처에서 평가를 진행했는데 '승객이 많은 경부선에 비해 호남선 조기 착공은 경제성이 미흡하다'라는 결과가 나왔고, 이 총리는 부처의 의견을 존중했던 것이다. 하지만 노 대통령은 "그렇게만 하면 안 되는 지역은 항상 안 될 수밖에 없다. 국가 전체의 발전을 위해서 필요한 일인가를 갖고 판단해야 한다"며 결국 조기 착공을 관철했다.

나는 노 대통령의 판단이 백번 옳았다고 본다. 그러나 이 총리도 나쁜 의도로 한 발언이 아니라 워낙 성품이 양심적이고 고지식해서 벌어진 일이었다. 이명박 정부가 노 대통령과 한명숙 총리 외에도 이해찬 총리를 얼마나 털고 또 털었는지 모른다. 검찰이 아무리 털어도 먼지 한 점 나오지 않았다고 한다. 서울대학교 동문회관에서 있었던 따님 결혼식에 갔을 때 나는 전직 총리 자녀의 결혼식이 상상을 초월할 만큼 소박한 걸 보고 깜짝 놀랐다. 이 총리는 총리 사임 직후 야구표도 직접 창구에서 줄을 서서 샀을 만큼 고지식한 원칙주의자다. 후배가 대한야구협회 사무총장인데도 말이다.

2016년 10월에 한·독포럼의 일환으로 한국과 독일의 고위급 오피니언 리더를 모시고 광주문화예술회관을 방문했는데, 어마어마한 시설과 수준 높은 공연을 보며 마치 외국에 온 듯한 느낌이 들었다. 독일문화원이 한국과 독일의 예술가와 지난 3년간 한·독 합작 연극인 〈벽Wall〉을 제작했는데 초연을 하겠다고 나서는 기관이 없어 어려움을 겪었다. 그런데 광주문화예술회관이 선뜻 나서서 공연이 성사되었다. 남북과 동서독의 분단문제를 다룬 그 연극은 수준도 높았고 감동적이어서 객석을 꽉 채웠다. 현재 그 공연은 유럽 각지를 순회공연 중이다. 그렇게 수준 높은 공연을 서울에서 한 번 더 하면 좋겠다고 다들 입을 모았지만 그게 실현될지는 아직 미지수다. 그만큼 광주의 문화가 시설과 안목에서 세계적인 수준이 되었음을 의미한다.

광주 아시아문화중심도시 조성 사업은 노 대통령이 의욕적으로 추진한 것으로, 단일 사업으로는 사상 최대 예산인 5조 3,000억 원이 투입됐다. 그 결과 그동안 침체를 겪던 광주의 경제도 참여정부 시절 다른 지역과 비슷해졌고, 더 올라가기도 했다. 하지만 참여정부가 끝나자마자 다시 곤두박질쳤다. 광주시 산하 광주발전연구원에서 2000년부터 2009년까지 광주와 전국의 경기종합동행지수를 비교한 자료를 내놓았다(그림 6-2). 2000년부터 2004년까지 광주는 전국 지수와 큰 차이를 보였다. 이는 다른 지역에 비해 광주의 산업구조가 취약한 것이 원인이라고 한다. 그러

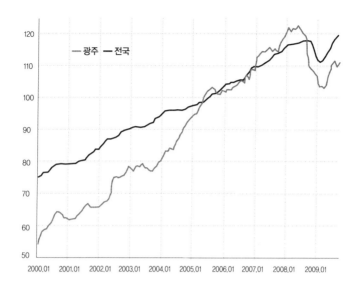

〈그림 6-2〉 전국과 광주의 경기종합동행지수 비교

나 2004년부터 광주에 집중적인 투자가 이루어지면서 광주가 전
국과 비슷한 형태를 보이게 되었다. 2004년부터 광산업 및 부품
소재 산업을 육성하여 2005년에는 차이를 좁혔고, 2007년부터
본격적으로 전국보다 앞서나갔다. 그러나 2008년 이후부터는 전
국에 비해 다시 하락하는 것으로 나타난다.

　노무현 대통령이 광주만 사랑한 건 아니다. 전남 여수에 세계
엑스포를 유치하기 위해 외교부에 각별히 당부하며 직접 챙기기
도 했다. 공공기관을 지방의 혁신도시로 이전한 것도 참여정부의
역점 사업이었다. 이 과정에서 세계적인 알짜 공기업인 한국전력

은 많은 지자체가 사활을 걸고 유치경쟁에 나섰다. 노 대통령은 한전을 고향인 경남으로 보내달라는 경남도민들의 집요한 요청을 뒤로한 채 오히려 그분들을 간곡히 설득해 한국전력을 전남 나주로 보냈다. 나주에 본가가 있는 한 친구한테 몇 해 전 전화를 받았는데 나주가 천지개벽 중이라며 노 대통령에게 감사한다는 얘길 했었다. 한국조세재정연구원에 따르면 2016년 정규직 직원을 가장 많이 뽑는 지방이전 공공기관은 광주 전남지역으로 옮겨간 기관들이라고 했다.[10]

하지만 호남분들이 인사나 지역개발에서의 호남 편중 지원보다 더 중요하게 생각한 것은 따로 있다. 5·18 기념식에 임기 내내 참석한 대통령은 노 대통령이 처음이라는 사실이다. 뒤이은 이명박·박근혜 정부 시절, 북한 간첩이 내려와 광주민주화항쟁을 일으켰다는 일베의 헛소리를 들으면서 호남인들이 얼마나 기가 막혔을지 분통이 터진다. 일베 사이트는 소수 약자에게 혐오 발언을 하는 준범죄 사이트로서 정상적인 국가라면 벌써 폐쇄되었을 것이다. 일베를 통해 친노와 호남의 분열이 얼마나 뼈아픈 결과를 가져왔는지 깨닫는 계기가 되면 좋겠다.

10) 김광수, 〈호남 간 공공기관 정규직 채용 1위〉, 《한겨레신문》, 2016. 1. 4.

호남 홀대론으로
이익을 보는 사람들

　　　　　　　　노무현 대통령과 호남의 인연은 김영
삼의 3당 합당으로 되돌아간다. 3당 합당을 결의하는 임시 당대
회에서 유일하게 "이의 있습니다! 반대토론 해야 합니다!"라고
외쳤던 사람이 노무현이다.

　노 대통령은 김대중 대통령이 출신 지역 때문에 국민으로부
터 제대로 평가받지 못하는 것을 늘 안타까워했다. 나도 같은 생
각이다. 외국 학회에 가보면 한국을 잘 모르는 사람도 김대중 대
통령이 한국의 만델라이며 노벨평화상 수상자라는 것을 대부분
안다. 하지만 지금도 김대중 대통령은 국민들에게 저평가되어 있
다. 노 대통령은 봉하에서 함께 책을 쓸 때도 이런 이야기를 했다.

　"김대중 대통령은 세계에 자랑할 만한 지도자입니다. 반독재
민주화의 일관된 노선과 역경의 생은 독재가 무너지면 무투표 당
선이나 건국의 아버지 같은 대접을 받아야 정상입니다."

　일관되게 호남 왕따의 방어자가 되어 기득권으로부터 온갖
미움을 샀던, 그래서 스스로 자신의 생명까지 버려야 했던 노 대
통령에게 호남을 차별했다는 마타도어를 퍼뜨린 사람들은 누구일
까. 당연히 이들은 친노와 호남의 분열로 이익을 보는 사람들이
다. 왕따 이론에 따르면 가해자, 강화자, 동조자가 바로 그들이다.

호남 홀대론의 생산자는 보수언론이었다. 보수언론은 김대중 정부 시절에도 호남과 영남을 이간질하는 '대구에는 추석이 없다'는 악의적인 보도를 했었다. 참여정부가 들어서니 친노와 호남을 이간질하는 기사를 쏟아내기 시작했다. 보수언론이 기회만 있으면 호남이 아니라 친노를 공격하는 이유는 호남은 아직도 소수 지역이라서 단독으로 집권할 가능성이 없기 때문이다. 친노 역시 그 숫자가 호남보다 많지는 않지만 호남과 친노 양자가 결합하면 대한민국에서 이들의 집권 가능성을 막을 집단은 존재할 수 없을 만큼 파괴적이다. 친노를 철저히 소외시켰던 손학규 당대표, 김한길·안철수 공동대표 체제에서 민주당의 지지도가 늘 20%에 머물렀던 이유가 여기에 있다. 그러나 친노가 당대표가 되자 지지도가 30%를 웃돌았다. 최근의 과도하게 높은 민주당의 지지도는 박근혜 탄핵의 여파이므로 반드시 지속된다는 보장은 없다. 그러나 친노와 호남이 손을 잡으면 이 연대는 무적이 되어 어떤 집단과 겨뤄도 이길 수 있다. 가해자가 친노와 호남의 분리작전을 쓰는 건 너무도 영리한 전략이다.

그런데 의도하지는 않았겠지만, 늘 여기에 넘어가서 결과적으로 가해자의 논리를 강화해주는 사람들이 있다. 나는 홍보수석 시절 강준만 교수를 만나러 두 번이나 전주를 방문했었다. 그는 조선일보의 왜곡된 인사 관련 보도를 예로 들며 내 앞에서 참여정부를 비난했다. 내가 언론 문제에 눈을 뜨게 된 것이 당신으로 인해서인데 어떻게 그런 보도를 믿을 수 있느냐고 항의했지만 요지 부동이었다. 보수언론의 왜곡된 보도는 구민주당과 열린우리당이 경쟁했던 호남의 선거에서 상대를 공격하는 수단으로 부풀려지고 유통되었다.

문재인이 당대표가 되어 공천권 지분 나누기 대신 혁신공천을 도입하니 견디지 못한 호남의 다선 의원들이 안철수와 함께 탈당해서 만든 게 국민의당이다. 창당 이후 1년이 지난 지금까지 이들이 호남인의 안위와 복지를 위해 어떤 일을 했는지 궁금하다. 광주민주화항쟁도 외면하고 살았던 안철수가 민주당 불모의 땅 부산·경남에서 목숨걸고 광주민주화항쟁 사진을 전시하며 진실을 알렸던 노무현과 문재인에게 호남을 홀대했다고 비난하는 건 정말로 염치없는 일이다. 그러나 나는 호남인이 가해자와 강화자의 논리에 동조해서 국민의당을 찍어줬다고 생각지는 않는다. 2016년 총선에서 김종인과 민주당이 회초리 맞을 짓을 했기 때문에 심판을 한 것이라고 생각한다. 따라서 이번 대선에서는 물론이고 앞으로도 과반수의 호남인은 누가 당대표가 되든 민주당을 지지할 것이라고 믿는다. 두 왕따 집단인 호남과 친노의 연대야말로 한국 민주주의의 발전을 위해서나 향후 안정된 개혁을 위해서도 꼭 필요하다고 생각한다.

하지만 호남인이 모두 민주당을 찍어야 할 이유는 없다. 이제 한국 정치사에서는 호남 차별을 시작했던 박정희와 박근혜 부녀가 사라지게 되었다. 정당들은 대대적인 지각변동을 겪을 것이다. 단지 제1세대 시민권을 위해 김대중과 함께했던 정치인과 시민이라면 제2세대나 제3세대 시민권에는 동의하지 않을 수 있다. 이분들은 새롭게 탄생하는 중도보수정당을 지지하는 게 자신들을 위해서나 대한민국의 미래를 위해서 매우 바람직한 일이라고 생각한다. 그런데 이분들은 평생 김대중의 민주당을 지지해왔기 때문에 다른 정당을 지지할 때 마음이 불편하고 정체성에 혼란을 느끼게 될 것이다. 그래서 '신 포도'와 같은 합리화 기제로서 친노의 호남 홀대론을 믿는 경향이 있다. 즉, 자신의 선택이 바뀐 이유가 자신이 보수화되었기 때문이 아니라 친노의 호남 홀대에 있다고 믿는 것이다. 그렇게 믿으면 인지 부조화를 쉽게 극복할 수 있고, 마음에 편해지기 때문이다. 그런 이유로 가해자와 강화자의 논리에 동조하는 사람들이 다수 발생할 수 있다.

내가 이 책을 통해 제1~3세대 시민권을 설명한 이유는 보수적인 호남 유권자에게 이것이 자연스러운 역사적 흐름이고 현상이니 절대로 죄책감 느끼지 말고 중도보수정당을 편하게 지지해도 된다는 말을 하기 위해서였다. 호남의 중도, 보수적 유권자들이 국민의당을 지지하는 것도 이념 투표이므로 충분히 명분 있고 합리적인 일이다. 호남에서의 복수 정당은 민주당과 국민의당이 서로 선의의 경쟁을 하게 함으로써 민주주의와 지역의 발전에 도움을 주는 일이다. 다만, 친노의 호남 홀대론 같은 마타도어에 휘둘리지 말고 양 정당의 정책과 인물을 보고 선택하면 좋겠다.

나는 더 나아가서 호남인들이 국민의당과 바른당의 연대나 통합을 적극 지지해줄 것을 기대한다. 국민의당이 바른당과 뭐든 같이 하려고만 하면 호남에서 지지도가 출렁여서 할 수가 없다. 그렇게 되면 국민의당은 다음 선거, 그다음 선거를 거치면서 역사 속으로 흔적도 없이 사라질 것이다. 지역에 기초한 포퓰리즘 정당의 운명은 어느 나라에서나 예외 없이 같은 경로를 겪었다. 그렇게 되면 호남에서 경쟁이 또 죽어버린다. 이는 호남인에게나 나라 전체를 위해서도 불행한 일이다.

자유한국당이야 박근혜의 탄핵에도 반대한 반헌법 세력이고 그 뿌리가 전두환의 민정당, 박정희의 공화당으로까지 연결되기에 함께할 수 없는 세력이 분명하다. 하지만 바른정당은 박근혜의 탄핵을 위해 탈당한 의원들로 구성되어 있고 지역구도 대체로 수도권이 많아 적어도 대화는 된다. 바른정당을 그대로 두면 지방선거에서도 맥을 못 출 것이다. 그러면 결국 다음 총선에서는 살아남기 위해 자유한국당에 무릎을 꿇고 들어갈 수밖에 없다. 자유한국당은 지금도 하는 짓이 극우정당이고 일베와 다를 게 별로 없다. 이런 정당이 역사 속으로 사라질 수 있도록 적극적인 노력을 하는 게 민주 시민의 책무라고 생각한다. 국민의당과 바른정당의 즉각적인 통합은 쉽지 않겠지만, 점진적인 연대를 통해 내년 지방선거를 앞두고는 통합하는 게 바람직하다고 생각한다. 아니면 외국처럼 지역이 다른 두 지역정당이 연대를 해서 선거는 같이 치르지만 살림은 따로 하는 방식도 연구해볼 필요가 있다.

물론 이런 결과가 독주를 즐기고 있는 민주당에는 위협이 될 것이다. 하지만 나는 기여한 바에 비해 분수 넘치게 높은 지지를 누리는 민주당에도 견제가 필요하다고 생각한다. 따라서 2017년 5월 대선부터 국민의당과 바른정당의 연대와 후보 단일화를 적극 지지한다. 하지만 국민의당과 바른당의 연대는 물 건너갔다. 2017년 3월 15일 국민의당은 자유한국당, 바른정당과 함께 대통령 선거 때 개헌안 국민투표를 함께 실시하기로 합의했다. 3당은 말은 분권형 대통령제이지만 실질적으로는 국민이 뽑은 대통령을 상징적 인물로 무력화하고, 실질적 권한을 국회가 갖는 의원내각제 개헌을 당론으로 채택한 상태다.[11] 내각제의 총리는 의원이 뽑는다고 한다. 원래 민주당 내 반문 개헌파 35명은 지도부에게 개헌을 논의하기 위한 의원 워크숍이나 의총을 요구했다. 그들의 계획은 개헌을 당론으로 정하는 건 촛불 시민들에게 반감을 줄 수 있으니 의총에서 자유투표를 요구하는 것이었다고 생각한다.

안철수는 박근혜-최순실 게이트의 부역 세력과 손잡고 기득

---

11) 박종필, 〈개헌 고리로 문재인 포위하는 자유한국당, 국민의당, 바른정당〉, 《한국경제》, 2017. 3. 5.

권의 정권 연장을 위해 개헌에 합의한 것이다. 안철수는 구태 의원들과 권력 나눠 먹기에 합의함으로써 대통령이 되려고 한다. 이제 국민의 의식이 예전 같지 않아 대통령 되기도 어렵고, 된다고 해도 탄핵을 당하는 사태가 벌어지니, 의원들의 속셈은 자신들끼리 돌아가며 총리와 장관 나눠 먹기를 하겠다는 것이다.

우리나라에서 내각제 개헌이 위험한 이유는 정당의 당원이 힘을 갖지 않은 상태에서 의원들에게 권력을 주면 국회의원 선거가 아무런 의미가 없게 되기 때문이다. 내각제에서 지도부가 되려면 다선 의원이 유리하므로, 국민은 자기 지역 의원에게 힘을 실어주기 위해 계속 뽑아줘야만 한다. 지금 다선 의원들이 국민의 삶에 무슨 도움을 주는지 한번 생각해보면 답이 나온다. 북한과 대치 상태에서 우리나라의 이념적 지형은 매우 좁다. 결국 국회 선진화법 핑계로 여도 야도 없이 180명의 의원이 손잡고 돌아가면서 죽을 때까지 권력 나눠 먹기를 하겠다는 이야기다. 이들이 그리는 이상은 딱 일본이다.

나는 지금은 내각제 개헌에 반대하지만 몇 가지 조건이 갖춰지면 장기적으로는 찬성할 의향도 있다. 내각제에서는 대통령을 견제하는 국회가 사라진다는 말이다. 행정부와 국회가 하나가 되는 게 내각제다. 내각제의 전제조건은 시민이 완전히 통제할 수 있어야 한다는 것이다. 정당이 너무나 큰 힘을 갖기 때문이다. 그것이 북유럽이나 서유럽에서 내각제가 성공하는 이유다. 민주당만 해도 권리당원은 당대표와 최고위원 선출에 표를 던지는 것 외에 어떤 권한도 가지고 있지 않다. 내각제가 되면 그나마 문재인이 만들어놓은 상향식 공천제도 없애버릴지 모른다. 지금도 권리당원 무용론이 흘러나온다고 들었다. 그래서 민주당 당원들이 민주당 내 개헌 서명파에게 항의 문자를 보내고 18원 후원금을 보낸 것이다. 개헌 서명에 대해 문자 항의 좀 보냈다고, 문재인 지지자로 확인되지도 않았는데 얼마나 언론에서 문 지지자를 욕하고 모욕했던가.

　나는 힘 있는 정치인과 언론이 결합해 정치에 참여하는 시민의 정당한 권리를 모욕하는 게 몇백 배 더 위험한 폭탄이고 테러라고 생각한다. 노무현 대통령은 어떤 상황에서도 농부는 밭을 탓하지 않는다고 했다.

　안철수는 국민의 힘으로 개혁적인 대통령을 뽑을 수 있는 기회를 박탈하고 의원들이 총리를 뽑는 제도에 합의함으로써 자기만 대통령이 되어보겠다는 야심을 드러냈다. 국민적 여론 수렴도 없이 개헌에 합의한 안철수는 대통령이 될 자격이 없다고 생각한다. 내각제로 가기 위한 전제조건은 선거제도를 독일식이나 일본식으로 변경하는 것이다. 정당은 상향식 공천과 권리당원의 권한을 강화하고 의원을 소환할 수 있어야 한다. 총리는 의원이 선출할 게 아니라, 당원이 당대표를 뽑고 다수당의 당대표가 자동으로 총리가 되어야 한다. 일본만 해도 10여 년 전 이런 조건을 갖쳤다.

그나마 박근혜는 여소야대가 되면서 비리라도 드러났는데 보수대연합의 의원내각제는 일본처럼 부패와 부조리의 온상이 될 것이다. 이는 한국 역사를 몇십 년 후퇴시킨 3당 합당으로 되돌아가는 것이다. 호남의 기득권 다수의원이 만든 국민의당이야 보수대연합의 부역 세력과 손잡고 살아남겠지만, 호남의 다수를 점하는 깨어 있는 시민은 여전히 배제당하는 새로운 형태의 왕따 정치가 재개될 것이다. 호남 시민들은 이명박·박근혜로부터 호남이 차별을 받을 때 민주당 현역으로서 국민의당 의원들이 호남을 위해 무슨 일을 했는지 기억해야 한다.

박근혜 정부의 최대 부역자는 언론이라고 할 수 있다. 언론이 감시를 제대로 했다면 이런 일이 일어날 수 있었겠는가. 국민의당은 민주당의 10분의 1도 안 되는 경선인단이 참가해 경선을 치렀는데 언론이 안철수 후보를 얼마나 띄웠는지 문재인 후보와 거의 비슷한 지지도를 보이고 있다. 이러한 결과를 만들어내기 위해 방송은 안철수에 대해 거의 대통령 당선자 수준의 보도를 해줬다. 국정농단의 부역 세력이 가장 싫어하는 사람이 누구인지 보면 해답은 분명하다. 그들은 지금 떨고 있다. 촛불의 힘이 부역 세력에게 변화를 요구할까 봐 온 힘을 다해 막고 있는 것이다.

이번 대선에서는 박근혜의 탄핵 이후 정말로 새로운 대한민국을 만들겠다는 국민의 간절한 소원이 반영되어야 한다. 그런데 대통령제와 (권력에 대한 어떤 견제 장치도 없는) 의원내각제 간의 싸움이 되어버렸다. 그래서 더욱 우리 미래를 결정하는 데 매우 중요한 대선이 되었다. 시민의 힘을 거세하고 노회한 직업 정치인에게 대한민국의 미래를 맡길 것인가, 아니면 국민이 대통령을 머슴으로 부려먹는 개혁적인 대통령에게 미래를 맡길 것인가. 만일 2018년에 국민이 원하는 개헌을 할 수 있다면 유럽의 내각제나 미국보다 더 발전된 형태의 대통령제를 할 수 있게 될 것이다.

일본에서 살고 싶은가, 유럽에서 살고 싶은가. 선택은 여러분의 손에 달려 있다.

왕따의 고백

왕따를 해결하는 가장 손쉬운 방법은 왕따의 피해자가 자신의 고통을 호소하는 것이라고 말한 바 있다. 현재 왕따로 가장 고통을 받는 문재인의 고백을 담았다. 왕따의 고백이 가해자를 설득하진 못하겠지만, 수많은 방어자를 만들어 내 이들이 다수가 되면 왕따는 자연스럽게 해소되기 때문이다.

〈문재인이 광주 시민께 드리는 글〉

광주 시민 여러분, 뵙고 싶었습니다.

보고 싶은 마음이 커서 언제라도 이곳으로 달려오고 싶었는데, 말리시는 분들이 참 많았습니다.

정치인으로서, 당의 전 대표로서, 또 그 이전에는 대선 주자로서 제가 얼마나 부족한 사람인지 잘 알고 있습니다. 호남분들의 전폭적 지지를 밑거름 삼았던 제가, 여러분에게 한 번도 제대로 승리의 기쁨을 돌려드리지 못했습니다. 호남에 고립감과 상실감만 안겨드렸습니다. 강한 야당의 모습을 보여드리지 못했고, 정권교체의 희망도 드리지 못했습니다. 당의 분열을 막지 못했고, 후보 단일화도 이루지 못했습니다. 반드시 이겨야 할 국면에서 분열로 인한 패배를 걱정하게 하였습니다.

얼마나 많은 실망을 하셨는지, 잘 알고 있습니다.

광주 시민 여러분.

못난 문재인이 왔습니다. 여러분에게 직접 야단을 맞고, 직접 질타를 듣기 위해서, 안 된다는 당을 설득해 이제야 왔습니다.

늦어서 죄송합니다. 그리고 그간의 부족함에 대해서도 진심으로 용서를 구합니다. 여러분의 분이 풀릴 때까지, 제 얼굴 맞대고 호되게 꾸짖어주십시오.

저와 당의 부족한 점을 메우느라 정신없었던 사이, 호남분들에게
좀더 가깝게 다가가지 못했습니다. 이렇게 오해와 불신의 골이 깊
어졌습니다. 이제라도, 제가 할 수 있는 그 무엇이든 하겠습니다.
광주 시민 여러분, 죄송합니다.

광주 시민 여러분.

그러나 이제, 제가 대표직에서 물러난 우리 더불어민주당은 과거
의 혼란을 딛고 새롭고 유능한 인재들로 넘쳐납니다. 저에 대한
섭섭함 때문에 이 유능한 인재들의 면면을 외면하지 말아주십시
오. 제가 다 담지 못했던 호남분들의 요구와 열망을 누구보다 열
정적으로 국회에 퍼 나를 인재들입니다.

차기, 차차기 이 나라를 이끌어가기에 충분한 인재들이 호남의 더
불어민주당 후보들 속에 있습니다. 정권을 탈환하고, 대권을 꿈꿀
만한 훌륭한 씨앗들이 뿌려졌습니다.

더불어민주당은 이렇게 새로운 인재들로 다시 태어났습니다. 호남
기득권 정치인의 물갈이를 바라는 호남의 민심에 우리 당은 호응
했습니다.

이분들에게 기회를 주십시오. 자신 있게 기대감을 가지고 힘을 주
십시오. 더불어민주당 기호 2번의 새롭고 활기찬 후보들이야말
로, 호남의 정신과 열정을 한 지역에 가두어두지 않고 전국적으로

확장시켜갈 인재들입니다. 호남정신의 지평을 전국으로 넓히면서 지역 경제, 문화에 새 바람을 이끌 주역들입니다. 그런 전문성과 인적 인프라를 충분히 갖춘 인재들입니다.

시민 여러분.
호남을 볼모로 자신의 기득권에만 안주했던 구시대적 정치, 호남 민심을 왜곡해서 호남을 변방에 가두어두려는 분열적 정치인. 여러분은 그런 정치인들에 대한 강한 교체 의지를 가지고 계실 겁니다. 더불어민주당의 후보들을 통해 바로 그런 구시대적, 분열적 정치인을 심판할 수 있습니다.
호남인에게 지역정당이란 불명예를 안기면서까지 자신들만의 영달을 좇는 세력이 이 신성한 호남 땅에서 더는 발붙이지 못하도록, 더불어민주당의 모든 호남 후보는 끝까지 싸워나갈 것입니다. 시민 여러분이 그들에게 힘을 주십시오.

광주 시민 여러분.
저에 대한 여러분의 실망과 섭섭함에도 불구하고, 더불어민주당에 대한 여러분의 애정을 믿어 의심치 않습니다. 아무리 부족하고 서운한 점이 많아도, 그래도 새누리당과 맞서 정권교체를 해낼 정당은 우리 더불어민주당밖에 없기 때문입니다.
그 애정에도 불구하고 저에 대한 지지를 거두시겠다면, 저는 미련

없이 정치 일선에서 물러나겠습니다. 대선에도 도전하지 않겠습니다.

호남의 정신을 담지 못하는 야당 후보는, 이미 그 자격을 상실한 것과 같습니다. 진정한 호남의 뜻이라면, 저는 저에 대한 심판조차 기쁜 마음으로 받아들이겠습니다.

광주 시민 여러분, 호남 유권자 여러분.

저의 모든 과오를 짊어지겠습니다. 그러나 한 가지, 제가 가져갈 수 없는 짐이 있습니다. 저에게 덧씌워진 '호남 홀대', '호남 차별'이라는 오해는 부디 거두어주십시오. 그 말만큼은, 제 인생을 송두리째 부정하는 치욕이고 아픔입니다. 노무현 대통령과 참여정부에 대한 모욕입니다.

저와 당과 호남의 분열을 바라는 사람들의 거짓말에 휘둘리지 말아주십시오. 그것만은 절대 인정하지 않겠습니다.

엄혹했던 5공 군부독재 시절, 부산의 민주화운동은 '5월의 광주'를 부산 시민에게 알리는 것이었습니다. 87년 6월항쟁 전야 5월, 노무현과 제가 부산가톨릭센터에서 연 광주 비디오 관람회를 보려는 부산 시민이 줄을 이었습니다. 그 열기는 6월항쟁으로 이어졌고, 부산가톨릭센터는 명동성당처럼 부산 6월항쟁의 중심이 됐습니다.

이렇게 대한민국의 민주화는, 호남과 호남 바깥 민주화 세력의 결합으로 이루어졌습니다.

3당 합당으로 호남이 고립됐을 때도, 그에 반대한 영남의 민주화 세력은 지역 내에서 전라도니 빨갱이니 핍박받고 고립되면서도 호남과 잡은 손을 놓지 않았습니다. 저는 그 결합이 김대중 정부를 탄생시켰고, 노무현 정부를 탄생시켰다고 믿습니다.

그것이 노무현과 제가 걸어온 길이었습니다. 영남에서 지지받지 못했던 노무현 대통령이었고, 참여정부였습니다. 그런데 정작 호남에서는 영남 패권주의라고 비난받는다면, 그야말로 서글픈 일이 아닐 수 없습니다.

물론 참여정부가, 압도적인 지지로 출범시켜준 호남의 기대에 못 미친 점이 많았을 것입니다. 대북송금 특검도 있었고, 민주당과 열린우리당의 분당도 있었습니다.

노무현 대통령이 '광주가 정치적인 고향'이라고 말할 정도로 호남을 사랑했어도, 호남 사람처럼 호남의 정서를 알 수는 없었을 것입니다. 호남이 듣기에 섭섭한 말을 했을 수도 있습니다. 그러나 결단코 호남 홀대는 없었습니다. 오히려 역대 어느 정부보다 호남을 배려했다고 자부합니다.

호남과 호남 바깥의 민주화 세력을 이간하여, 호남을 다시 고립화시키려는 사람들의 거짓말에 휘둘리지 말아주십시오. 호남과 호남 바깥의 민주화 세력이 다시 굳건하게 손을 잡을 때만이, 세

번째 민주정부를 만들어낼 수 있습니다. 호남만으로도 안 되고, 이른바 '친노'만으로도 안 됩니다.

자신 있게 말할 수 있는 것은, 호남 바깥에서는 잘해가고 있다는 것입니다. 이번 총선에서도 부산에서, 경남에서, 울산에서, 대구에서, 경북에서, 강원에서 더 늘어난 승리를 보여드릴 것입니다. 호남이 손을 거둬들이지만 않는다면, 정권교체 반드시 해낼 수 있다고 광주 시민, 전남북 도민들께 자신 있게 말씀드립니다.

총선이 끝나면 곧바로 전당대회를 통해 더불어민주당 지도부도 새롭게 선출됩니다. 물론 저는 앞으로 당권에는 일절 관여하지 않을 것입니다. 더는 국회의원도 아닌 만큼, 시민 속으로 들어가서 정권교체의 역량을 키워나갈 것입니다.

광주 시민 여러분,

저를 믿고 더불어민주당에 다시 한 번 힘을 모아주십시오.

자주 오겠습니다. 총선이 끝나면, 더 여유로운 신분으로 자주 놀러 오겠습니다. 정치인 문재인이 아니라 미운 정 고운 정 다 든 못난 아들놈처럼 맞아주실 거라 믿습니다.

광주 시민 여러분, 사랑합니다.

세상을 바꾸는 깨어 있는
시민의 힘을 기대하며

지성 리더십의 위기

지식인 중에 이명박과 노무현이 다르지 않다며 '노명박'이라고 부르는 사람들이 꽤 있다. 최근에는 친박과 친문이 패권주의적이라는 점에서 같다며 반문 연대를 지지하기도 한다. 이는 매우 위험하고 무책임한 주장이다. 흑백도 구분하지 못하는 반지성적 태도다.

나는 조동문과 한경오가 같다는 말을 절대로 할 생각이 없다. 분명히 이들 언론은 다르다. 하지만 진보언론이 노무현과 문재인에게만큼은 가혹했다는 점을 지적하기 위해 이 책을 쓰게 되었다. 진보진영 내의 언론과 정치 세력이 모두 성찰의 기회를 가짐으로써 국민의 과반을 대변하는 정당, 책임지는 정부, 그래서 존경받

325

고 영향력 있는 언론을 만들어보자는 생각에서 시작된 것이다.

이 책의 내용이 팟캐스트 〈전국구〉로 처음 송출된 후 정봉주 전 의원이 한겨레신문 관계자의 전화를 받았다고 한다.

"조기숙은 친노에서 비중 있는 인물이 아니니 문재인에게 나중에 한자리 얻으려고 이러는 것 아니냐?"

웃음이 나왔다. 나는 솔직히 이 책이 선거 정국에서 문재인에게 도움이 될지 해가 될지 판단이 서지 않아 고민했다. 배운 사람으로서 상황을 알려야 한다는 사명감으로 시작한 것일 뿐 선거에서 유불리를 따졌다면 하지 못했을 것이다. 이 책에서도 언론권력의 사유화 현상을 지적한 내가 아무리 멍청하기로서니 한자리하기 위해 언론과 맞짱을 뜨겠는가. 사람은 보통 자신의 거울로 남을 비춰본다고 한다. 언론인의 목표가 겨우 한자리하는 것에 있었는지 의문이다.

나는 어려서부터 무슨 일을 하는지가 중요했지, 한 번도 무엇이 되고 싶다는 생각을 해본 적이 없다. 여섯 살 때 처음으로 사람이 죽는다는 것을 깨닫고, 왜 살아야 하는지 며칠 밤을 고민했다. 나 아니면 안 되는 일을 함으로써 이 세상을 내가 없을 때보다 조금은 나은 곳으로 만들면 살 만한 가치가 있다는 결론을 내렸다. 그 후 가능하면 남들이 하기 싫어하는 일, 궂은일을 도맡아 해왔기에 나를 키워준 보수언론과의 전쟁도 불사했다. 남들이 원하는 일이었다면 내가 굳이 나설 이유가 없었다.

노무현 대통령은 청와대에서 첫 근무를 시작할 때 이렇게 말했다.

"언론환경이 나쁘니 굳이 홍보를 하려고 할 필요 없습니다. 가만히 있어 주는 것만으로도 조 교수의 이미지가 우리에게 도움이 됩니다. 그러나 그 은혜는 반드시 보답하겠습니다."

청와대 수석들은 언론과 좋은 관계를 만들기 위해 브리핑하는 것조차 피했다. 구설수가 없어야 부처의 장관으로 나가는 데 도움이 되기 때문이다. 나도 원했다면 벌써 두세 자리 정도는 했을 것이다.

우리 사회의 위기는 늘 지성 리더십이 초래한다고 생각한다. 조선 시대에도 유림이 패거리 싸움을 할 때 서민들이 의병을 일으켜 나라를 구했다. 선진국과 우리의 가장 큰 차이는 지식인이 보수적이거나 사변적이어서 국민의 일상에 별 도움이 되지 않는다는 점이다. 그런데 온갖 특권을 누리기 때문인지, 아니면 분에 넘치는 존경을 받기 때문인지 대기업 과장 수준 월급도 못 받는 일부 교수들이 자신을 특권 계급과 동일시하는 경향이 있다.

미국 아이비리그에서는 교수의 95% 정도가 진보적이다. 어느 나라나 대학가는 진보의 상징이다. 그런데 우리 사회에서는 많이 배우고 많이 가진 사람들이 보수적이다. "진리가 너희를 자유롭게 하리라"라는 성경 말씀이 무색하게 공부를 하는 사람들의 전두엽에 이처럼 문제가 있다는 사실이 믿기 어렵다. 공부를 하는 사람들은 원래 전두엽을 많이 쓰기 때문에 진보적이 되는 게 자연스럽다.

지식인은 시인이나 초인에 비유된다. 새벽을 알리고 새로운 시대를 열어가는 사람이기 때문이다. 고려 광종 때 시작됐다는 과거제도의 폐해가 참 크다는 생각을 자주 한다. 과거제도는 지식을 개인의 출세 수단으로 사용하도록 허용했기에 우리나라 지식인만 예외적으로 보수적인 이유가 여기에 있다고 본다.

언론은 대표적으로 지성 리더십을 발휘하는 기관이다. 기자 스스로가 진실을 다수에게 전하는 입장에 있기에 많이 공부하고 깨우쳐야 큰 그림을 보고, 안목 있는 해석을 하고, 진실에 접근한 기사를 쓸 수 있다고 본다. 학계와 시민을 연결하는 것도 언론의 몫이다. 언론은 전문적인 학술적 연구 성과를 대중에게 쉽게 전달하고 양자의 소통을 활성화하는 역할을 맡기 때문이다.

이 점에서 진보언론의 내공이 많이 부족하다고 생각한다. 물론 앞에서 열거한 다양한 이유로 인해 어려운 상황에 있음을 이해는 한다. 하지만 광고주보다 독자를 더 두려워한다면 어려운 상황을 얼마든지 개선해갈 수 있다고 본다. 〈파파이스〉의 인기와 영향력은 한겨레신문의 몇십 배에 달한다고 본다. 결국 독자나 시청자의 욕구를 읽는 게 가장 중요하지 않겠는가.

물론 시민에는 다양한 사람이 섞여 있다. 따라서 진보언론을 불합리한 이유로 불편하게 하는 사람들도 적지 않을 것이다. 하지만 디테일에 일희일비할 필요는 없다. 큰 흐름을 보고 가면 된다. 유권자 하나하나가 이성적이고 합리적 선택을 내리는 것은 아니지만, 집합으로서 내리는 큰 결정은 결국엔 합리적 이유가 있다고 믿기 때문이다.

페이스북에서 '신좌파(참여민주파)'라는 용어에 대해 설왕설래가 있었다. 이 책을 통해 더 명확해졌겠지만 신좌파는 서구적 맥락에서 1968년 이후에 만들어진 용어다. 신좌파는 좌파의 아류가 아니라 20세기 이념인 좌우를 모두 거부하면서도 진보적인 삶을 지향해서 붙여진 용어다.

좌파는 국가의 역할을 강조하기에 개인을 억압한다. 우파는 시장의 역할을 강조하기에 소비만능주의가 된다. 국가와 시장 모두를 거부하면서 자유로운 개인의 모임인 공동체를 통한 제3의 영역 확장을 강조하는 게 신좌파다.

신좌파의 시각으로는 구좌파와 우파가 권위주의적이란 면에서 차이가 없다. 신좌파는 좌우를 모두 부정하기에 탈권위주의적이고 탈물질주의적이며, 탈이념적이다. 문화적으로 리버럴하고, 경제적으로는 실용적이며, 정치에 관심이 많고 정치 지식도 많다. 부당한 권위를 부정하지만 대인 신뢰가 높고 기부도 잘 한다. 정치적 의사표현이 적극적이라 시위와 항의에도 적극 참여하며, 유머를 즐기고 정치를 문화의 영역으로 승화시킨다.

이건 내가 한국의 시위대를 연구해서 얻은 결론이지만, 서구의 발견과도 정확히 일치한다. 2012년 대선에서 안철수가 아니라 문재인이 후보가 되리라고 예측한 이유도 신좌파 다수가 문재인을 지지하고 있음을 발견했기 때문이다.

신좌파란 용어가 혼란을 주는 이유는 서구에서 20세기 말에 탄생했기 때문이다. 한국의 노사모와 신좌파가 같은 특성을 공유한다고 해서 친노가 모두 신좌파도 아니고, 신좌파가 모두 친노도 아니다. 자신이 신좌파가 아니라고 해서 이 이론이 틀린 것은 아니다.

신좌파라는 용어를 사용할 때의 좋은 점은 그들의 특성을 세계 보편 현상으로 이해할 수 있고, 이들이 앞으로 어떻게 변해갈지를 예측할 수 있다는 것이다. 이런 이론으로 예측해볼 때, 한국에서 최장집 교수가 바람직하다고 주장했던 계급정당은 결코 오지 않을 것이다. 정보통신혁명으로 기존 정당은 이미 쇠퇴하고 있으며, 시민의 직접적 정치참여는 더욱 활발해질 것이다. 탈물질주의자(신좌파)가 앞으로 얼마나 늘어나고 줄어드느냐에 우리 정치 발전의 미래가 달려 있다고 본다.

이런 이론은 몰라도 보수언론은 노무현 지지자들이 불온(?) 세력이란 걸 직감적으로 알았다. 이들이 노무현의 후계자로 선택한 사람이 문재인이다. 그래서 문재인 지지자들이 언론의 미움을 받는 것이다. 내 경험에 따르면 문재인 지지자 중 문제 있는 사람은 극히 일부분이고, 막말에 예의 없는 사람들은 대부분 다른 정치인의 지지자들이다. 박영선, 박용진 의원이 심하다며 언론에 공개한 문 지지자(인지 확인도 안 됐지만)의 문자는 내가 다른 지지자에게 당한 것에는 비할 바가 못 된다.

합리적 보상체계로 지성 리더십의 위기를 극복하라

언론은 물론이고 많은 시민도 내가 문재인 지지자라고 생각해 좋아하거나 공격을 퍼붓는다. 나도 속으로는 지지하는 후보가 있지만 그 후보를 공개적으로 지지할 생각은 없다. 2002년 대선날 나는 공개적으로 노무현 후보를 지지한 경험이 있다. 위기 상황에서 어쩔 수 없는 선택이었지만 가능한 한 피하고 싶었던 일이다. 후회는 없지만 아쉬움은 있다. 내가 원했던 삶은 사라지고 아직도 나는 노무현 대통령에게 AS하느라 고군분투하고 있으니 말이다.

내가 문재인 지지를 공개적으로 하지 않는 가장 중요한 이유는 문재인에게 꼭 부탁하고 싶은 게 있기 때문이다. 그동안 진보진영이 언론, 정치인 할 것 없이 오합지졸이고 국민 다수로부터 외면당했던 이유는 보상구조가 잘못되었기 때문이라고 본다. 역으로, 타이타닉이 완전히 파산할 때까지 보수진영이 국민을 속이며 쾌속질주 해온 이유 역시 보상구조가 비상식적이긴 하지만 제대로 작동했기 때문이다.

　보상체계는 인간의 바람직한 행동을 고양하고 그렇지 않은 행위를 근절한다는 의미에서 어떤 조직이나 나라에서 중요하다. 보수진영이 이렇게 '폭망'한 데에는 그 보상체계가 국민 다수가 볼 때 상식을 벗어났기 때문이다. 하지만 진보진영도 상식이 없기는 마찬가지다.

　가령 적어도 당원의 지지 비율만큼은 대변되어야 하는 게 비례대표 의원 명단인데, 지난 총선 명단은 반문·비문의 집합소였다. 진보진영에서는 반문 세력이, 정적이라고 할 수 있는 보수언론의 사랑을 독차지하고, 보수 프레임을 따라간 진보언론과도 사이가 좋으니 역보상체계가 작동하고 있다. 진보언론이 진즉에 몰상식한 반노·반문의 행태를 견제했다면 진보진영의 심각한 분열은 없었을 것이다.

　만일 문재인 후보가 대통령에 당선된다면 상벌을 분명히 하라고 권하고 싶다. 어려울 때 힘이 되어주었던 사람이 친노·친문이라는 이유로 배제돼야 할 합리적 이유가 없다. 섣불리 국민통합한다고 커 보이는 남의 떡 쓰는 건 정당정치 상식에 어긋난다. 문재인은 포용력이 지나쳐서 정치를 스스로 힘들게 만들고 있다. 불필요한 포용은 그만두고 국민 과반이 원하는 개혁을 하기 바란다. 나는 원칙에 어긋나는 정치인을 한없이 포용하는 문재인을 지지함으로써 오는 부담을 함께 나누고 싶지 않다. 지지자들이 몸에 사리가 나온다고 호소하기도 하는데, 나는 그런 일을 더는 겪고 싶지 않다.

따라서 대통령 문재인은 달라지기를 바란다. 능력은 기본이지만, 같은 능력이면 끝까지 배신하지 않을 사람을 중용하길 바란다. 그것이 국민이 문재인을 대통령으로 만들어준 이유라고 생각한다. 국민통합은 겉은 번지르르하지만 전체주의적 발상이다. 문재인을 찍지 않은 국민에게도 시민권을 보장하고 정책의 수혜 대상으로부터 배제하지는 말아야 하지만, 그들이 원하는 사람을 쓰려면 정당정치가 왜 필요한가. 그리고 주위에서 인재를 찾지 말고 최고의 인재를 삼고초려해서 쓰기 바란다. 실력이 있는 사람은 자존심이 있어서 자기 이익을 위해 배신하는 행위를 하지 않는다.

어차피 우리 사회에서 지성 리더십을 기대하기는 어려우니, 보상체계라도 제대로 갖춰 공명정대하게 말하고 사회 변혁에 헌신하는 게 지식인의 입신양명에도 도움이 되도록 하라는 말이다.

문재인 후보에게 정당한 보상구조를 요구한 만큼 나는 지지자의 대열에서 이탈하겠다. 배나무 밑에서는 갓끈 고쳐 매지 말라 했다. 이것 외에도 문재인을 공개적으로 지지하지 않는 또 하나의 중요한 이유가 있다.

정치는 내 몸에 맞지 않는 옷이다. 갈등을 즐기는 편이 못 되기 때문이다. 어려서부터 양보하고 손해 보는 삶을 택한 이유도 그게 내 마음을 편하게 하기 때문이다. 사적인 관계에서는 싫은 소리를 거의 해보지 못했다. 하지만 공적 영역에서 눈감는 건 불의와의 타협이자 기회주의라 생각해 불혹의 나이부터 꾸준히 목소리를 내왔다. 논평가 20년이면 공익봉사는 졸업할 때라고 생각한다. 여생은 내가 원하는 삶을 즐기면서 은퇴를 준비하는 데 쓰고 싶다. 그동안 18년을 봉사했으니 곧 내게 영구휴식을 명할 생각이다.

지금 누군가를 지지하면 남은 5년 임기를 책임져야 하고 퇴임 후까지 AS하면서 보내야 할 텐데, 그런 삶은 내게는 큰 고통이될 것이다. 문재인을 공개 지지하지 않는 내게 섭섭함을 표하는 많은 트친·페친들께 양해를 구한다.

앞으로는 진보진영이 연대하고 대화하고 타협하는 데 필요한 협상의 정치에 대해 더 많은 얘길 나누고 싶다. 이 책은 나의 빈자리를 메워줄 차세대 지도자와 시민들에게 주는 선물이다. 그래서 이 책을 노무현과 문재인을 선택해 세상을 바꾸기 위해 정치에 적극 참여하는 깨어 있는 시민들께 바친다. 윤갑희, 김남훈, 하승주, 유재일, 송은정, 김민성, 권순욱, 고재일, 오드리, 정은연, 차돌이, 엄지와 지원, 새벽, 변승배, 김진희, 여윤경, 주민구, 오현석, 하정민, 김인석, 엄기웅, 박홍진, 이우혁, 정병욱 등 여기에 미처 언급하지 못한 트친, 페친들에게 정치를 부탁하며 다수의 깨어 있는 시민이 세상의 주인이 되는 날이 오리라 믿는다.

왜 진보언론조차 노무현·문재인을 공격하는가?

왕따의 정치학

초판 1쇄 발행 2017년 4월 19일   초판 3쇄 발행 2017년 5월 23일

지은이 조기숙   펴낸이 연준혁

출판 1분사 이사 김은주
출판 4분사 분사장 김남철
기획실 배민수

펴낸곳 (주)위즈덤하우스 출판등록 2000년 5월 23일 제13-1071호
주소 경기도 고양시 일산동구 정발산로 43-20 센트럴프라자 6층
전화 031)936-4000 팩스 031)903-3893 홈페이지 www.wisdomhouse.co.kr

값 15,000원 ⓒ 조기숙 2017
ISBN 978-89-6086-351-4 03340

국립중앙도서관 출판예정도서목록(CIP)

왕따의 정치학 : 왜 진보언론조차 노무현 · 문재인을 공격하는가?
/ 지은이: 조기숙. — 고양 : 위즈덤하우스, 2017
    p. ;   cm

ISBN 978-89-6086-351-4 03340 : ₩15000

한국 정치[韓國政治]

340.4—KDC6
320.02—DDC23   CIP2017008731